2017年教育部人文社会科学研究项目
批准号：17YJA740006

现代汉语双音复合词的句法语义互动

The Syntactic-semantic Interaction of
Modern Chinese Disyllabic Compound Words

陈昌勇　高　蕾　著

上海交通大学出版社
SHANGHAI JIAO TONG UNIVERSITY PRESS

内容提要

本书系统地对《现代汉语词典(第7版)》所载双音复合词进行了全面的词类、词义、语法关系及中心词层面的标注,深度剖析了此类词语内部语素的搭配规律,构建了专门针对双音复合词的数据库,集中探讨了这类词语内部语素在句法构造与语义关联上的相互作用机制。作者运用构式语法理论框架,生动揭示了双音复合词词义演变历程。本书对关注高等教育、语言教育的研究者与爱好者,具有较高的学术价值与应用参考意义。

图书在版编目(CIP)数据

现代汉语双音复合词的句法语义互动 / 陈昌勇,高
蕾著. – 上海:上海交通大学出版社,2024.5. – ISBN
978-7-313-31068-2

Ⅰ. H146.1

中国国家版本馆 CIP 数据核字第2024XC3790号

现代汉语双音复合词的句法语义互动
XIANDAI HANYU SHUANGYIN FUHECI DE JUFA YUYI HUDONG

著　　者:陈昌勇　高　蕾
出版发行:上海交通大学出版社
邮政编码:200030
印　　刷:上海万卷印刷股份有限公司
开　　本:710mm×1000mm　1/16
字　　数:218千字
版　　次:2024年5月第1版
书　　号:ISBN 978-7-313-31068-2
定　　价:88.00元

地　　址:上海市番禺路 951 号
电　　话:021-64071208
经　　销:全国新华书店
印　　张:11.5

印　　次:2024年5月第1次印刷

前　言

　　汉语词汇的构成与语义表达的丰富性一直是语言学界研究的热点。在汉语的词汇系统中,双音节复合词扮演着核心角色,其形态与语义的互动尤为扑朔迷离、引人入胜。本书致力于运用构式语法理论,详尽剖析汉语双音节复合词的形态句法结构并深入探究形态与语义的相互作用,旨在为揭示汉语词汇的复杂性与动态性提供全新的研究视角。

　　本书研究的起源可追溯至 2014 年,当时我有幸赴美国密歇根大学进行学术交流。在端木三教授的激励下,我们启动了对《现代汉语词典(第 7 版)》收录的汉语双音节复合词的全面标注工作,涉及词类、词义、语法关系及中心词等多个维度。我们很快意识到这是一项极具挑战性的任务,准确辨识现代汉语中非成词语素、文言语素及多词性成词语素在复合词中的功能与类别绝非易事。通过广泛搜集资料和深入研究,尽管受到疫情的干扰,我们仍坚持不懈,历时数年,终于建成汉语双音节复合词专题数据库,本书的撰写在此基础上得以完成。

　　在本书的研究与撰写过程中,我们得到了众多人士的无私帮助与支持。首先,我们要特别感谢端木三教授。在美期间,端木教授在生活中给予了我们无微不至的关怀。每逢佳节,他与师母总是将我们这些学者热情地邀至家中,使我们在异国他乡也能感受到如家般的温暖和节日的欢乐。在学术上,端木教授慷慨分享了宝贵的《现代汉语词典》语料,极大地节省了我们的时间与精力。每周与教授的深入讨论,无论是关于语料的标注还是学术论文的撰写,我都能深刻感受到教授对汉语词汇研究的深厚造诣和严谨的学术态度,获益良多。同时,我们也要向研究生韦俊杰、陈思璇、李艳荣、杨若娴、李赟哲等同学表示衷心的感谢,他们在语料整理和研究过程中提供了巨大的帮助。此外,本书研究亦得到了教育部人文社科基金的资助,对此我们表示诚挚的感激。

　　最后,我们要向所有关注和支持本研究的人士表达诚挚的谢意,并热切期待本书能为汉语双音节复合词的研究领域带来新的视角和启发。

陈昌勇

目　录

第1章　引言

复合词在大多数语言的词汇系统中均居主导地位,其能产性极高。Guevara 和 Scalise(2009)自建了复合词的语料库,他们收集了 21 种语言的 8 万个复合词,试图探寻各语言之间复合词的类型学特征。与印欧语系相比,复合词在汉语中所占比例是最大的。依据北京语言学院语言教学研究所(1986)统计的数据,汉语词汇中超过 70% 是复合词。Xing(2006:117)也认为,现代汉语中大约 80% 的词是复合词。在一定程度上,汉语就是复合词的语言(Ceccagno & Basciano 2011:758)。而且,正如形态学家 Plag(2003)所言,复合词是错综复杂的研究领域,无数问题悬而未决,成了难解之谜。复合词内部的语素组合错综复杂,句法结构丰富多彩,语义关系盘根错节;各语言之间,复合词的构词机制亦不尽相同,对学习者习得复合词带来了极大的困难,在一定程度上影响了语言应用能力的提高。为此,有必要对复合词进行系统的研究。

1.1　研究背景

自从 20 世纪 50 年代以来,汉语复合词就成了语言学界的研究热点。学者们对复合词的定义、分类、句法和语义结构等进行了大量的研究。陆志韦(1964)、赵元任(1968)、任学良(1981)、黄伯荣、廖序东(2017)等考察了复合词结构与句法结构的关系。他们认为,两者是基本一致的,可以参照句法结构来分析复合词的结构。依据复合词内部语素的语法关系,有些学者将复合词进行分类(黎锦熙 1962;赵元任 1968;陆志韦 1957;周祖谟 1959;丁声树 1961;Ceccagno,Scalise 2006;等)。在此基础上,有些学者利用不同语料对现代汉语复合词内部的语法结构进行了统计和分析(戴昭铭 1988;张登岐 1997;沈怀兴 1998;卞成林 2000;周荐 2005;等)。还有些学者对复合词的语素组合规律进行了统计研究(周荐 1995;苑春法,黄昌宁 1998;Huang 1997;王政红 1992;刘宗保 2008;等)。此外,学者们还从复合词的中心词的角度分析其内部构造(赵元任 1968；Huang 1997；Starosta 1998；Packard 2000；Ceccagno，Scalise 2006；等)。汉语复合词的构词机制也引起了学者们激烈的讨论(顾阳，沈阳 2001；Packard 2000；冯胜利 2004；庄会彬，刘振前 2011；何元建 2013；等)。

国内外学者们对汉语复合词作了深入的研究，取得了很多有意义的成果，但是前人的研究还存在不足或局限，许多问题还未达成共识，因而存在争议。第一，对复合词及其内部语素的词类划分和语法结构的判断都是依据自省的方法，缺乏一致性。比如，"目睹、人造、民主"等词，有的学者认为是主谓式，而另一些学者则认为是偏正式。朱德熙(1982)认为"嘴硬"是动词，而《现代汉语词典(第 7 版)》则标为形容词。汤廷池(1988)、万惠洲(1988)认为"名贵""机灵""友善""友好"是并列关系的名形结构复合词，而依据《现代汉语词典》应该被分析为形形并列结构复合词。万惠洲(1988)、王树斋(1993)、王政红(1992)、吴长安(2002)等认为"体重、音高、波长、音长、蛋白、音强"是名—形复合词，而《现代汉语词典》将其中的"重、高、长、白、强"等语素标为名词。第二，有些研究还缺乏充足的语料，因此研究的结果也不够全面或不够准确。比如，沈怀兴(1998)、房艳红(2001)等认为并列构词只限于同性语素内部的组合，而赵元任(1979)则列举了异性语素组合的词例："广告、先生、广播"。根据笔者团队的考察，现代汉语中存在大量的异性语素组合的并列复合词。此外，上述有关复合词中心词的争议也是由于学者依据有限的语料而引起的。第三，复合词句法和语义互动的研究相对匮乏。语素在构词过程中，由于语法位置的改变，语义中心会发生偏移，其词类也会随之转变(谭景春 1998)。比如，上文中的"重、高、长、白、强"等语素已经转变成了名词。现有的研究没有从历时的角度分析这一变异，大多认为是形容词。第四，结构语言学无法解释汉语复合词复杂的内部结构。比如，Bloomfield(2002)认为，偏正结构属于向心结构，其语法功能一定与中心词的功能相同。但是"细心"和"体温"同属偏正结构；前者中心语素是名词性的，却构成了形容词；后者中心语素是形容词性的，却构成了名词。

《现代汉语词典(第 5 版)》率先对词条做了全面的词类标注，为分析复合词内部语素的词类提供了统一的标准。我们认为，有必要以此为标准，对汉语复合词的结构、语义及其内部语素的组合规律做进一步的研究。本书研究在词类、词义、语用意义、文体意义、语法关系、中心词等多个层面上对《现代汉语词典(第 7 版)》所收录的 42165 个双音节复合词及其内部语素进行穷尽性的标注，建立专题数据库，并统计和分析汉语双音节复合词内部语素的组合规律，重点考察了汉语双音复合词内部语素的句法结构和语义的互动关系，并运用构式语法理论阐释其词义的演变过程，以期对汉语复合词的结构有较深入的认识和把握，为汉语词汇教学与研究以及词典编纂提供数据支持。

1.2　研究意义

《现代汉语词典》历来被学界奉为圭臬。经过不断的修订,《现代汉语词典
(第 7 版)》反映了汉语词汇发展的新面貌和相关研究的最新成果,在收字、收
词、释义、配例、词类标注等各个环节都能提供规范和标准。以此为标准建立汉
语复合词语素数据库,并对汉语复合词的结构、语义及其内部语素的组合规律
做进一步的研究,能够弥补前人自省式研究的不足,促进对相关理论的进一步
探讨,增强复合词结构研究的准确性和系统性,有助于理清汉语复合词复杂的
内部结构关系。本书研究有着广阔的理论和应用前景,主要体现在以下几个
方面:

(1)现代汉语词汇整体面貌的认识。《现代汉语词典(第 7 版)》所收的
65000 余个条目中双音节合成词就有 42165 个,约占 65%。因此,将词典中双
音节复合词的词汇来源、结构、义类、属性、词性、语义色彩等问题做出全面、系
统、量化的调查和说明,在很大程度上有利于较为清晰地认识现代汉语词汇的
整体面貌。

(2)汉语词汇理论的深入研究与建构。有了这样一份系统、全面的现代汉
语双音节复合词数据库,并在数据库技术上进行多角度多层面的计量分析,再
来探讨汉语词汇的诸多问题,将会大大有助于拓宽视野,使许多似是而非、见仁
见智的重点和难点变得清晰明了。

(3)现代汉语词汇教学效率的提高。对现代汉语双音复合词句法结构和语
义的互动关系以及语素组合规律的分析有利于语言学习者准确把握汉语双音
词词义,掌握汉语词汇的规律,从而提高语言学习者的词汇应用能力。

(4)现代汉语词典的编纂和完善。通过数据库的计量研究,可以归纳、总结
《现代汉语词典》在词典编纂上成熟的经验。另一方面,虽然《现代汉语词典》几
经修订,但在释义与配例的一致性、条目的设置、词类的标注等方面不无遗漏。
对现代汉语双音节复合词内部语素进行详尽的标注并在理论上探讨其组合规
律,将在理论和材料方面为现代汉语规范词典的编纂和修订提供有力的支持。

1.3　研究内容

现代汉语复合词中有许多非成词语素,而这些语素大多是由古代汉语中的
单音节语素演变而来。据我们考察,在复合词的词汇化过程中,其内部语素在
语义和语法功能上会发生变异。语素随着语法位置的改变会"重新分析",从而

产生词类的改变。而语素词类的改变又是一个连续统,一端是兼类,另一端是活用。在语素的词类发生变异的同时,语素义也会发生变化。从共时的角度运用结构语言学的理论无法解释复合词内部语素的句法结构和语义的变异现象。构式语法理论认为,语言中的构式是形式与意义的配对。复合词实为构式的一种,属于实体构式。构式所确定的不只是语法信息,还有词汇的、语义的以及语用的信息。(Fillmore,Kay & O'Connor,1988)构式语法研究把历时和共时研究结合起来,其着眼点是从语言的历时演变解释语言共时平面上的结构与意义的互动关系,因此能有效地阐释复合词的词汇化过程。

本研究运用构式语法及其相关理论对《现代汉语词典》所收录的双音节复合词的结构和语义进行全方位的量化研究,主要从以下几个方面展开:

(1)汉语双音节复合词及其内部语素的标注。以《现代汉语词典》为标准,对其所收录的所有双音节复合词以及内部语素在词类、语音、词义、语用意义、文体意义、句法结构等多个层面上进行穷尽性的标注,建立现代汉语双音复合词数据库。

(2)汉语双音节复合词词类分布和语素组合的统计和分析。依据上述数据库,分别统计分析汉语单词义和多词义双音节复合词的词类分布、语素组合类型及其特征等;统计和分析各词类复合词内部语素的组合类型,重点分析名词、动词、形容词和副词等四大词类复合词的语素组合类型及其特点,探讨各类语素组合的制约因素;统计和分析常见语素组合的词类分布,如"名名""形名""动名""名形""名动"等组合的词类比例。

(3)汉语双音节复合词的兼类现象研究。借助上述数据库,我们拟通过考察《现代汉语词典》收录的 8431 个多词性双音节复合词的跨类现象,分析兼类词的类型及其语素组合、语法结构、语义结构等方面的特征,从语素组合的角度探讨多词性双音节复合词的跨类表现特征。

(4)汉语双音节复合词的句法结构研究。在分析复合词内部语素词类组合的基础上,我们将进一步统计并分析汉语双音节复合词的语法结构类型及其比例;探讨各种语素组合的句法结构和语义关系,如"动名"组合中,动宾、偏正、动补等结构的比重,"动名""名名"组合中语素之间的语义关系等;统计各种语法结构的复合词及其内部语素组合规律,如偏正结构的双音节复合词共有多少个? 有哪些语素组合?

(5)复合词的中心词研究。复合词的中心词问题一直富有争议。结合前人的研究成果,本书研究首先明确复合词中心词的定义,然后对汉语双音节复合词的中心词进行逐一标注。在此基础上,统计并分析汉语双音节复合词中心词的整体分布情况、各词类复合词的中心性程度、左中心性和右中心性的比例等,进一步探讨复合词的中心词理论。

(6)复合词的句法结构和语义互动研究。语素在构词过程中会发生语义和语法功能上的偏移,比如,名词素的空间性消除,属性意义突显;动词素的动作意义弱化或完全消失,空间属性突显。在统计并分析语素的组合类型及其句法结构的基础上,深入考察各类语素组合的复合词的构式特征,如"名名""名形""形名""动名""名动""形动"等组合的复合词在构式上有哪些特点,其内部语素在构词过程当中,即进入复合词构式时,如何进行句法和语义上的变异及互动等。

要对汉语双音节复合词的语素组合、语义、语音、语法关系进行多角度、多层面的定量研究,就必须要对语素的各种属性进行准确的标注,而这正是本课题的基础,也是本课题的重点和难点所在。尽管《现代汉语词典》在字形、词形、注音、释义等方面提供了规范和标准,而且在区分词和非词的基础上对单字条目和多字条目做了全面的词类标注,为分析复合词内部语素的词类提供了统一的标准,但是,在标注过程中依然存在以下几方面的困难:

(1)多词性成词语素的标注。汉语的单音语素大多具有多义性。虽然《现代汉语词典》对此类语素的词类已有标注,但准确判断其在复合词中的意义绝非易事。如"笼"和"罩"两字既是动词又是名词,双音节复合词"笼罩"属于"动动"还是"名动"语素组合?在标注时必须确定统一的标准。

(2)非成词语素的词类标注。《现代汉语词典》对此类语素未标明词类,只是通过释义和例词来暗示其词类。由于汉语的词既没有形态标记,也没有形态变化,而划分词类的标准和依据一直富有争议,要准确判断此类语素的词类有一定的难度。如《现代汉语词典》为"哀"字提供了如下释义和例词:

①悲伤;悲痛:悲～|～鸣。

②悼念:～悼|默～。

③怜悯:～怜|～矜|～其不幸。

依据释义和例词可以判断②、③为动词语素,而①则难以断定。

(3)文言语素的标注。除名词、动词、形容词外,《现代汉语词典》对文言文中的其余词类进行了标注,但有些在现代汉语中不常见的词义却未标明。如"寻"字被标为"量词",而"常"字只提供其衍生义,而未提供其原始义。要准确标注"寻常"一词,就必须从历时的角度考察其原始意义。又如"方便""兀自""滥觞""则声"等词,经过长期的词汇化过程,其构词的理据已丧失,要准确标注此类复合词,就必须查阅相关文献,逐一考证。由于汉语的词汇没有形态,不同历史层次的词在用法上会有很大的差异,这无疑会给此类语素的词类划分带来不少的麻烦。

（4）语素间语法关系的标注。由于没有形态变化，一个多词性语素往往既能作主宾语，又能作谓语，还能作定语或状语。汉语语素的多功能性使得不少双音节复合词内部语素之间的句法关系难以判断。比如，"草食""板硬""鼻塞""宾服"等词的内部语法关系就很难明晰。

（5）兼类复合词的标注。现代汉语中存在许多"名动""动形""名形"等兼类的双音节复合词，而这些复合词的内部语素也是跨词类的。比如"素餐"一词，既是名词又是动词；"素"字有名词、形容词和副词词义，而"餐"字也有动词、名词和量词词义。双音节复合词"素餐"的内部语素组合属于"名动""形名""名名""形动"还是"副动"？此类复合词的标注既要从共时的角度还要从历时的角度综合考虑其词义才能准确合理地进行。

针对上述困难，我们收集并研读相关的文献，结合前人已有的词汇和语法理论，制定了一套相对统一的标注方法。

1.4　研究方法

《现代汉语词典》为现代汉语复合词的研究提供了一份很有价值的材料。本书研究的基本做法是把《现代汉语词典》中所有单字条目和多字条目的内容都输入统计软件，建立一个现代汉语双音节复合词数据库。一个词条为一个记录，将词目、注音、释义、结构、义类、词语来源等分别设立字段。字段的设立比较灵活，可以根据需要随时进行标注，然后依据这份穷尽性的、有代表性的语料，本研究以构式语法及其相关理论为基础，运用理论与应用研究相结合、共时与历时研究相结合、定性和定量分析相结合的方法进行研究。

1. 理论与应用研究相结合

通过对现代汉语语素的意义、词类，及其语法关系和组合规律等进行精心的梳理，可以较清晰地了解现代汉语双音节复合词的分布概貌和规律；然后进行理论性的提取，促进对现有相关理论的进一步探讨；与此同时，通过深入理解汉语双音节复合词的句法结构和语义的互动关系以及复合词内部语素的组合规律，可以改进语言教学或翻译等语言应用中的一些实际问题。

2. 共时与历时研究相结合

除了现代汉语中的一般词汇以外，《现代汉语词典》还收录了一些常见的方言词语、文言词语和少数现代汉语中比较生僻的字。而且，现代汉语中的非成词语素大多是由古代汉语中的成词语素演变而来，对现代汉语非成词语素涵义的把握其实也就是对古代汉语文言词用法的准确理解。因此，研究现代汉语语素无法割断历史。从共时的角度整理和分析现代汉语语素的同时，原则上我们应从历时的角度对现代汉语中非成词语素在历史不同阶段的演变加以研究。

3. 定性和定量研究相结合

通过收集大量、准确的语料进行定量研究,归纳出现代汉语语素的特征及其组合的一般规律。然而,定量研究只是一种手段,只是对语料的一种处理方法。定量研究中的语料选取、语料标注、量化分析,每一个环节都需要依靠理论的指导。只有在理论的观照下语料才能显示其内在的价值,而定量研究反过来也可以检验现有的相关理论。

1.5 本书结构

本书分为四部分,共九章。第一部分包括前三章。第 1 章介绍了研究背景、研究意义、研究内容、研究方法等;第 2 章从复合词的界定和分类、句法结构、中心性、语义和语素组合等方面综述了国内外相关的研究;第 3 章介绍了本研究的理论框架——构式语法以及它的两个流派(平行构架理论和构式形态学),详细分析了这些理论的基本理念和在复合词研究中的运用。第二部分,即第 4 章,主要介绍语料收集的方法和统计分析方法。笔者团队制定了现代汉语双音节复合词内部语素词类标注的统一标准,并进行标注;并在此基础上,提取各种语素组合的复合词,对各类复合词的词类、兼类现象、中心词、句法结构、语用意义、语义关系等进行标注,然后对复合词的语素组合、词类分布、中心性、兼类现象等进行统计分析。第三部分包括第 5 至第 8 章,共四章,笔者团队运用相关理论分别对四种常见的语素组合的复合词进行研究。第 5 章首先考察汉语双音节名名复合词的形态句法特征和并列式名名复合词素序的限制条件,然后运用平行构架理论分析汉语双音节名名复合词形态和语义的互动关系;第 6 章运用平行构架理论研究汉语双音节名动复合词的形态和语义的互动关系;第 7 章同样利用平行构架理论分析汉语双音节动名复合词的形态和语义的互动关系;第 8 章首先分析了汉语双音节名形复合词的句法形态特征,然后运用构式形态学考察此类语素组合复合词的形态和语义的互动关系。最后一部分为第 9 章。第 9 章对本研究进行了总结,并指出本书研究的局限和今后研究的方向。

第 2 章　国内外研究综述

复合法是世界上许多语言的主要构词手段，自从 20 世纪 50 年代以来，复合词一直是国内外学者研究的重点。国内外学者从结构主义语言学、转换生成语法、词汇语义学、认知语言学、构式语法、分布形态学、心理语言学等视角对复合词进行了深入的探讨。通过知网检索发现（2023 年 8 月 1 日），以复合词为主题的文献有 6220 条，其中学术期刊论文 3577 条，学位论文 1577 条，会议论文 129 条，图书 4 条。可见学者们对汉语复合词也进行了大量的研究。我们从复合词的定义、分类、句法结构、中心性、语义和语素组合等方面对复合词的研究作了简要的综述，旨在对复合词的一些基本概念和研究过程做一个简单的梳理。

2.1　复合词的界定和分类

什么是复合词？语言学家们对复合词的定义一直富有争议，众说纷纭，至今未有定论。Marchand（1969：11）和 Plag（2003）都认为，复合词是两个或两个以上的词组成的一个形态单位。Crystal（1995）指出，复合词是"由两个或两个以上自由词素构成"。《牛津高阶英汉双解辞典》对于英语复合词的定义是："复合词是由两个或两个以上相同或不同词性的独立词按照一定排列结合在一起构成的新词。"自由词素就是能够独立运用的词，这些定义基本一致，只是表述不同。然而，Bauer（1983：28）是这样定义复合词的："通过连接两个或两个以上词位（lexeme）形成一个新的词位。"Bauer、Lieber、Plag（2013）修改了原来的定义，认为复合词是由两个或两个以上词基组成的。

可见，英语复合词的确难以界定。原因有二。首先，词、词根、词缀、词位、词基等概念模糊，界限不清。比如，overrun、input 等词中 over 和 in 是属于词、词根还是词缀？hydropower、psychoanalysis 等词中 hydro 和 psycho 属于黏着词根，而非独立词，此类词是否属于复合词？Bauer、Lieber、Plag（2013）

把它归为"新古典复合词"（neo-classical compounds），是复合词的一种，而牛津词典（网络版）则把这些黏着词根命名为"组合形式"（combining forms），由它们组成的复合词也没有被标注为复合词。如果该词是由词或者自由词素构成的，这些词不属于复合词。如果该词是由词位构成的，这些词属于复合词。如 air-conditioner、easy-going 等词由三个词素组成。如果该词是由词或者自由词言构成的，这些词不属于复合词。如果该词是由词基构成的，这些词则属于复合词。英语中还有类词缀（affixoid），如-like,-friendly 等，ball-like、environment-friendly 等词属于派生词还是复合词？这些问题很难回答。

其次，复合词和词组的界限也难以划分。Donalies（2004：76）在分析了日耳曼语、罗曼语、斯拉夫语、芬兰乌戈尔语和现代希腊语的复合词结构后，设定了十个复合词的评判标准：①复杂结构；②无词缀；③整体拼写；④特定的重音模式；⑤有连接元素；⑥右向中心词；⑦整体的曲折变化；⑧独立的句法结构；⑨独立的句法语义结构；⑩完整的概念单位。Lieber & Štekauer（2009）认为这些标准难以区分复合词和词组。首先，英语复合词有三种拼写方式，不一定是整体拼写，如：blackboard，air-conditioner，air force。其次，复合词也没有特定的重音模式。再次，在有些语言中，复合词中心词不一定是右向的。为此，他们认为，判定复合词必须综合考虑以下三个标准：①重音和其他音韵方式；②句法上不可插入、不可分割、不可改变；③屈折变化和连接因素。

与英语不同，现代汉语基本上没有形态的屈折变化，真正称得上词缀的成分很少，经由添加词缀的派生词也为数不多（石定栩，2001）。复合词的界限相对比较容易划分。《现代汉语词典（第 7 版）》（2016：523）明确了合成词、复合词和派生词的区别："合成词可以分为两类：a）由两个或两个以上词根合成的，如'朋友、庆祝、火车、立正、照相机、人行道'；b）由词根加词缀构成的，如'桌子、瘦子、木头、甜头、阿姨'。前一类也叫复合词，后一类也叫派生词。"

但是，由于现代汉语复合词和词组的书写方式相同，单音节词根和词缀的形态形式一样，两者界限不是很明确。汉语的语素有自由和黏着之分，但汉语中的绝大多数黏着语素和印欧语中的不同，并非只能参与派生过程的词缀，而是一种具有独特词法—句法功能的成分，可以像自由语素一样参与复合词的构成，而且能够出现的位置不受结构限制（石定栩，2001）。因此，对于复合词的界定，学界还是有争议的。

首先，学者们对汉语的语素提出了不同的分类方法。

葛本仪（2001）认为，现代汉语词素是一种音义结合的定型结构，是最小的可以独立运用的词的结构单位。她从不同的角度对汉语词素进行了分类。从语音形式方面分析，可以分为单音词素和多音词素。从词素的内部结构来看，可以分为单纯词素和合成词素。从语言功能方面分析,可以分为可成词词素和非词词素。从性质和表意方面来看,可以分为词根词素和附加词素。可成词词素和绝大部分的非词词素都可以充当词根词素,而附加词素是附加在词根词素上表示语法意义和某些附加的词汇意义的词素,还可细分为词缀词素和词尾词素。

黄伯荣、廖序东(2017)以语素的构词能力为标准将语素分为成词语素和不成词语素。能够独立成词的语素叫成词语素,如"走、又、行、葡萄、橄榄"等。不能单独成词的是不成词语素,它又可以分为不定位不成词语素和定位不成词语素。不定位不成词语素表达词的基本意义,大多为古代汉语的单音词,如"阐、语、卫、羽"等。定位不成词语素表示词的附加意义,或者起语法作用,如"老、化、家、者"等。成词语素和不定位不成词语素统称词根,而定位不成词语素则称为词缀,分为前缀和后缀。

Packard(2000)将汉语复合词的语素分为三类:实质性自由语素、实质性黏着语素和功能性黏着语素。实质性自由语素实为能够独立使用的成词语素,如:"车、造、康"等,也被称为成词词干。实质性黏着语素是不能独立使用的非成词语素,如:"民、习、荣"等,又被命名为黏着词干。功能性黏着语素又可细分为构词词缀和语法词缀。构词词缀可以附加到词干上并改变整个词的词性,如:第、非、度、化等。语法词缀可以附加到词干上但不改变整个词的词性(如:着、了、过等)。

符淮青(2019)将语素分为三类:实义语素、虚义语素和弱化语素。实义语素(实素)表示实际意义,如"人、跑、明"等。虚义语素(虚素)是虚词,如"从、于、并"等。弱化语素(弱素)表示弱化的意义,如"第、老、子、儿"等词缀。

综合上述分类情况,我们认为,现代汉语的语素大致可以分为两类:词根和词缀。词根又可以分为自由词根和黏着词根。自由词根是能够表达实际意义并能独立使用的成词语素。黏着词根是能够表达实际意义但不能独立使用的非成词语素。词缀可以细分为派生词缀和屈折词缀。派生词缀是附加在词根上即有词汇意义又表示语法意义的语素。根据位置不同,可以分为前缀、中缀和后缀。屈折词缀是附加在词根后面只表示语法意义的词素。此类词缀只出现在词尾,词汇意义已经虚化,不复存在。

其次,学者们对现代汉语复合词和词组的区分标准也进行了讨论。由于现代汉语词语几乎没有形态变化,语音和形态的标准都不适用。学界普遍依据语素语义组合的紧密程度来加以区别,采用扩展法或插入法。比如,偏正结构"冰箱"不是"冰的箱子",因此它是复合词。"装卸工"不是"装卸的工",不能扩展,它是复合词。"装卸工人"可以扩展成"装卸的工人",它是短语(黄伯荣、廖序东

2017;石定栩 2001:F32)。

但是,依据复合词内部词素之间在句法上是否可以插入和扩展,难以区分现代汉语的复合词和词组。葛本仪(2001)分析了四种类型的复合词:①有些词素组合具有两种不同的性质,如"江湖"。它可以表示"旧时泛指四方各地"的意思,这时"江湖"是一个定型结构的复合词。"江湖"也可分割成"江"和"湖"两个词,表示两种不同的事物,则是词组。②有些词素组合的确是可以扩展的,如"象牙、羊肉"等。扩展后也表达相同的意义。但是在同一语境中是不能相互代替的。如我们可以说"这是象牙雕刻",却不能说"这是象的牙雕刻"。"象牙"等形式是一个表示特定意义的定性结构,它们是复合词。③有些词素组合的内部词素都可以独立成词,也可以进行扩展,如"抓紧、打垮"等可以扩展成"抓得紧""打不垮"。但是这些语素组合的意义不是各个成分的意义的简单相加,而是有所融合,如"抓紧"就已融合为"不放松"的意思。④有些词素组合被称为"离合词"。末扩展的是复合词,扩展了的是词组。

冯胜利(2001)将韵律作为复合词与短语"分流"的根据。按照韵律词理论,汉语的独立音步只能由两个或三个音节组成,有了四个音节就必须分成两个音步。以是否符合自然音步为标准,可以区分复合词和短语。比如,所有的动宾结构,只有双音节的才是词,而三个音节以上的就都只能是短语。

我们参照葛本仪(2001)先生的观点,把现代汉语双音节复合词界定为:两个单音节自由词根或粘着词根相组合,形成新的结构,表示新的意义,并能独立用来造句的语言单位。双音节的单纯词不是我们考察的对象,比如,双声连绵词(伶俐、吩咐、枇杷、参差等),叠韵连绵词(哆嗦、馄饨、膀胱等),非双声叠韵(蝴蝶、垃圾、蜈蚣、玛瑙等),重叠词(奶奶、熊熊、姥姥等),译音词(沙发、吉他、台风、吉普等),拟声词(扑通、叮咚、铿锵等)等。

现代汉语双音节复合词可以依据词类、句法结构、中心性、语素词类组合等进行分类:

从复合词的词类方面分析,可以分为名词复合词(如:冬至、存亡、音高等)、动词复合词(如:搬运、长眠、物色等)、形容词复合词(如:短浅、大胆、刺目等)、副词复合词(如:益发、实时、逐个等)、连词复合词(如:不但、等到、借以等)、代词复合词(如:本身、别人、大家等)、数词复合词(如:好些、万贯、半晌等)、量词复合词(如:分米、千瓦、人次等)、介词复合词(如:经由、自从、按照等)、助词复合词(如:不得、来着、而已等)等。

从复合词的句法结构方面分析,可以分为偏正复合词(如:爱将、暗访、靶心等)、并列复合词(如:尺寸、寻常、摆放等)、动宾复合词(如:打铁、倒车、登顶等)、述补复合词(如:吃饱、证明、说明等)、主谓复合词(如:书香、地震、日出等）。

从复合词的中心性方面分析，可以分为向心复合词（如：坐垫、醉汉、拳击）和离心复合词（如：绑腿、火烧、司机等）。

从复合词的语素词类组合方面分析，可以分为名名复合词（如：板凳、书面、人心等）、动名复合词（如：贩毒、防尘、分手等）、名动复合词（如：笔触、案发、电动等）、动动复合词（如：举动、搬运、做作等）、形名复合词（如：大胆、多心、笨蛋等）、形形复合词（如：大全、长久、单独等）、名形复合词（如：火急、山险、心软等）等。

2.2 复合词的句法结构

2.2.1 复合词的句法结构类型

正如朱德熙（1982）先生所说："汉语复合词的组成成分之间的结构关系基本上是和句法关系一致的。"学者们根据复合词内部语素的语法关系进行了不同的分类：

黎锦熙（1962）制定了一个"复音词类构成表"，把汉语复合词分为"合体""并行""相属"三个大类。合体的复合词又细分为双声（如"参差"）、叠韵（如"依稀"）、其他（如"葡萄"）和特有名词（如"诸葛"）四小类；并行的复合词再分为同义（如"身躯"）、对待（如"左右"）和重叠（如"常常"）三小类；相属的复合词分为名名（如"狗熊"）、动名（如"鱼贯"）、形名（如"淑女"）、动动（如"催眠"）、动副（如"晒干"）、形副（如"不良"）、副副（如"否则"）、带词尾或词头（如"石头、阿母"）等八小类。赵元任（1948）首先把复合词分为六类：主谓（如"地震"）、并列（如"贵重"）、主从（如"香料"）、动词宾语（如"放学"）、动词补足语（如"打到"）和单词性复合词（如"吃饱"）。1968 年，他认为大多数的复合词是与句法结构一致，并把复合词的结构分为主谓（如"天亮"）、并列（如"灯火"）、主从（如"热心"）、动宾（如"动身"）、动补（如"养活"）五大类。陆志韦（1957）把复合词分为九种结构类型：多音的根词（如"玻璃"）、并立（如"弟兄"）、重叠（如"哥哥"）、向心修饰（如"淑女"）、后补（如"红透"）、动宾（如"写字"）、主谓（如"心焦"）、前置成分（如"第三"）和后置成分（如"桌子"）。周祖谟（1959）则把复合词分为六种：偏正式（如"雪白"）、联合式（如"土地"）、支配式（如"动员"）、补充式（如"说明"）、表述式（如"地震"）、重叠式（如"渐渐"）。丁声树（1961）根据构词方式把复音词分为六种：并列式（如"人民"）、偏正式（如"淑女"）、动宾式（如"动员"）、动补式（如"证明"）、主谓式（如"霜降"）、附加式（如"包子"）。

依据《现代汉语词典(第 7 版)》对复合词下的定义,黎锦熙分类中的"合体"复合词和陆志韦的"多音的根词"实为双音节单语素词,而非复合词。"附加式""前置或后置成分""带词头或词尾"的复合词实际上是派生词。而且,"重叠式"可以并入"并列式"。因此,目前学界普遍把复合词分为五类,即偏正式、联合(或并列)式、述宾(或动宾)式、述补(补充、动补)式和主谓式(陈述)五种,尽管使用的术语不尽相同。

2.2.2　复合词内部语法结构的统计和分析

依据上述分类方法,有些学者利用不同语料对现代汉语复合词内部的语法结构进行了统计和分析(戴昭铭 1988;张登岐 1997;沈怀兴 1998;卞成林 2000;周荐 2005)。具体数据的对比见表 2-1。

表 2-1　现代汉语复合词内部语法结构的统计

作者	语料	偏正式(%)	并列式(%)	动宾式(%)	述补式(%)	主谓式(%)
戴昭铭	《现代汉语词典》(1983,部分)	53.9	16.4	12.4	1.6	0.5
张登岐	《实用汉语用法词典》	53	27.8	10.6	7.5	1
沈怀兴	《现代汉语词典补编》	47.8	27.2	19.4	2.6	3.0
沈怀兴	《辞源》第一册	58.6	20.7	16.5	2.3	1.9
卞成林	《现代汉语词典》(1996 年)	52.7	20.2	19.3	2.5	1.3
周荐	《现代汉语词典》(1983 年)	50.7	25.7	15.6	0.9	1.2

从表 2-1 可以看出,尽管各类复合词所占数量的排序基本一致,但是其所占比例却相差较大。我们认为,造成这一结果可能是由于复合词的内部结构不易明晰,而各位学者对复合词内部结构的判断都是依据自省的方法,也就缺乏一致性。比如,"目睹、人造、民主"等词,有的学者认为是主谓式,而另一些学者则认为是偏正式。

2.2.3　复合词的构词机制

复合词的构词机制也是学者们争论的焦点。

有的学者从句法角度分析复合词的产生机制。顾阳、沈阳(2001)参照了 Hale & Keyser(1999)的"界面"(interface)理论,提出"古玩收藏家"等 OVH 型复合词是由动词短语推导出来的,即"原始论元结构"经中心语移位或附接得到合成复合词,之后将"原始论元结构"删除。Packard(2000)认为汉语复合词的推导在句法推导之前就已经完成。汉语复合词是按形态学的构词规则组合起来的,并且按照句法中阶标层结构推导而来。汉语中词语结构的复杂性不是通过设定更多的阶标层来说明的,而是经由规则的递归性来允许更复杂的词由简单词或语素构成。程工(2005)认为汉语的句法要求句法和形态采用相同的语序方向,从而产生了"VO-者"复合词,而汉语的形态要求词缀"者"紧接动词出现,从而产生了"OV-者"复合词。何元建(2004)认为 VOS 型复合词是"短语入词"现象,而"OVS 型"可以按照"中心语素右向原则"生成,这是语法的两种生成机制(模式联体记忆与运符处理规则)互为补充的结果。此外,何元建、王玲玲(2005)提出了"真假复合词"的概念。他们认为,VS 型、OV 型、OVS 型、OVX 型、VX 型、XV 型和 XVX 型的语序跟句法是相反的,是真正的复合词,而 SV 和 VO 都是句法的语序,即句法结构,但 VO+S、VO+X、SV+X 却是复合词的语序,是词结构。

Brousseau(1988)认为,一门语言是否具有合成复合词取决于复合词内部语素之间关系的方向性。在合成复合词中,非中心语素必须修饰中心语素,而且是中心语素的补语。修饰语的方向与补语的方向相反。如 meat-eater 一词,修饰语为右向,补语为左向。在英语中修饰语的方向与补语的方向正好相反,因此合成复合词就可能产生。相反,在法语中修饰语与补语都是左向的,因此就缺少合成复合词产生的条件。Guevara 和 Scalise(2009)发现,他们自建语料库中的 21 门语言具有以下共同的特点:在复合词的输出和输入范畴方面,名词>形容词>动词>副词>(……);在复合词的分类方面,从属性复合词>修饰性复合词>并列性复合词;在中心词方面,右向>无中心词>左向>左右;在复合词的语素组合上,[名词+名词]>[形容词+名词]>[名词+形容词]>[形容词+形容词]>[动词+名词]>[名词+动词]>[动词+动词]>(……)。

另一些学者从韵律的视角探讨复合词的构词机制。早在 1963 年,吕叔湘先生就发现,汉语中由动词加宾语组成的三音节"动宾结构"中,倾向于 1+2 韵律节奏而不是 2+1 节奏,而由形容词加名词或名词加名词的三音节"偏正结构"中,则 2+1 节奏更好。Duanmu(1990)提出了"辅重原则":在[XYP](或[YPX])这样的句法结构中,X 是句法上的中心语,YP 是句法上的非中心语,那么 YP 将获得重音。Lu & Duanmu(1991)指出了重音和词长的关系,他们的理论有两个要点。第一,由两个词组成的结构中,辅助词比中心词重。第二,重的词不能短于轻的词。在此基础上,端木三(1999)提出了重音理论:重音需要落在双音节上;多词结构里,辅助词比中心词重,所以辅助词往往需要用双音节,而中心词不必用双音节。Duanmu(2005)还提出了汉语音节音步的构成:

在复合词和短语中运用"辅重原则";一个音步至少有两个音节,并且重音落在第一个音节上;在自由音步和平铺结构(flat structure)中,从左到右建立音步。冯胜利(2004)在批评"重音说"的基础上,提出了"音步组向"理论来解决合成复合词的组合结构问题。他提出了"无向""左向""右向"音步组合机制,并利用音步的实现方向解释了现代汉语合成复合词的两种语序。王洪君(2000)划定了汉语中的韵律词和韵律短语的区分标准:韵律词是只能顺向连调的稳定单音步或凝固复二步,而韵律短语则可能逆向连调,是多音步或可选多音步。

还有些学者认为,仅凭句法或韵律难以解释汉语复合词的构词机制。他们试图结合两者或更多因素来解析这一问题。周韧(2006)提出了"去动词化移位"理论。他认为,无论是"纸张粉碎机",还是"碎纸机",其底层结构都是"(V+O)+N",即都是"V+O"附加在名词性中心语素"N"上构成的。所以,"纸张粉碎机"是底层形式"(粉碎+纸张)+机"中"粉碎"需右移完成去动词化(deverbal)操作的结果;"碎纸机"的底层形式为"碎+纸+机",其生成过程是短语"碎+纸"因为双音节化的作用,被重新分析为词,然后这个"词"成为附加在名词中心语素上的修饰语。杨永忠(2006)为弥补单纯韵律解释的不足,提出了语义分析。他认为动宾倒置受到动词辖域原则的限制:当且仅当 V 统摄 N_1 并修饰 N_2 时,动宾倒置成立;进而提出,"动宾倒置的语义条件可以概括为:$N_1+V+N_2 \rightarrow (V+N_1, V+N_2) \rightarrow O+V+N_2$。只要满足这一条件的词,都属于动宾倒置"。庄会彬,刘振前(2011)认为汉语合成复合词的构词机制不仅依赖于构词规则,还在很大程度上受到韵律因素的制约。具体说来,汉语中 V 和 O 为单音节的合成复合词主要是构词规则作用的结果,上古汉语中表现为 OVH 型,中古、近现代汉语中表现为 VOH 型。由于韵律因素制约,现代汉语中 V 和 O 为双音节的合成复合词,通常无法遵循现代汉语的构词规则,而只能沿用上古汉语的构词规则,从而表现为 OVH 型。何元建(2013)认为汉语合成复合词严格按照"中心语素右向原则"构成,仅双音节句法语序者除外;基于语法运作的经济性,名词性单音节黏着词根要跟邻近的双音节动词组合;合成复合词的语序跟动词是否有屈折形态没有直接关系,但屈折形态和音节模式都是重要的类型学特征。洪爽(2012)从句法学和音系学的界面研究入手,探讨了汉语合成复合词的组合结构,认为汉语合成复合词的组合结构应该分析为$[[N_1+V]+N_2]$,而非$[[N_1+[V+N_2]]$;$[[N_1+V]+N_2]$的结构倾向于构词,$[[N_1+[V+N_2]]$的结构倾向于造语。

利用转换生成语法理论,学者们试图分析复合词中两个词素之间的关系,提出了许多理论,其中包括 Lees(1960)的"转换派生理论"、Roeper & Siegel(1978)的"第一姊妹原则"、Baker(1988)的"题元指派统一论"、Selkirk(1982)

的"第一次序投射条件"、Lieber(1983)的"论元连接原则"、Kayne(1994)的"不对称理论"以及 Halle,Marantz 和 Harley 的"分布形态学"等。

Lees(1960)认为复合词是句子的深层结构经由转换规则派生而形成的。例如,apple eater 是由句子 the man eats apples 派生而成的,它与 apple eating 和 eating apple 两词具有同样的深层结构。

Roeper & Siegel (1978) 认为合成复合词的存在与否,与其相对应的句子是否符合语法相关。比如,He makes peace 符合语法,peace-making 也合语法;He thinks peace 不符合语法,peace-thinking 也不合语法。为此,她们提出了"第一姊妹原则",即合成复合词通过在该动词的第一姊妹位置(左边)并入另一词形成,左边的词素是动词的域内论元。

Kiparsky (1982)提出英语构词遵循这样的顺序:词根→合成构词→屈折变化。因此,mice-infested 合法,而 rats-infested 不合法;原因是不规则复数名词是词根,而规则复数名词是屈折变化,不能错位跑到合成构词的前面,这就是"构词层序"理论。

Selkirk(1982)用 X 杠杆理论来阐释合成复合词构建,认为复合词中的非中心语素必须是动词的直接域内论元,施事论元不可以出现在复合词中。girl-swimming 不合法是因为 girl 是施事论元,而在 shelf-putting 中,shelf 尽管是 swim 的域内论元,但不是直接的,因此也不合法。

Lieber (1983)也认为词素的论元结构是解释复合词的关键。但不同的是,她认为,词素只有在满足谓词论元结构的要求下才能插入到复合词的词汇树中。合成复合词是"词干+词干",且词干没有语类标示,其语类特征由插入语素的特征向上渗透获得,这就是特征渗透规约。她将各语类的词干分为带论元(argument-taking)的词干(动词、介词)和不带论元的词干(名词、形容词)。在此基础上,她提出以下两条论元连接原则:a)动词或介词词干无论作为左边成分还是右边成分,都必须与其内论元相连接。b)自由词干和带论元的词干结合时,自由词干必须是要求带论元词干的语义论元。

Baker(1988)发现,题元跟动词之间的相对结构位置在句法和词法中完全一样。也就是说,一种语言,不论其句子与合成词的表层语序如何,句子和合成词中的题元成分跟动词之间的相对结构关系是一致的,他将这个规律表述成著名的题元指派统一论。

现代英语是典型的 SVO 语言,在句法层面,VO 结构占据优势。但是在构成复合词时,OV 结构却居于优势地位,而 VO 结构的复合词则处于弱势,且不具有能产性。对于 VO/ OV 这两种强势语序在句法和形态层面上不一致的问题,Kayne(1994)提出了不对称理论,认为复合词构词是句法的一部分。从本质上说,应当考虑是哪一个参数使英语采用 VO 语序,而德语等其他日耳曼语言则采用 OV 语序。在英 VO 句序出现之时,OV 语序就已经存在于构词法了。复合词不反映其形成之时的语序,但反映先前的语序系统。这似乎与英语的语言事实相符,因为 OV 语序复合词与古英语的 OV 句法语序相关。

按照分布形态学理论,合成复合词的构造过程如下:在一个词根本身与范畴化终端节点合并之前,短语成分首先与该词根合并,因此,truck driver 是由 [truckdrive]er 结构形成的,而不是由 truck driver 结构形成的。

2.3　复合词的中心性

除了从复合词内部的语法结构探讨其构词规律,学者们还从复合词中心词的角度分析其内部构造。

Bloomfield(2002)依据复合词与其内部成分的关系把复合词分为向心(endocentric)和离心(exocentric)构式两大类。所谓向心构式,就是指整个结构同内部某个成分的类别(form-class)相同,此内部成分就是中心词(head);如果结构同任何内部成分的类别不相同,该结构就是离心结构,也就没有中心词。根据这一理论,许多学者对汉语复合词的中心性(headedness)进行了讨论。

赵元任(1968)认为并列结构与从属结构复合词的区别在于,并列结构中每个构词成分都是中心,而从属结构中只有第二个成分是中心。

戴昭铭(1988)发现,《现代汉语词典》收录的 20065 个合成词中,构词语素与合成词同属一词类的有 16708 个,占总数的 83.27%;构词语素与合成词不属同一词类的有 3357 个,占总数的 16.73%。可见,大多数合成词为向心结构。

Huang(1997)统计了复合词中左、右语素与复合词词类相同的比例。(XN)n 的比例为 0.759,(XV)v 的比例为 0.822,(XA)a 的比例为 0.685,即复合词与右语素词类相同的比例平均为 0.755;(NX)n 的比例为 0.898,(VX)v 的比例为 0.741,(AX)a 的比例为 0.317,即复合词与左语素词类相同的比例平均为 0.652。依据统计结果,他认为同一语素组合的复合词,如 VN、NV、NN 等,可能是名词、动词甚至是形容词。因此他得出结论,汉语复合词的左、右语素都不能决定整个复合词的语法范畴,汉语复合词也就无中心词。

Williams(1981)提出了复合词的"中心词右向规则"(the Right-hand Head Rule):复合词的中心就是其最右边的成分,无论是什么语言。Starosta(1998)持同样观点,并称汉语复合词是右中心的,不是右中心的词大多不是复合词。

Packard（2000）通过对比汉语双音节复合词和其构词语素的语法范畴，提出了汉语复合词的"Headedness Principle"：名词的右语素是名词，动词的左语素是动词。

Ceccagno & Scalise（2006）则把汉语复合词分为从属式复合词（subordinate compounds）、偏正式复合词（attributive compounds）和并列式复合词（coordinate compounds）。他们认为，汉语并列式复合词要么有两个中心词（如"爱恋""美丽"），要么无中心词（如"东西""开支"）；偏正式复合词全部为右中心（right－headed）（如"天价""黑车"）；动宾结构的从属式复合词（如"开刀""求全"）符合 Packard 的"Headedness Principle"，即复合名词为右中心，复合动词为左中心；其他从属式复合词均为右中心（如"心疼""胆小"）。

Ceccagno & Basciano（2007）对《现代汉语词典》（2002）中收录的 1077 个新词进行了统计分析。排除多音节（368）和非复合词（37），共得双音节复合词 672 个。他们的统计结果是：最能产的是偏正式复合词 294 个（43.9%），其次是从属式 241 个（35.7%），最后是并列式 137 个（20.4%）。总的来说，80.8% 的复合词属于向心构式（右中心 47.8%、左中心 17.8%、双中心 15.2%），19.2% 是离心构式。右中心复合词中，名词占 85.7%，动词占 14% 而且全部是偏正式；左中心复合词全部是从属复合动词；双中心复合词中，70.6% 是动词，21.6% 是名词，其余 7.8% 是形容词；离心构式的复合词中，29.4% 是从属复合词，50.4% 是偏正复合词，20.2% 是并列复合词。

总之，无论是从复合词的内部句法结构还是从其中心词的角度，学者们对汉语复合词的结构做了深入的探讨，取得了很多有意义的成果，但是对复合词内部语素的词类划分和语法结构的判断都是依据自省的方法，缺乏一致性，有些研究还缺乏充足的语料，因此研究的结果也不够全面或不够准确。

2.4　复合词的语义

学者们对复合词语义的研究基本上跟随着国内外语言学的发展趋势。首先，从结构主义语言学和转换生成语法的视角探讨复合词的句法和语义的互动。之后从概念整合和认知语言学理论视角分析复合词的语义组合机制、语义韵和语义透明度等，然后从心理语言学等视角对复合词的语义衍生机制进行了深入的探讨。随着构式语法和生成词库理论的盛行，学者们将研究视角从复合词静态的语素组合意义扩大到复合词的构式义、语用意义和语义的演变。

2.4.1　复合词的句法和语义互动研究

王孟卓(2022)从《现代汉语词典(第 7 版)》中筛选出了 636 个 N＋V 偏正复合词,对这类复合词的语义特征以及词性问题进行了考察。研究发现,状中复合词中的 N 具有[＋具体性][－生命度]的特征,V 具有[＋及物性][＋陈述性]的特征。但是 V 构成的复合词出现了[－及物性]的特征,出现这种现象的原因可能与复合词自身语义完整以及复合词想要凸显的内容有关。另外,N＋V 状中复合词具有较强的陈述功能,V 是以它固有的属性参与构词,即使是名词性的 N＋V 状中复合词也是如此,如"柳编、木刻、石雕"等。该文认为,名词性 N＋V 状中复合词的形成与 V 的陈述性有关。V 自身的时间性是不确定的,当我们用 N 来限制它的时候,它会有一个用这种方式完成的终点,带来一定的后果或状态,这便为转指名词提供了语义基础,而句法结构中论元位置的空缺则是将这种潜在的指称性变为现实性的动因,二者结合共同促成了名词性N＋V 状中复合词。

李亚洪(2018)从词汇语义学理论的视角,以《现代汉语词典(第 7 版)》中的 392 个主谓式复合词作为研究对象,基于北京大学 CCL 语料库和现代汉语语料库对这 392 个词语对应例句进行筛选,共筛选出 3920 个真实例句作为语料,从内部语义结构和外部句法功能两个方面,对主谓式复合词进行分析。首先,他从静态的词汇义类角度分析主谓式复合词内部语素的相互选择机制,并构建语义组合模型。其次,从动态的格关系角度对主谓式复合词的内部结构进行分析。他认为主谓式复合词作为句法结构词化的结果,与主谓短语在内部语义关系上往往具有同构性。他还发现,主谓式复合词的内部语义在一定程度上制约了其外部的句法功能。

陈杰(2011)从单音节形容词出发,以《现代汉语词典》中所收录的"A＋V"双音复合词为研究对象,对"A＋V"双音复合词语义组合进行分析研究。通过对前位 A 单{情状、方式、程度、结果、原因、时间}六种语义属性的分析及统计,他认为,{情状、方式}是"A＋V"双音复合词的强选择性语义组合。根据认知语法的观点,这种语义组合的强选择性与人在描述事件时的心理投射有关。最后对"A 单＋V 单"成词情况及动因进行了考察。

刘宗保(2008)按照"透明度""属性范畴深度""类对类""质/量"与"倾向性"等五个原则对《现代汉语词典(第 5 版)》中所收录的所有形、名语素构成的双音复合词进行形、名语素义类的组合分析。首先,他对这类复合词中的形、名语素进行语义分类,在此基础上对形名组合进行双向选择分析,即分析哪些语义类的形语素与哪些语义类的名语素是强势组合,哪些是弱势组合,由此得出形名组合在语义类选择上的强弱等级序列。然后,他对形名组合的规律进行了探讨,从"词汇化"中的范畴选择、"标尺两极"规律及"属性值与属性体关系"模式三个方面进行了具体的分析。

赵倩(2020)定量考察了现代汉语 V＋N 偏正式复合词语义结构与形成机制。她归纳出了四种语义结构:A. 功能＋限定对象;B. 类别＋限定对象;C. 特征＋限定对象;D. 成因＋限定对象。她发现,"时间性"是影响结构差异的重要条件:①A、B 类结构无关时间性,也就无关动词性,标识对象的功能和类别,近似于"N＋N"结构。②C、D 类显现了动素的时间情状,C 类为"持续",标识对象特征,近似于"A＋N"结构;D 类为"完成",标识对象成因,转指后接近"N/A＋N"结构。③C、D 类歧义结构形成的条件是:D 类动素决定或改变了所指对象的存在性质;C 类名素的主体和客体身份模糊,动名之间可以形成作格关系。

盖敏(2019)以名词性的"形₁＋形₂"式复合词为研究对象,从形语素项出发,考察复合词内语素项之间的关系,分析词义和语素义之间的内在关联,探求该类复合词在组合结构中的语义变化情况。采用《现代汉语语义词典》(俞士汶主编)的语义分类体系对《现代汉语词典(第 7 版)》中筛选符合条件的 115 个词项中的形素以及组合形成的名词语义进行分类。在分类的基础上考察形语素项之间的语义选择机制,归纳出不同义类的形₁对形₂或形₂对形₁的语义选择序列,考察其搭配数量和频度,并且构建出语义组合模型,区分出语素项之间组合的强势模型与弱势模型。

吕文雯(2008)以 V＋N 的构词模式为基础,对《现代汉语词典》所收的 V＋N 式双音节复合名词内部的语义关系进行考察。V＋N 偏正复合名词表层语法关系上表现出修饰与被修饰的关系,在其语义底层用述谓结构等理论又可以分为多种情况,动词性词素 V 是述谓结构的谓词,名词性词素 N 表示论元。两者之间的语义关系可以是直接的"谓词与施事""谓词与主事""谓词与遭遇格""谓词与受事""谓词与结果"等的关系,同时又有比较复杂的 V 与 N 分别来自不同的命题,两命题发生语义联系的情况,表现出一定的层次性。V＋N 偏正式复合词词义是由词素义组合或综合而来的。

史维国、王婷婷(2018)对《现代汉语词典(第 7 版)》中近六千个"动动"复合词进行了考察,发现汉语动词作状语现象在句法中大量存在,在构词中也占有一定比重。偏正式"动动"复合词中作状语的动词可由行为动词、状态动词、心理活动动词、位移动词、交接动词、使令动词、相互动词和变化动词充当。状语的语义类型主要有方式类、状态类和过程类。不同语义类型中作状语的动词在数量上分布不均。构词中动词作状语现象的成因,共时上主要由于偏正式"动动"复合词中作状语的动词的动作义较弱或不凸显动作义,历时上偏正式"动动"复合词的产生及发展是由于汉语词汇双音化的趋势及短语词汇化的结果。

还有的学者认为复合词的结构不完全等同于句法结构,两者是有差别的。

苏宝荣(2017)认为,语言学者提出的"造句的形式和构词的形式基本上是相同的"等观点,将相对问题绝对化了。在他看来,汉语复合词结构与句法结构既有一致性,又有差异性,两者的关系仅仅是"相似",而不是"相同"。句法结构具有组合性、离散性,而复合词结构具有整体性、凝结性,这种整体性和凝结性使其具有了句法结构所不具备的复杂内涵,就这种意义来讲,甚至可以说二者有质的不同。

贺阳、崔艳蕾(2012)从词汇化的方式和途径出发,对汉语复合词结构和句法结构的异同进行解释。他认为汉语复合词结构和句法结构既有一致性,也有差异性。二者的异同在很大程度上与词汇化过程有关,而分析方法上的问题也会影响对复合词结构和句法结构异同的认识。

2.4.2 复合词语义的认知研究

认知语言学试图从象征化、复合化、范畴化、词汇化和图式化等人类基本的认知能力解释合成复合词的语义衍生机制。Heyvaert(2003)综述了国外从认知视角分析合成复合词的研究。Lakoff & Johnson(1980)认为隐喻和转喻是人类的基本认知能力,语言使用者能够借助这些认知能力扩展与现存语言范畴相关的概念范畴。Ryder(1994)和 Oster(2004)利用图式理论分析语言使用者如何理解和产出英语合成复合词。Langacker(1987)认为复合词的产生犹如家具的制作。先用木工刨(plane)磨平各构词成分之间的关系,方能无缝拼接。比如,在创造复合词 can opener 时,使用所谓的"组合刨"(syntagmatic plane),理清构词成分[OPEN]和[ER]、[CAN]和[OPENER]之间语音和语义的关系,然后组合成词。Langacker(1991)还从认知语法的角度探寻约束英语复合词的能产性和词汇化的规则和条件。他指出,语言单位的能产性与感知深度(entrenchment)和具体性(specificity)成正比:复合词被感知得越深或越具体,就越有可能被激活而产生新的复合词。他也指出,低层次的图式(low-level schemas)比比较抽象(higher-level or abstract schenas)的图式更有可能被语言使用者激活。英语中含有-er 后缀的合成复合词属于低层次的图式,能得到足够的感知深度,因而比较能产,而在 screwdriver 一词中,screw 的认知凸显度比 driver 的要高。Fauconnier & Turner(2002)利用概念合成理论解析合成复合词,具有强大的解释力。他们将合成复合词的心理空间看作是几个构词成分的心理输入空间通过各种支配原则映射组合而成的合成空间。在

Downing（1977）、Warren（1978）和 Geeraerts（2002）等人的研究基础上，Benczes（2006）收集了大量的英语复合词，并将其分成三大类：隐喻复合词、转喻复合词和隐转喻复合词，利用隐喻和转喻理论解释英语复合词的衍生机制。

国内学者也利用认知语言学的理论对汉语复合词进行了大量的研究。

朱彦（2003）从语义的深层出发，在认知的背景上挖掘复合词词素间语义关系曲折复杂的根源，力图描写和解释复合词构成的一系列语义过程，找到其间的语义规律。他认为，复合词结构与句法结构在语义的底层是一致的，两者均出自同一认知场景，其语义结构可归结为同样的认知框架，两者表层形式的不同是由于从语义的深层映射到形式的表层时，所受到的制约有所不同。

黄洁（2008a）以汉语和英语中隐转喻名名复合词为研究对象，以 Wisniewski 的"可排列性差异"、Pustejovsky 的"本质结构"、Lakoff 的"概念隐喻"、Kovecses 的"概念转喻"和 Goossens 的"隐转喻"为理论基础，探讨了喻体名词的概念结构以及概念隐喻和概念转喻对隐转喻名名复合词内部语义结构的解释力。她的研究发现：①喻体名词概念结构的可排列性和本质结构特点是隐转喻名名复合词语义内涵丰富性的根源。②概念隐喻和概念转喻以及二者的互动是创造和理解隐转喻名名复合词丰富语义的认知机制。本体和喻体的排列顺序影响隐转喻名名复合词的语义结构，前喻式和后喻式名名复合词在喻体的概念结构以及概念隐喻和概念转喻的类型方面均存在差异。③在具有诸多共性的基础上，汉语名名复合词比英语的构词能力更强。

黄洁（2008b）以汉语定中结构名名复合词为研究对象，从认知角度讨论在两个名词性成分组合成一个复合结构名词时语义关系呈现多样性的动因。研究表明，构式义对词汇义的压制是定中结构名名复合词内部语义关系多样化的动因；名词具有丰富的本质结构是语义压制（semantic coercion）实现的概念基础；与名词相关的区域激活是语义压制实现的途径，区域激活要遵循相关度、凸显度、接受度等原则。

尉方语（2020）以《现代汉语词典》所收录的偏正式比喻复合词为研究对象，对偏正式比喻复合词的判定及构成要素、本体喻体的语义类别及分布特征、偏正式比喻复合词的语义语法关系、偏正式比喻复合词的比喻跨度和范畴化、网络平台展开研究。

颜红菊（2008）从认知语言学的角度分析了离心结构复合词的语义认知动因。她发现，离心结构复合词的认知动因不是单纯的，概括起来主要有两条：转喻和词类范畴的连续性。转喻机制使离心结构名/动的核心得以隐含，也就是说复合词的核心是可以隐含的。词类范畴的连续性特征使得形容词接纳了不典型的动词性/名词性结构复合词，产生离心结构形容词，而在短语中，词类范畴的连续性特征的作用恰恰相反,是句法结构实现向心性的语义认知基础。它使一些词在特定的句法位置中发生功能游移,即通常所说的"词类活用"。

束定芳、黄洁(2008)以《现代汉语词典(第 5 版)》的双音并列复合词为语料,从认知角度对反义复合词的排序规律和语义变化予以描述和解释。其研究发现:①反义复合词的词序排列总体上遵循了 Polly-ana 原则,即先"好"后"坏"的原则;②Pollyana 原则在一定情况下受到语音规律的制约;③反义复合词形成后,一般都会经历一个概念合成的过程,形成语义变化;变化的类型包括:综合化、单极化、隐喻化或转喻化;④这些概念整合引起的语义变化与人的整体思维和隐喻思维以及情感偏向等有关。

2.4.3　复合词的语义透明度研究

语义透明度是指复合词的语义可以从复合词的语素意义中推断出来的程度。学者们对此进行了多方面的研究。

孙威(2018)以并列式双音节复合词作为研究对象,通过定量实验与定性分析的研究方法,对并列式双音节复合词的透明度进行评估计算和等级划分。通过重复启动实验,对透明词与不透明词进行评估验证,探索并列式复合词中有着不同透明度的复合词在词汇加工方式上的差别,明确复合词的语义透明度的判定标准及影响因素,以及探索复合词语义透明度研究在汉语作为二语教学及其他方面的应用。

刘伟(2016)通过对《现代汉语词典》定中式双音节复合词进行等距抽样统计,在区分词典层面的词义透明度和大众层面的词义透明度基础上,将定中式双音节复合词分为词义完全透明、比较透明、比较隐晦、完全隐晦四个等级。他还运用图式范畴理论对此类复合词的词典语义透明度的分布进行解释。从历时的角度看,词义透明度递减是一个动态的演变过程;从共时的角度来看,宏观视角下的整个汉语词汇系统内部成员的透明度也呈现不同等级的差异,微观视角下,词位内部的多个义位之间也呈现出透明度逐渐递减的趋势。复合词词义结构的复杂度和复合词的结构类型是影响词义透明度的重要因素。

宋宣(2011)对汉语偏正复合名词语义透明度的判定条件进行了论证。她指出,复合词内语素义的明显与否以及它与整体词义之间的紧密程度是决定复合词语义透明度的关键;复合词内部语素达到"常素/常义"标准,是提高整词语义透明度的必要条件;复合词核心成分由表"类属"义的语素充当,是提高整词语义透明度的充分条件;词汇化的不同类型则会不同程度地降低其语义透明度。

胡蓉(2020)以《现代汉语词典(第 7 版)》中"形+名"指人名词词条为语料,

运用词义学、语法学的理论,采用定量研究的方法,探讨形名指人名词的语义透明度问题。她认为,语义透明度与词语的词义类型直接相关。当词义为语义或语素组合义时,词义为基本义,语义透明度高;当词义为比喻、转喻、泛化、特指等引申义和专科义时,语义为非基本义,语义透明度低。她还将"形+名"指人名词语义透明度分为四个等级:即完全透明、比较透明、比较隐晦、完全隐晦。其中,完全透明的占 24.48%,分为简称式、加和式两类;比较透明的占 36.98%,分为补充式、暗示式、补充暗示式、附加式四类;比较隐晦的占 23.05%,分为偏义式、融合式两类;完全隐晦的占 15.49%,分为百科类、失义类两类。

宋贝贝、苏新春(2015)对动名型复合词词义透明度的理论基础、理论内涵、理论框架、计算方法、影响因素等做了系统论述。他们认为词义透明度参数包括语义参数、语法参数两种。他们还归纳了语法参数(词语类型、语法功能与结构类型)并进行赋值,提出语法参数值的计算公式,计算出动名型复合词的语法参数值,提出词义透明度的计算方法,得到 4760 个动名型复合词词义透明度的数值、等级及数量分布等,并详细分析了影响词义透明度的因素。他们进一步分析了语义距离与词义透明度的关系,考察了词典语料、真实语料中动名型复合词词义透明度的特征。

2.4.4　复合词的构式义研究

苏宝荣(2011)率先提出词(语素)的结构义。他给词的结构义下了以下定义:"词(语素)在特定的组合结构(包括语法结构与语义结构、句法结构与复合词结构)中所显示的临时意义,这种结构义具有对特定语言结构的依赖性与附加性。"他还具体分析了词(语素)结构义的类型及表现形式,并指出了正确认识词(语素)义与其结构义二者关系的理论意义与实践价值。

苏宝荣(2013)进一步分析了复合词的结构义与语素义之间的关系,并提出了构式义的演变现象。他认为,汉语双音复合词所包含的两个语素一般是按照一定的语法关系和语义关系组合起来的。部分汉语复合词的词义,不仅显示出其所含的语素义,还显示出其特定的结构义,复合词的词义大于或偏离所含语素义的总和。复合词的结构义,不仅对准确、全面理解复合词的词义至关重要,同时也对构词语素自身的意义产生影响,造成语素意义的演变。他从语法与语义相结合的视角,揭示了"结构性迁移""结构紧缩""语义融合""语义相关传递"等影响复合词构成语素意义变化的具体表现形式。

苏宝荣、马英新(2014)认为复合词词义,不仅显现其所含的语素义,还显示出其特定的结构义,且这种结构义具有隐含性。他们以汉语"动+名"偏正式双音复合词为例,揭示了其隐含结构义的八种类型,说明了复合词结构义研究与语文辞书释义的关系,强调了复合词结构义研究的理论意义与实践价值。

此后,学者们对各种类型复合词的结构义进行了研究。

马英新(2012)以结构义理论为指导,根据辞书释义的实际情况,归纳出了"动+名"偏正式双音复合词的七种主要结构义。他发现,复合词的结构义是由语义结构义和语法结构义组成的,其中语义结构义是指在以名词性语素为中心的语义结构中产生的意义。

马英新、何林英(2018b)对《现代汉语词典》所收入的 2145 个 VN 偏正式双音复合词和 5667 个 VN 动宾式双音复合词的结构义进行了详细的分析。他们发现二者存在较大差别。具体来说,VN 偏正式双音复合词和"V+非受事"类 VN 动宾式双音复合词的结构义是显性的,而"V+受事"类 VN 动宾式双音复合词的结构义则是隐性的。

马英新、张雅洁(2018c)对《现代汉语词典》中 535 个 NV 状中复合词的语法结构和语义结构进行了综合分析,发现此类复合词存在着复杂的结构义。NV 状中复合词实际上是一种紧缩形式,其中隐含着与名词性语素义相连的介词性成分或动词性成分。

马英新、何林英(2018a)对"动+动"动补式复合词的结构义进行了研究分析后发现,借助于前后语序,此类复合词的语法结构义和语义结构义中的结果义在词义中都是隐含的,均无须标记形式,只有语义结构义中的致使义在词义中是显性的,有两种标记形式。

马英新、范铮(2019)阐述了汉语非常规复合词的定义和分类,并且发现非常规复合词在语法和语义上具有一定的特殊性,因而其结构义要比常规复合词的结构义更为复杂,同时不同的非常规复合词在结构义上也会呈现出各自的特点,然后对部分非常规复合词的结构义进行了详细的分析。

宋作艳(2014)从构式强迫的角度解释了定中复合名词中心成分意义的变化。她发现,定中构式会强迫中心成分发生三种变化:名化、泛化和语素化。分别是由范畴错配、语义修饰关系错配和音节—语素错配引起的。构式强迫对构式和成分都有影响,构式与成分之间存在互动关系。她认为利用构式强迫概念,不仅可以对名化、泛化和语素化等现象作出统一的解释,还可以对所谓的逆序定中复合名词做出更好的解释。

袁昱菡(2019)采用了共时和历时研究相结合的方法,考察了成词之初属于定中式结构汉语复合词的历史变化现象。她对这些构式变化进行了分类,并试图从语言要素的变化和人们对意义的重新理解两个方面来分析结构变异的动因与机制。

2.4.5　复合词语义的物性结构研究

宋作艳等(2015)利用生成词库理论对汉语复合名词进行语义信息标注,建立一个词库。他们首先介绍了这一词库的标注框架,然后通过对"纸""石"构成的复合词的对比分析,展示了这一词库在复合名词构词、语义研究中的应用。研究结果显示,物性角色、自然类和人造类是非常重要的语义信息,能揭示复合名词构词和语义的一些模式和规律。

王恩旭、袁毓林(2018)以"颜+名"复合词为例,从物性角色在释义中的分布入手考察了汉语复合词的语义透明情况及其成因。结果发现:①不透明的意义占绝大多数(98%),透明的意义只占很小的一部分;不透明的意义中通常包含2—4种物性角色,透明的意义中通常只包含1种物性角色。②不透明意义的物性角色分布是有规律的——物性角色分布和词的语义类型直接相关,语义类型相同的词语,往往物性角色分布也相同。并且建议利用这些规律建立复合词的物性角色分布序列,为同一语义类型复合词建构统一的释义模版,进而改善已有的复合词释义。

宋作艳、孙傲(2020)从物性结构角度分析了"处所+N"复合词中处所成分与中心成分之间的语义关系。他们发现单纯表事物存在之处的很少,多表示事物使用或者产生的地方,或兼而有之。隐含的谓词是名词的功用角色或施成角色,这些谓词应该出现在释义中,以揭示构词成分间的具体语义关系,阐明事物的命名理据。研究还发现,在事物命名中功用、施成特征比处所更重要,功用构式、施成构式在定中词汇构式中层级更高。

动名定中复合词以名词性成分为中心,基于转换生成理论与论元结构的动词视角研究却以动词性成分为中心,关注 N 是 V 的什么论元角色。宋作艳(2022)认为这种视角错位是因为抛开表层看意义,抛开整体看成分,割裂了形式与意义的联系,会带来一系列问题。她建议从名词视角研究,即从构式理论和物性结构获得理论支持,着眼于表层和整体,关注 V 限定 N 的什么物性角色。她发现,定中复合词构式的功能是命名与分类,语义关系是"物性+事物"。构式决定了 V 不表动作,而表物性,涉及功用、施成、状态、规约化属性和构成等物性。她认为名词视角可以优化分类和释义,揭示生成机制,解决视角错位造成的相关问题。

宋作艳(2016)证明功用义是一种重要的语义特征,对名词词义和构词有系统性影响,具有语言价值和语言学价值。她发现,功用义会影响汉语名词的范畴化、语义类体系、词义引申、词汇化和构词。功用义在不同语言中都起作用,只是范畴化模式、表现形式和重要性不尽相同。利用功用义有益于区分名词的范畴化、语义分类、多义、词与词组的区分、概念知识与语言知识的区分等,还有助于义项划分、同义词辨析和词典释义。

张赛春(2017)以现代汉语"名+形"复合词为研究对象,利用生成词库理论,对这类复合词进行了以下三个方面的研究:一是对"名+形"复合词的语义进行了详细的描写,包括内部语义关系、语素特征、词义类别。二是对"名+形"复合词中的转指现象做出了分析。三是结合生成词库理论和概念整合理论阐释了"名+形"复合词语义的生成过程。本文首先对"名+形"复合词的范围做出了界定,在此基础上研究了"名+形"复合词的内部语义关系,发现主谓型"名+形"复合词的内部语义关系相对简单,而偏正型"名+形"复合词的内部语义关系相对复杂,其次根据语料得出了"名+形"复合词中名语素和形语素的特征,并且对"名+形"复合词的语义类别进行了归类,接着我们发现了不同词性的"名+形"复合词中的转指现象,并对其做出了分类描写。最后依据物性结构理论和概念整合理论,阐述了"名+形"复合词的一般概念整合、隐喻概念整合、转喻概念整合和隐转喻概念整合的过程,并尝试对"名+形"复合词中名语素的物性结构和形语素的论元结构的组合特点进行归纳,并试图解释其动因。

李强(2014)基于生成词库理论提出的物性结构的框架对汉语形名组合的"非事件强迫"进行研究。他发现形容词并不直接修饰名词本身,而是修饰与名词相关的事物或事件。他着重探讨语义上并不直接相关的两个成分能够组合在一起的原因和动因以及这一组合的语义分析和识解的过程。

赵青青、宋作艳(2017)基于生成词库理论中的物性结构和语义类框架,对现代汉语双音节隐喻式名名复合词进行了语义信息标注。在此基础上,她们对这些复合词进行了定量与定性分析,考察了复合词在隐喻过程中涉及的物性角色、探索语义类对隐喻涉及物性角色的影响,以及语素语义类与复合词整体语义类之间的相关性。研究发现:形式角色是隐喻式名名复合词中最常涉及的物性角色,自然类在发生隐喻时较多涉及构成角色,而人造类则较多涉及功用角色。并且,构词语素的语义类对复合词整体的语义类具有一定的预测性。

刘璐、亢世勇(2017)运用物性结构理论,分析语素义转指的六种类型,并提出结合转喻、隐喻、转隐喻理论共同解释"无向型名词"词义构成的研究方法。根据两个语素义如何通过转喻或隐喻转化为词义,将无向型词语分为八类。具体分析了无向型词语的语素义体现的物性角色,语素义与词义的关系,语素义整合转化为词义的特点。

童小倩(2018)运用构式压制及生成词库的理论,对现代汉语动宾式动动复合词进行了以下三个方面的研究:第一,动宾式动动复合词的界定及动素分析;第二,动宾式动动复合词的构式压制情况;第三,动宾式动动复合词后一动素指称化情况及动宾式动动复合词的整体转喻现象。首先通过对比分析描写,把动宾式动动复合词与偏正式动动复合词、连动式复合词区别开来,对 V_1 进行语义特征分类,并且对动宾式动动复合词进行了详细的描写。研究发现,V_1 可分为两大类——V_1 语义虚化和 V_1 语义具体。其次,根据构式压制等理论,对 V_2 是否受到构式压制进行了分析,探察 V_2 在构式中所发生的各种变化。经研究,V_2 也有两种类型——V_2 未受到构式压制和 V_2 受到构式压制。她还探讨了 V_2 的指称化倾向和动宾式动动复合词的整体转喻现象,发现动宾式动动复合词可以整体转喻为名词、形容词、副词。

张念歆、宋作艳(2015)用定量和定性分析相结合的方法,考察了现代汉语双音节形名复合词的物性修饰关系,发现形语素有选择地约束名语素的不同物性角色。当形语素修饰名语素的形式角色或构成角色时,语义解读时常需要补充名词,当形语素修饰名语素的施成角色、功用角色或规约化属性时,语义解读时常需要补充动词。形名复合词的语义建构是物性结构和概念整合共同作用的结果,当形语素激活的物性角色或物性值不止一个时,就会出现多义或歧义。

王笑(2017)基于物性结构与论元结构理论,并结合词义隐转喻理论,对《汉语语义构词规则》数据库中字义与词义关系不密切的无向双音节合成词即a+b=c类不符合规则的 2022 个双音节复合词进行研究,考察其词义形成的途径及整体倾向性。研究发现其中发生转指的复合词都是通过构词语素部分或整体激活词义某种物性角色或论元角色来分别实现映射而构成新义。名词多是基于构词语素部分或整体充当词义的某种物性角色发生隐喻或转喻。动词多是基于构词语素构成事件与词义代表事件间的相似或相关关系发生隐喻或转喻。其中,对于动名、形名、名名的复合动词来说,名语素的物性角色解读对于动词的词义阐释有重要的支撑作用。对于形容词而言,其独立性较差,多是通过名词与动词或者通过事物与事件的形容描述隐喻或转喻而来。

2.4.6 复合词语义的心理语言学研究

复合词在大脑中的加工和储存方式也引起了学界激烈的讨论。有些学者认为每个复合词在大脑中都有独立的心理表征,通过整体进行加工和存取的,而另一些学者认为复合词在大脑中是通过对构词成分的分解进行加工和存取的。

顾介鑫(2010)综述了认知科学界对汉语复合词的研究。他认为,复合词的认知加工研究主要可分为语素分解模型、整词列表模型和双路径模型三种假说。①语素分解模型。基于频率(词频、字频)方面的研究。Zhang & Peng(1992)、彭聃龄等(1994)认为汉语双字词以分解的语素表征于大脑词库中,汉语复合词内语素之间的结构关系(如并列式、偏正式)在认知过程中起作用。②整词列表模型。基于不同语言单位(语素、词、短语)比较的 ERP 实验,张珊珊(2006)认为"词更有可能成为提取和存储的基本语言单位而不是字、语素和短语"。③双路径模型。王春茂、彭聃龄(1999)和王文斌(2001)都认为语义透明度在汉语合成词识别过程中具有决定性的作用。基于语义透明度研究,Peng 等(1999)和丁国盛、彭聃龄(2006)提出的层间—层内联结模型(inter-and intra-connection model 简称 IIC 模型)认为整词表征和语素的激活是平行进行的,刺激输入(stimulus input)可分别激活整词表征和语素表征。该模型还认为语素分解虽然在汉语复合词识别中起重要作用,却并非唯一的通达途径。

Markus(1998)利用 Stroop 效应的实验范式,对语言相似性和目的语熟悉程度两个因素进行了考察,发现这两个因素共同影响了双语者的心理词典表征。他认为,目的语为初级水平者,无论其母语和目的语是否相似,其心理词典表征结构是词汇联结模式;目的语为高级水平者,母语和目的语不相似的,其心理词典的表征结构为语义中介模式,母语和目的语相似的,则是多通路模式。

国内学者也进行了许多实验研究。陈士法(2007)通过实验研究发现,复合词在双语者的大脑中是以语素的形式存储的。张金桥(2011)以 90 名中国大学生为被试,采用启动条件下的词汇判断任务,探讨了 SOA 在 57ms、157ms 和 314ms 条件下汉语双字复合词语义、词类和构词法等词汇信息激活的相对时间进程。研究发现,在 57ms 时语义信息已经被激活,在 157ms 时语义和词类两种信息均被激活,在 314ms 时激活了语义、词类和构词法三类信息。汉语双字复合词识别中最先激活语义信息,接着激活词类信息,构词法信息激活最晚。语义和词类信息激活后,随着 SOA 增加,其激活强度有增强的趋势。语义信息在整个词汇信息激活中占有优势。

顾介鑫、杨亦鸣(2010)通过词汇判断的事件相关电位实验(ERP 实验),发现 P600 反映了人脑对汉语复合构词法能产性的加工,即 P600 波幅越大,则被加工的构词法的能产性越高,反之相反。该实验论证了不同汉语复合构词法的能产性互不相同,且构成一个连续统。偏正式复合法相对较为能产,处于连续统较高的位置;联合式等复合法则相对较不能产,处于连续统较低的位置。因此,复合构词法能产性差异有其认知神经基础。

蔡文琦(2021)通过一个行为实验和一个事件相关电位实验探讨汉语复合词语素意义整合加工的神经机制。结果表明,在汉语复合词加工过程中,首先会进行语素分解激活,进而尝试整词意义整合,语素意义调节了整词意义整合的加工过程。研究结果在神经生理层面为语素语义参与复合词内部语义整合加工提供了直接证据,丰富了语义整合加工的神经机制研究。

综上所述,学界对复合词进行了大量的研究,提出了许多理论,使我们对复合词的内部结构和语义有了深刻的理解。但是,许多理论只是依据少量的语料进行推理得出的,因而都有各自的缺陷。比如,Lees(1960)的"转换派生理论"、Roeper & Siegel(1978)的"第一姊妹原则"等词库论的分析将自己难以解释的现象简单归结为词库异质性。尽管许多学者深入地探讨了复合词的内部结构和概念意义,对复合词的语用意义、语体意义和社会意义的研究却相对匮乏。因此,有必要依据大型的语料库,对各种类型的复合词进行全面的研究。

2.5　复合词的语素组合

有些学者对现代汉语复合词内部语素组合进行了统计和分析。

周荐(1995)分析了《现代汉语词典》中的 32346 个双音节复合词的语素组合。他发现,定—中偏正式复合词可分为 n.+x,adj.+x,v.+x 三小类;状—中偏正式复合词除"逆序"类外,可分为 n.+x,adj.+x,adv.+x,v.+v.四小类;支配式的复合词主要有 v.+x,adj.+x,n.+x 三小类;补充式复合词有 v.+结果,v.+趋向,v.+状态三类;陈述式的复合词有 x+v.,x+adj.两类;并列式复合词有 n.+n.,v.+v.,adj.+adj.,adv.+adv.,方位+方位,数量+数量六类;重叠式的有四类:n.+n.,v.+v.,adj.+adj.,adv.+adv.。他只是粗略地对复合词的语素组合进行分类,也没有统计各类组合所占的比例。另外,他的分析不够全面,如所有词类都可以构成并列式复合词,而不是只有六类;"数量+数量"一类应该分为"数+数"和"量+量"两类;重叠式复合词还有"量+量"组合。

苑春法、黄昌宁(1998)以 10442 个语素的属性描述为基础,构建了现代汉语语素库。他们发现,在 7753 个基本语素中,名词性语素最多,占 46.7%;其次是动词性语素,占 31.4%;形容词语素占 12.7%,三类合计占总数的 89.8%。在复合二字词中名词最多,占 51%;其次是动词,占 36.4%;形容词占 7.6%,三类合计占 95%。基本语素的素类分布和复合二字词词类的分布大致相似。在汉语语素数据库中由语素构成的二字词共计 43097 个,其中名词占 51.1%;动词占 36.4%;形容词占 7.6%;这三类二字复合词的构词规律各不相同。名词复合词的构词方式以偏正和联合为主,各占 80.6% 和 9.3%,共约占 90%;名词绝大多数都是由名词性的语素参与构成的,而且这些名词性的语素多数位于后面,其中"名+名"占 57.2%,"形+名"占 21%,"动+名"占 11.6%。动词复合词的构词方式以述宾、联合和状中为主,各占 39.7%、27.0% 和 23.3%,共占

90%；动词复合词绝大多数都是由动词性语素参与构成的，词中的第一个语素是动词性的占多数，其中"动＋动"占44.7%，"动＋名"占34.1%，"形＋动"占7.2%，合计96%。形容词复合词主要的构词方式为谓素联合（占62.5%），其主要的类序是"形＋形"（占67.3%）。其他类序，如名＋动、名＋形、名＋名、动＋名、动＋形、动＋动、形＋名、形＋动，均可组成形容词，但数量较少。绝大多数语素在构词时意义保持不变，只有很少一部分的语素在构词时意义发生了变化。但是，他们仅仅统计了名词、动词、形容词的前三种语素组合的比例，没有分析其他词类的语素组合以及各种语素组合的词类分布。

Huang（1997）对《新编国语日报词典》中的23986个双音节复合词进行了统计分析。他的统计结果见表2-2。

表2-2 《新编国语日报词典》双音节复合词的数量及语素组合

语素组合	名词	动词	形容词	总数
名名	6910	21	90	7021
名动	306	446	72	824
名形	168	?	209	377
动动	276	3730	103	4071
动名	1581	2940	378	4881
动形	?	434	?	560
形名	2961	?	198	3177
形形	163	?	1609	1684
形动	116	707	173	996
未知	257	72	66	395
总数	12738	8350	2898	23986

他的数据存在两点疑问。其一，在他的统计中，这些组合全部属于名、形、动三大词类，而据我们的研究，这些组合中有许多是副词或其他词类，如"乘时"（v.＋n.）、"独立"（adj.＋n.）、"眼见"（n.＋v.）、"生来"（v.＋v.）等均可作副词。其二，有些组合的总数与前面的单项总和一致，另一些则不一致。我们猜测其中有一些是兼类词，但是"名名""名动"组合也有兼类词（如"笔记""笔录""板书"等），这些组合的总数却是单项的总和。我们也不明白表中为什么有一些问号。因此，其数据的准确性不得而知。

综上所述,国内外学者们对汉语复合词做了比较全面的研究,取得了丰硕的成果。但是前人对复合词内部语素词类的划分,基本上是依据自省的方法,有些研究还缺乏充足的语料,因此研究的结果也就不够全面或不够准确。而且,复合词句法和语义互动的研究相对匮乏。我们以《现代汉语词典》的词类标注为统一标准,对《现代汉语词典》所收录的 42165 个双音节复合词内部语素的句法结构和语义的互动关系进行进一步的探讨,并运用构式语法理论阐释其词义的演变过程。

第 3 章　理论框架

语言学的核心概念之一是索绪尔（Saussure）的语言符号概念，即形式（或声音模式/signifcant）和意义（或心理概念/signifé）的任意和常规配对。根据这种观点，德语符号 Apfel 与英语对应词 house 具有相同的潜在含义"房子"，但相关的常规形式不同（['ɑpfl]和[haʊs]）。索绪尔夫世七十多年后，一些语言学家开始将这种概念扩展：任意的形式—意义配对可能不仅是描述单词或语素的有用概念，而且也许所有级别的语法描述都涉及这种常规化的形式—意义配对。他们将扩大了的概念称为"构式"（包括语素、单词、习语和抽象短语模式），探索这一概念的各种语言方法被称为"构式语法"。（Hoffmann & Trousdale 2013：1）。本节着重介绍构式语法的创立、基本理念、主要流派及其在汉语中的运用和应用研究。

3.1　构式语法

3.1.1　构式语法的创立

构式语法（Construction Grammar，简称 CxG）最初由 Charles Fillmore、Paul Kay 和 George Lakoff 等语言学家于 20 世纪 80 年代创立，用于分析习语和固定表达方式。它源于认知语法，是对形式语法的悖逆，在本质上属于认知语言学的范畴。下面将构式语法的产生过程做简单的回顾。

除了索绪尔之外，传统语法学家常常将句法结构分析为形式—意义的配对，这一方法至少可以追溯到远至 12 世纪的中世纪语言学家（Hoffmann & Trousdale 2013：2）。Quirk、Jesperson、Chomsky 等语言学家都使用过"construction"这一词，指称由两个或两个以上成分组合而成的语言结构。比如，乔姆斯基在 *Aspects of the Theory of Syntax* 一书中谈到了"verb-with-complement construction"（动词带补语构式）（1965：190）（如：take for granted)、"comparative constructions 比较构式"（1965：178）（如：John is more clever than Bill John）、"causative construction 致使构式"（1965：189）（如：She rocks the baby to sleep）等。然而，它们并非一个专门的术语，而是指句法上的结构体，不含词和语素这样的语言结构单位。

后来，Bloomfield（2002：177）使用了一个具有特定意义的术语grammatical construction，用来指称抽象意义上的构造形式，比其传统意义有所扩大。Bloomfield 已经有了类似于构式语法的观点："即使我们能够知道一种语言的整个词汇（lexicon），而且也相当准确地知道每一个义素，我们仍然可能不知道该语言的各种形式。每一段话语都包含了词汇所概括不了的某些重要的特征。"（Bloomfield 2002：170）他注意到并强调了结构体是有意义的，并且独立于各个组成单位（词语）之外的。

当时占主导地位的句法理论是乔姆斯基的原则和参数理论（the Chomskyan Principles-and-Parameters approaches）（Hoffmann & Trousdale 2013：2）。该理论认为，结构体只是边缘现象，它们只是普遍原则和参数设置相互作用而产生的结构集合（Chomsky 2002）。由于该理论预设了天生的语言能力（即"通用语法"）的存在，他们研究的焦点从母语学习者特定的语言能力计算模型转移到对所有人类语言背后的。他们声称对语言的心理机制和参数已经能够进行高水平的描述和充分的解释（Chomsky 1965）。但正如 Culicover 和 Jackendoff（2005：25-37）所说，这种所谓的成功只能通过忽略大量语言现象来实现。原则与参数范式的标准做法是"专注于核心系统，抛开偶然的、方言混合的、具有特质性的语言现象"（Chomsky 2002）。事实证明，这会导致许多现象无法用原理和参数理论来解释，尤其是那些说话者对语言进行心理表征的现象。

正是在这一背景之下，随着认知语法的产生，在 20 世纪 80 年代，Charles Fillmore、Ronald Langacker、Paul Kay 和 George Lakoff 等语言学家相继发表了被认为具有革命性的文章，立场鲜明地反对乔姆斯基的原则和参数理论，从而创立了新的语言学流派——构式语法。构式语法不仅对语言中的"核心"结构，而且还对那些具有异质性的边缘结构提供了一套统一的分析框架。他们无需借助转换/派生或使用空元素即可实现这一目标。他们认为，说话者的心理语法是一个由图式和实质性结构（"结构图标 constructicon"）组成的网络，而且构式的平行激活构成实际话语（即构例 construct）集合的基础（Hoffmann & Trousdale 2013：3）。

最早提出构式语法思想的是 Lakoff（1977）。在论文 "Linguistic Gestalts" 中他提出了 CxG 的早期版本，认为表达式的含义不仅仅是其各部分含义的函数。相反，他建议，结构本身必须具有意义。之后，他(1987)出版了认知语法的经典著作——《女人，火和危险事物》，其中的一篇论文"There-构式"是构式语法的拓荒之作。他在"语法构式"概念的基础上提出了"语法构式理论"(the theory of grammatical construction)，并形成了构式的形式—意义配对的思想(1987:467)。不过，他当时仍是在认知语法的框架内讨论语法构式，还没有提出"构式语法"的概念。

Langacker(1987、1991)强调需要重视语言的异质现象，他倾向于基于使用的认知语言学模式。他还提出了"语法构式"的概念：语法涉及语素和更大的成分的组合，从而逐次形成更为复杂的符号结构(symbolic constructures)。

Fillmore 等人(1988)发表了"语法构式中的规则化和习语化：以 let alone 为例"一文，正式提出了"构式语法"(Construction Grammar，首字母大写)的概念，从而推动了构式语法的诞生。作者以习语 let alone 为例子，表明习语的"不规则"现象或习语特征不能用"异质"来解释。他认为有一种比语法结构更大的句法构型单位，即"构式"，能够把语义、语用和句法结构结合起来，能够统一解释语言中的各种现象(1988:501)。他从四个方面进一步区分了构式与生成语法的树形图：①构式的范围比生成语法的树形图所涵盖的范围更广，可以跨越"句子树"(the sentential tree)；②构式所明确的不只是语法信息，还有词汇、语义和语用信息；③许多词项(lexical items)本身可以被看作构式；④习语也是构式，因为一个大的构式的意义(以及/或者语用义)可能不同于其内部较小构式的意义组合。

A Construction Grammar Approach to Argument Structure（Goldberg 1995）、*Construction Grammar*（Fillmore et al. 2003）、*Radical Construction Grammar*（Croft 2005）、*Constructions at Work*：*The Nature of Generalization in Language*（Goldberg，2006）、*The Oxford Handbook of Construction Grammar*（Hoffmann & Trousdale（eds.）. 2013）、*Constructionalization and Constructional Changes*（Traugott & Trousdale 2013）、*Explain Me This*：*Creativity*，*Competition*，*and the Partial Productivity of Constructions*（Goldberg 2019）等著作的出版标志着构式语法理论的确立和逐步完善。

3.1.2　构式语法的基本理念

构式语法是认知语言学领域的一系列理论。不同流派在构式的定义、研究方法和构式信息的心理储存等方面有着不同的理解。

首先，我们来看一下"构式"的界定问题。

"构式"(construction)一词的本义是"建筑结构"，即把两个或多个部件组建到一起成为一个更大的整体构造形式。认知语法出现以后，construction 的概念意义发生了改变。Lakoff（1987：467）对"语法构式"（grammatical construction）的定义是：形成形式和意义的条件的配对。构式语法所指的"构式"以 Goldberg（Goldberg，1995：4）的定义最流行：

假如说，C 是一个独立的"构式"，当且仅当 C 是一个形式（Fi）和意义（Si）的对应体，而且其形式或意义的任何方面都不能从 C 的构成成分或另外先前已有的结构中得到严格意义上的推知。（C is a CONSTRUCTION iff$_{def}$ C is a form-meaning pair ⟨Fi，Si⟩ such that some aspect of Fi or some aspect of Si is not strictly predictable from C's component parts or from other previously established constructions.）

但是，这个定义并不能准确地界定"构式"。构式语法强调知识的固化过程及其规约性，"不可预测性"只是构式的典型特征，而非成为构式的必要条件（施春宏 2021）。之后，Goldberg（2006：5）修改了"构式"的定义，扩大了"构式"的范围：

任何语言结构，只要其形式或功能的某个方面不能从其构成成分或从其他已有的结构中完全预测出来，它就应该被视为构式。此外，即使有些语言结构是可以充分预测的，只要它们的出现频率足够高，也仍然可以作为构式而存储。

该定义实际上囊括了各种大小的语言单位，包括最小的音义结合体——语素以及各种复杂的句式。Goldberg（2003）列举了各种类型的构式，并提供了示例，见表 3‑1：

表 3‑1　构成的类型

词素 Morpheme	例：anti-，pre-，-ing
词 Word	例：avocado，anaconda，and
复杂词 Complex word	例：daredevil，shoo-in
习语（填充的）idiom（filled）	例：going great guns
习语（部分填充的）Idiom（partially filled）	例：Jog ⟨someone's⟩ memory
共变条件构式 Covariational conditional construction	形式：The Xer，the Yer 例：The more you think about it，the less you understand.

（续表）

双及物（双宾）构式 Ditransitive（double object）construction	形式：Subj［V Obj1 Obj2］ 例：He gave her a Coke； 　　He baked her a muffin.
被动构式 Passive	形式：Subj aux VPpp（PP$_{by}$） 例：The armadillo was hit by a car.

可见，Goldberg 认为，构式存在于语言的不同层面，只要是形式和意义（功能）的配对即可视为构式，词素也是构式的一种。然而，这一界定引起了学者们的争议。Traugott & Trousdale（2013：11）指出：“不可预测性”只涵盖了习语等边缘性的语法结构，无法体现语法规律，而“高频”这样的标准也不具有可操作性。陆俭明（2008）、石毓智（2007a）等学者认为 Goldberg 将“构式”定义得过于宽泛。词素是语言中最小的音义结合体，不应属于构式。Fillmore（2003）则认为，构式虽然具有整体性，但同时具有可分解性，词素不可以再分解，因此不能看成构式。

Booij（2010：15）反对 Goldberg 把词素列为构式的一种。理由是词素不是语言学的符号，即独立的形式和意义的配对。他认为最小的语言学符号是词，把词素列为构式是基于词素的形态学的残余，这是不恰当的。

但是，Traugott & Trousdale（2013：13）从三个维度（构式形态的大小、构式语音的明确性和构式概念的类型）划分了构式的种类。他们认为，像 red，data，un-，-dom，if，-s 等单词素的结构都是构式。

构式语法学家认为词汇和语法没有明确的分界，所有的构式都是词汇—语法连续体的一部分（Fillmore 1988；Goldberg 2003：223）。Hoffmann & Trousdale（2013：3）列举了以下从词构式到动结构式的连续体的示例：

（1）word construction：apple［æpl］—“apple”

（2）idiom construction：e.g.，X take Y for granted［X TAKE Y fə grɑːntɪd］—“X doesn't value Y”

（3）comparative construction：e.g.，John is taller than you［X BE Adj$_{comparative}$ðən Y］—“X is more *Adj* than Y”

（4）resultative construction：e.g.，She rocks the baby to sleep.［X V Y Z］—“X causes Y to become Z by V-ing”

这一连续统的左端是词，并不是词素。

尽管如此，各个流派却有一些共同的基本理念，具体可以概括如下：

(1)构式是语言系统中的基本单位;语法有生成性,但"非转换的";每一个语法格式都是构式,并不是如转换生成语法学派所说的那样由生成规则或普遍原则的操作所产生的副现象(epiphenomena);构式本身也有意义,不同的构式有不同的构式意义;任何一个构式都是形式和意义的对应体。语法结构是人们长期使用语言而形成的"格式"(pattern),相对独立地储存于语言使用者的大脑之中(Langacker 1987,1991)。

(2)构式的形式、意义具有不可预知性。生成语法的句子意义投射观(projection-based view)认为,句子有意义,而句子格式没有意义。构式语法对此加以否定。根据构式语法理论,构式意义或功能并非各个构成成分的简单相加,因此不能根据构成成分推知构式的形式和意义的全部(Goldberg 1995:5)。

(3)构式分为实体构式和图式构式。实体构式(substantive construction)包括语素、词、复合词以及全固定的习语等。这些构式在词汇上是固定的(lexical fixed)的,其组成成分是完整的,不可替换。图式构式(schematic construction)在词汇形式上是半固定的或可替换的,如半固定的习语(Fillmore,et al. 1988)。通常情况下实体构式只有一个实例,而图式构式则包括部分或全部开放的结构或抽象句型。实体构式、半图式构式和全图式构式构成了一个连续体。

(4)在研究对象上,构式语法重视语言中的异质性(idiosyncrasy)和边缘现象(periphery)。乔姆斯基学派认为语法是一个演绎系统,可以靠少数几条规则推演出无数合乎语法的句子。他们所感兴趣的是语言中使用频率最高的结构,认为它们是语言的核心,而把其他比较少见的结构看作是边缘性的而加以忽略。构式语法则认为,结构不分核心和边缘,具有同样的理论价值,都值得认真研究。Langacker(2004:411)认为,"语言是常规性和特异性的混合体。"Goldberg(2003:3)也指出,构式语法关注人们对事件隐性方面(subtle aspects)的理解,这些"隐性方面"与语言的异质性和边缘现象有密切关系。

(5)在句法研究上,构式语法采取使用为基础的模式(usage-based view model),认为构式不是推导出来的,而是"学会的"。形式学派认为语法是多层的,表层结构的背后还有深层结构或者逻辑形式、语音形式等;它们通过各种规则生成表层形式;不同的语法结构之间可以转换,而构式语法则认为语法是单层的(mono-stratal),不同的语法结构具有不同的语义值或语用功能,其间不存在变换关系。他们主张"所见即所获"("What you see is what you get")。他们认为不同句式之间不存在转换,也没有句法底层(underlying level)和音位空缺成分(phonologically empty elements)等概念。

(6)在语言习得方面,乔姆斯基学派承认语言共性的存在,但是采用了一种"先天说",认为人类具有一种与生俱来的普遍语法(universal grammar),给各种语言先验地设立了原则,但是这种假设迄今既未找到生理基础,成为一种不可知论。构式语法则认为,语言知识既包括具体词项,也包括抽象概括。说话者在接触到构式时,会使用一般的认知过程进行归纳学习。儿童往往会密切关注他们听到的每一句话,并逐渐根据他们听到的话语做出概括。由于构式是习得的,因此不同语言的构式就会有很大差异。此外,与传统语法的动词中心观(verb-centered view)相反,构式语法树立了构式中心观(construction-centered view)。前者注重动词及其论元(argument)在语言学习和理解中的作用,后者则强调语言学习就是构式学习的过程。

(7)在构式的理解方面,构式语法强调句法、语义、语用等的界面研究。生成语法重点关注语言格式的句法,而忽略了它们语义和语用因素。正如Goldberg(1995:6)所说,"微妙的语义和语用因素(subtle semantic and pragmatic factors)对于理解语法构式所受到的限制是至关重要的。"国内学者将这一思想称为句法、语用相融观(陈满华 2009)。

(8)在语法体系方面,传统语法在语法层面上把语言结构分成词素、词、词组、分句和句子五个层次。在语篇层面上,又分为句子、语段和语篇。(章振邦 2017)而构式语法认为,语言的语法是由构式族的分类网络组成的。构式具有层级性,但各层级形成一个完整的、具有高度统一性的体系。各个层级的构式处于相互关联的网络中,作为网络中的节点通过继承关系相联结。构式与构式之间一般来说是紧密地联系在一起的,构式之间的共同点构成这些构式之间的共性,这些共性本身又是构成另一构式的基础,构式的特性通过承继关系传给更加具体的构式(Lakoff 1987;Langacker 1987;Fillmore et al. 1988;Goldberg 1995;Booij 2010)。

(9)在构式的心理存储与加工方面,构式语法认为,构式作为心理实体存储于人类的心智之中。已有一些学者对构式的存储与加工进行研究,主要得出两点结论,一是构式作为整体被"整存整取",二是构式加工受启动效应的影响(Diessel 2019;Goldberg 2006,2019)。关于构式信息如何存储在分类中,他们提出了四种不同的模型:①全条目模型(full-entry model)。构式信息在所有相关层级的网络节点上都得到冗余存储,这意味着需要最小的概念化就能获取。②基于使用的模型(usage-based model)。这一模型基于归纳学习。语言知识是语言使用者通过重复使用的经验以自下而上的方式获取的。③默认继承模型(default inheritance model)。根据默认的继承模型,每个构式网络都有一个默认的处于中心地位的形式—意义配对,其他构式都从中继承其特征。因此,它具有相当高的信息提取能力,但也允许一些冗余,因为它识别不同类型构式的扩展。④完整的继承模型（complete inheritance model）。在完全继承模型中，信息仅在网络的最上层存储一次。所有其他级别的构式都继承上级构式的功能。完全继承不允许网络中存在冗余。

（10）在构式的变异方面，构式语法认为，语言内部或语言之间存在广泛的变异。Traugott & Trousdale（2013：22-26）将构式变化分成两类：一是构式的变化（constructional change），即现有构式内部某个维度（如语义、形态、语音、搭配限制等）产生了变化，但不涉及新构式的产生；二是构式化（constructionalization），即新形式—新意义配对体的创造，形成新的构式。

3.1.3　构式语法的主要流派

构式语法是一个理论"家族"，而不是一个统一的理论。这些理论具有相同的基本理念，也都有自己不同的理论框架。主要的流派有：伯克利构式语法（Berkeley Construction Grammar）（Fillmore 1985；Fillmore et al. 1988）、基于符号的构式语法（Sign-Based Construction Grammar）（Boas & Sag 2012）、流变构式语法（Fluid Construction Grammar）（Steels 2011）、具身构式语法（Embodied Construction Grammar）（Bergen & Chang 2005）、认知语法（Cognitive Grammar）（Langacker 1987）、激进构式语法（Radical Construction Grammar）（Croft 2001）和认知构式语法（Cognitive Construction Grammar）（Goldberg 1995，2006，2013，2019；Lakoff 1987）等。Goldberg（2006：213-214）认为主要有四个派别：Langacker 的认知语法（Cognitive Grammar 缩写 CG）、Lakoff 和 Goldberg 的认知构式语法（Cognitive Construction Grammar 缩写 CCxG）、Croft 的激进构式语法（Radical Construction Grammar 缩写 RCxG）、Fillmore 和 Kay 等人的统一构式语法（Unification Construction Grammar，缩写 UCxG）。下面简要介绍这四种构式语法的流派。

（1）Langacker 的认知语法（CG）。CG 主要分析构式的语义内容，其中心论点是构式的概念语义是首要的，因为构式的形式映照出其语义内容或者受其语义内容驱动。Langacker 认为，即使是像词性这样的抽象语法单元也是语义驱动的，并且涉及某些概念化。CG 重视构式的符号特征，直接采用 Saussure 的"符号"术语。在句法元素范畴的地位方面，CG 接受名词、动词、主语、宾语等为基本的句法范畴。在构式的部分与整体的语义关系方面，CG 提出了"突显决定因素"（profile determinant）的思想。在构式之间的关系上，CG 区分出典型范畴和非典型范畴，构式之间存在等级关系，同时存在不同等级的"构式图式"（constructional schema）。在信息储存方式上，CG 采用以语言使用为基础的模式(usage-based view model),即图式化的构式是语言运用带来的。

(2)Lakoff 和 Goldberg 的认知构式语法(CCxG)。CCxG 主要着眼于构式的外部关系和构式网络的结构。就形式和功能而言,CCxG 将心理合理性作为其最高要求。在句法元素范畴的地位和论元角色方面,CCxG 采用了非简化主义(non-reductionist)模式,但是在句法关系上仍采用主语、宾语、补语等作为原子单位,采用名词、动词等原生句法范畴(primitive syntactic categories),体现了简化主义模式。CCxG 并不重视句法关系,而重视构式之间的关系。与一般认知心理学相似,它强调实验结果,还借鉴了认知语言学的某些原理。CCxG 认为,构式通过四种继承关系在构式网络中相互作用:多义链接、子部分链接、隐喻扩展链接和实例链接。在信息储存方式上,CCxG 认为信息可以储存在构式分类系统中的各个层级,明确表示构式可以覆盖人类所有知识。CCxG 同样采用以使用为基础的模式。

(3)Croft 的激进构式语法(RCxG)。RCxG 是为类型学目的而设计的,并考虑了跨语言因素。RCxG 主要分析构式的内部结构。在句法元素范畴的地位方面,RCxG 采用了完全的非简化主义(non-reductionist)模式。他们认为,构式不是从它们的组成部分中衍生出来的,相反,构式的组成部分是从构式中派生出来的。因此,RCxG 认为,构式是与格式塔(Gestalts)联系在一起的。在句法关系方面,RCxG 并不认为句法类别、角色和句法关系是普遍存在的,并认为它们不仅是特定于语言的,而且也是特定于构式的。因此,语言之间不存在形式范畴的共性,因为形式范畴是特定于语言的。语言的共性只能在形—意配对的模式中找到。RCxG 完全拒绝句法关系的概念,取而代之的是语义关系。与 CG 和 CCxG 一样,RCxG 与认知语言学密切相关,并且与 CG 一样,RCxG 的理论基础是形式是受语义驱动的。在信息储存方式上,RCxG 也主张以使用为基础的模式。

(4)Fillmore 和 Kay 等人的统一构式语法(UCxG)。UCxG 侧重于构式的形式方面。与中心词驱动的短语结构语法(Head-driven Phrase Structure Grammar)并无不同,UCxG 试图利用基于统一的框架来描述语法。在句法元素范畴(category of the syntactic elements)的地位方面,UCxG 基本上采取简化主义模式(reductionist model),即将构式的成分分为一系列较小的原子单位(atomic units),并认为构式是一系列原子单位的组合,而且是由较小的单位推导出来的。UCxG 认为语言的基本结构类型是符号,其子类型有单词、词位和短语。将短语纳入符号范畴标志着与传统句法思维的重大背离。与生成语法和真值条件语义学(truth-conditional semantics)不同,UCxG 认为每一个特定构式的句法和语义的整体信息无法从其构成成分中找到。UCxG 利用三种特征集合——角色(role)、配价(val)和关系(rel)进行句法关系的分析。在构式之间的关系和信息储存方式上,UCxG 采用了"完全承继性"(complete inheritance)的模式,即信息仅在构式网络的最上层存储一次,所有其他级别的构式都继承上级构式的功能,不允许网络中存在信息冗余。

3.1.4 构式语法在汉语中的运用和应用

在构式语法创立之前,我国语法学界就已经提出了类似于构式语法的思想,比如,马庆株的"格式赋予意义"说、朱德熙的"高层次语义关系"说、范开泰的"型式语义"说、郭锐的"动态语法"说、储泽祥的"句式义"思想等(陈满华 2014)。早在 19 世纪上半叶,王力就谈及了句式的意义,他将"把字句"作为"处置式",说明"把字句"这种句式有"处置"的意义。但是,这些学说只是构式思想的萌芽,并没有借鉴西方的构式语法理论,也没有建立一套成熟的理论。

国内最早运用构式语法对汉语句法现象进行研究的是张伯江(1999)和沈家煊(1999,2000)(张娟 2013;陈满华 2014)。张伯江在研究现代汉语双及物构式时明确提出"句式整体具有独立的语法语义"。沈家煊借助构式语法理论分析了汉语的"在"字句、"给"字句以及与"偷"和"抢"相关的句式。从那以后,构式语法理论深受国内学者的欢迎。除了对该理论进行引介和深入的探讨之外,学者们还进行了大量的运用和应用研究。

1. 构式语法的运用研究

学者们运用构式语法理论对汉语中的一些特殊句式和有标记的习语性结构进行了研究,如双及物构式(张伯江 1999)、"把"和"给"字句(张旺熹 1991;沈家煊 1999;张伯江 2000;叶向阳 2004)、"被"字句(张伯江 2001;冯文贺 2011;刘君 2021)、"连"字句(刘丹青 2005)、"给"字句(熊仲儒 2019)、"还 NP 呢"构式(郑娟曼 2009)、"爱咋咋地"构式(吴长安 2007)、"吃了他三个苹果"结构(陆俭明 2002)、"不是 A,就是 B"选择构式(甘莅豪 2011)、"别提多 X(了)"构式(孟德腾 2013)、"X 得不行"构式(张辉 2017)、"搭把手"构式(张婷婷、陈昌来 2019)、"V 起来"构式(吴为善 2012)、"不 V 不 V 也/又要 V+M"构式(汤玲 2013)、"X 还来不及呢"构式(孙鹏飞 2017)、"要多 A 有多 A"构式(甄珍 2015)、"要不要这么 A"构式(甄珍、丁崇明 2020)等。

2. 构式语法的应用研究

学者们还利用构式语法理论对汉语教学中"教"与"学"两个方面展开了应用性的研究。陆俭明(2009,2010)认为,构式语法理论对语言的应用研究有直接的参考价值,它可以改革汉语作为第二语言教学中语法教学思路,更有助于语言习得的研究。苏丹洁、陆俭明(2010)将"构式—语块"教学法应用于汉语教学实践,为汉语句法教学提供了新思路、新方法。施春宏等(2017)基于第二语言教学的视角系统探讨了汉语构式的习得和教学问题。牛保义等(2020)参照构式语法理论的基本思想,并结合经典实例,展示了构式语法理论的应用操作。徐维华、张辉(2010)对构式与二语词库、构式出现频率与二语习得以及构式在母语迁移中的影响进行了研究。李小华、王立非(2010)指出,二语习得遵循"惯用语→低域模式→构式"的发展路线,并且提出了构式语法对二语教学的五个启示。陆燕萍(2012)运用构式语法对英语母语者在习得汉语动结式过程中的偏误进行了分析。陈满华(2009)分析了构式语法理论对二语教学的启示,提倡"树立二语教学的构式观",教授语言的过程中不能囿于语言结构本身,应重视构式义的阐释,淡化语法规则的作用。

可见,与国外构式语法研究一样,目前学界利用构式语法理论对汉语的运用研究主要集中在一些汉语的特殊句式和习语上。对词语的研究,尤其是在汉语词汇中占绝大多数的复合词研究却比较少见。从研究维度上看,共时研究多,历时研究少,复合词构式的历时变化研究更是少之又少。从构式语法的流派上看,最受国内学者欢迎的是 Lakoff 和 Goldberg 的认知构式语法(CCxG),因此在研究范围上就受到了局限。实际上,构式语法学家中出现了两位学者——Ray Jackendoff 和 Geert Booij。他们为分析词语的形态和语义创立了两套比较完整的理论框架——平行构架理论(Parallel Architecture,简称 PA)和构式形态学(Construction Morphology,简称 CxM)。下面分别介绍 Jackendoff 的平行构架理论和 Booij 的构式形态学。

3.2　平行构架理论

早在 1981 年,乔姆斯基出版了《管辖与约束讲稿》(*Lectures on Government and Binding*)一书,提出了句法研究的主要理论——管辖和约束理论(Government and Binding Theory),简称"管约论"(GB Theory)。尽管之后乔姆斯基对管约论进行了大量的修改,三个核心的理念却一直保持不变:①语法是以句法为中心的;②语法是基于派生的;③词库与语法规则在形式上有明显的不同(Jackendoff 2007)。Jackendoff 认为,这些观点未能准确理解语法、语音和语义之间的关系,相反它们妨碍了语言学理论和语言加工理论之间有机的联系。为此,他致力于创立一套比主流生成语法(mainstream generative grammar,简称 MGG)更具有理论优势、还可直接用于语言处理的语法分析理论——平行构架理论。以下简要介绍平行构架理论的基本理念以及该理论在复合词语义研究中的运用。

3.2.1　平行构架理论的基本理念

平行构架理论是在质疑"管约论"并且受到心理语言学、认知语言学和认知语法影响的背景下产生的。尽管它保留了生成语法所具有的心智和生物特性，但是在核心理念上与"管约论"有着鲜明的不同。

首先，MGG 认为，语法是以句法为中心的，而 PA 则认为语法是由语音、句法、语义等独立的具有生成能力的部分组成，三者由界面规则相联系。

按照 MGG，句法被赋予语言的生成能力，即无限地创造大量复杂语句的能力。语音和语义是"可解释的"，也就是说，它们可以根据句法结构进行解读，而且它们的组合性能取决于句法。

PA 采用了音韵学研究的观点，主张语音结构有自己的组成单位和组合规则，这些规则与句法规则有联系，但不相匹配。比如：

句法结构：

［Sesame Street］［is［a production［of［the Children's Television Workshop］］］］

音韵结构：

［Sesame Street is a production of］［the Children's Television Workshop］

或者

［Sesame Street］［is a production］［of the Children's Television Workshop］

句子的句法结构是由一个名词短语（Sesame Street）和一个动词短语（句子的其余部分）构成。动词短语又由动词（is）和另一个名词短语构成，而在这个名词短语中又嵌入另外一个名词短语。然而，句子的发音方式并不与句法结构相一致。语音结构有自己的语调单位（tone unit）或语调曲线（intonation contour），也有自己的组合规则，如韵律完整性（prosodic well-formedness）等。上面的句子就可以被分成两个或三个语调单位。在某种程度上，语音结构是独立于句法结构的，但是它并不是完全自由的。比如以下语音结构的划分是不恰当的：

＊［Sesame］［Street is a］［production of the Children's］［Television Workshop］

可见，语音结构与句法结构是有联系的，它们受界面规则操控。

参照认知语法、概念语义学和认知心理学等研究成果，PA 认为句子的意义不是由动词、名词词组、介词等句法单位组成的。相反，它们是由概念化的个人、事件、时间、地点等语义单位组成的。这些语义单位并不与句法单位产生一对一的对应关系。与语音一样，语义也是一个独立的生成系统，不是从句法结构派生出来,只是与句法结构有关联。

其次,MGG 认为语法是基于派生的,具有单向性,而 PA 认为语法是基于规则限制的,具有内在的无向性。

MGG 根据派生来陈述词组结构规则。句子是以代数式建构的句法树方式展开的。句法树以句子(S)节点(node)开始,自上至下按等级方式扩展。经历一系列的移位和删除,到达句法树的最底层,派生出语音和语义。这种方法在本质上来说就是单向的。而平行构架则认为,句法不同部分之间的界面关系不是由一系列的派生完成的,因为不同的结构之间常常不是一对一的对应关系。不同结构之间要建立起完整(well-formed)的联结,就必须受结构内部规则和结构之间的界面规则制约。这些制约条件是词、词组、语义和语用等条件的混合,因此具有无向性。

然后,MGG 认为词库与语法规则有着明显的分界,而 PA 认为两者没有严格意义上的区别,词库具有相对的异质性,但还是与语法规则在普遍性上处在一个连续统上。

按照 MGG,词是无活动能力的。在派生过程中,它们被插进句法树,并受句法规则支配,最后受语音和语义结构的解释。因此词库与语法规则完全不同。

在 PA 看来,词库本身就是一种界面规则。在组建句子结构过程中,词的语音、语义规则与语法规则起着同样的作用,因此两者没有明显的分界。

因此,MGG 和 PA 在句法结构生成机制上的差别可以用下面的图 3 - 1 和图 3 - 2 加以概括(Jackendoff 2007):

"管约论"的结构图:

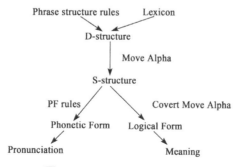

图 3 - 1　The GB architecture

该图为乔姆斯基(1981)"管约论"的图例。单箭头表示句法结构派生的单向性。句法树的顶端是词组结构规则和词库产生的句法的深层结构,通过移位产生表层结构,然后分成左右两个分支。左边始于句法终于语音,是句子产生的模式;右边始于句法终于语义,是句子分析和理解的模型。

PA 的结构图:

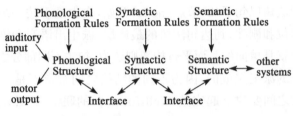

图 3 - 2　The Parallel Architecture

图例显示,语音、句法和语义规则独立生成语音、句法和结构,三者处于平行状态。语法具有三个生成引擎(generative engines),而不是像 MGG 结构那样,只有一个。双箭头表明结构界面之间的相互联结。

最后,在语言加工方面,MGG 认为词库是被插入到句法树中的,它在语言加工中的作用只是语法结构间接作用的结果。PA 则认为词库与语法规则一样都是作为语言结构储存在长时记忆中。一旦词库中的相关规则得到激活,这些语言结构的信息就可以用来加工,被提取到工作记忆。工作记忆被看作是"工作台"(workbench),各种结构可以在上面进行构件。语言工作记忆有三个分部(departments),分别储存语音、语义和句法结构,而且还具有在各个分部之间建立联系的能力。认知系统采用平行加工(parallel processing)的方式对所有相关的结构信息进行处理。各种结构相互竞争,认知系统会利用各种结构界面的限制条件进行推理。

MGG 对语言能力(competence)和语言行为(performance)进行了区分。前者指一个人语言语法的内化知识,即一个人能够理解并说出句子,包括从来没有听说过的句子。后者指人对语言的实际运用。语言加工理论提供了对语言行为的描述。许多语言学家声称语言行为理论与语言能力理论无关,割裂了两者之间的关系(Jackendoff 2007)。PA 认为这样做严重低估了话语的复杂性和丰富性。根据平行构架理论,对词库内的各种结构进行组装是语言处理的重要工作,组装的最终结果是在工作记忆里形成音系、句法、语义结构的结合体。语言能力理论表述的是有哪些结构组件以及如何为组装提供这些结构组件;语言使用理论描述的则是在实际情况下如何完成组装。

3.2.2　平行构架理论的运用

尽管平行构架理论从其诞生时起就是一种句法分析理论,但是 Jackendoff 和 Audring(2020)将其延伸到形态学领域的研究。依据 PA 和 CxM 的基本理念,他们提出了关系形态学(relational morphology)的理论框架,将形态融入语言的总体框架中,使之能够与语音、句法和语义形成互动(Audring & Masini 2018)。如果将 PA 的结构图简化为图 3-3:

Phonological structures ⟵ Interface ⟶ Syntactic structures ⟵ Interface ⟶ Semantic structures

图 3-3　The Parallel Architecture

那么,词可以被看作小规模的界面规则,通过图 3-4 的方式联结语音、句法和语义结构(以 cat 一词为例):

Phonology: /kæt/ ⟵⟶ Syntax: N ⟵⟶ Semantics: [CAT]

图 3-4　A word in the Parallel Architecture

传统语法将形态看作不同于语音、句法、语义的语言构成部件。PA 认为词的语法与词组语法是平行的,都涉及语音、句法和语义层次,不同层次之间同样有界面规则。它们之间形成一个 3×2 的矩阵关系,如图 3-5 所示:

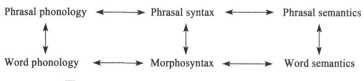

Phrasal phonology ⟷ Phrasal syntax ⟷ Phrasal semantics

Word phonology ⟷ Morphosyntax ⟷ Word semantics

图 3-5　Morphology in the Parallel Architecture

然而,到目前为止,运用 PA 对各种构词方式进行研究的案例并不多见。自从 19 世纪 60 年代以来,英语名名复合词的语义一直是西方语言学界争论的焦点。Jackendoff(2016)运用 PA 对英语名名复合词的语义关系进行了非常详尽的分析研究。下面我们主要介绍其具体的分析方法。

Jackendoff(2016)试图通过有限的函数图式归纳出复杂的复合词内部的语义关系。他用函数式 $F(X_1, Y_2)$ 表示含有两个论元的动作,X_1 为施事,Y_2 为受事,如 DRIVE (A, B) = "A drives B"。他认为复合词的语义是其内部语素义的函数。比如,复合词 knife wound 的语义图式为:[wound$^\alpha$;[CAUSE (KNIFE,α)]],即 wound that is caused by knife。在该图式中,wound$^\alpha$ 为中心词;分号后面的函数项是修饰语,其中函数 F 是隐含的谓词 CAUSE,是复合词的结构义,α 表示该函数式的受事论元,同时作为中心词 wound 的上标。具有相同语义关系的复合词(如 diaper rash,sunburn 等)可以用图式概括其语义:[N$_1$ N$_2$] = [Y$_2^\alpha$;[CAUSE(X1,α)]]。

为了能够全面地概括复合词语素的语义组合规律,Jackendoff(2016)借鉴了 Langacker(1987)主题化(profiling)的概念。主题化是指提取事件中的某一论元,将其作为中心词来突出显示。比如:violin$_1$ play$_2$-er$_3$ = [PERSON$_3^\alpha$;[PLAY(α,VIOLIN$_1$)]]。在该图式中,PERSON$_3$ 为中心词,是一个匿名函数,表示在事件 playing 中被凸显的人物。分号后面的函数项是中心词 PERSON 的修饰语,α 表示该函数式的施事论元,同时作为中心词 PERSON 的上标。

与此同时,Jackendoff(2016)还从 Busa(1997)引用了动作模态(action modality)这一概念来准确地表达施事名词(agentive nominals)的语用意义。动作模态包括职业的动作(occupation)、特定场合下的动作(current)、特定的功能(proper function)等。如:violin$_1$ ist$_2$ = [PERSON$_2^\alpha$;[OCC(PLAY(α,VIOLIN$_1$))]],动作模态为职业的动作。book$_1$ = [BOOK$^\alpha$;[PF(READ (PERSON,α))]]$_1$,动作模态为特定的功能。starch$_1$ bowl$_2$ = [BOWL$_2^\alpha$;[CURRENT(CONTAIN(α,STARCH$_1$))]],动作模态则为特定场合下的动作。

Jackendoff(2016)还参考了 Pustejovsky(1995)的生成词库理论,提出了共合(cocomposition)的概念。共合是指在函数式里中再套进一个函数式,以实现语义的复合组合,如:Bill$_1$ enjoyed$_2$ the book$_3$ = [ENJOY$_2$(BILL$_1^\alpha$,[$_{\text{Activity}}$READ(α,BOOK$_3$)])],其中 READ(α,BOOK$_3$)这一活动被再次凸显,以复合到事件 ENJOY 的函数项中。

Jackendoff 把结构简单的英语名名复合词的语义关系分为两类:

1. 中心词原则(Head Principle)和论元图式(Argument Schema)

向心结构的名名复合词中,中心词一定是右边的名词,其语义结构可以表示为:

[N$_1$ N$_2$] = [Y$_2$(…);(…)]

上述图式中,中心词语义得到突显,左边名词的论元角色不明确。

如果 N$_1$ 是一个论元,复合词的语义结构为"an N$_2$ of/by N$_1$",可以用论元图式表示:

$$[N_1 \ N_2] = [Y_2(\cdots, X_1 \cdots)]$$

例词：wardrobe color、sea level、union member 等。

英语合成复合词中的 N_1 是动词的论元，构式图式为

(1) $[N_1[_N V_3\text{-er}]_2] = [PERSON_2{}^\alpha; [Y_3(\alpha, X_1)]]$，"someone who V_3's N_1"

例词：woodcarver、junk dealer、hairdresser、dogcatcher、bus driver 等。

(2) $[N_1[_N V_3]_2] = [PERSON_2{}^\alpha; [Y_3(\alpha, X_1)]]$，"someone who V_3's N_1"

例词：life guard、talk-show host 等。

(3) $[N_1[_N V_3-\text{er}]_2] = [OBJECT_2{}^\alpha; [Y_3(INDEF, X_1, WITH\alpha)]]$

"something that someone V_3's N_1 with"：

例词：hair dryer、windbreaker、aircraft carrier、snowblower 等。

(4) $[N_1[_N V_3]_2] = [OBJECT_2{}^\alpha; [Y_3(INDEF, X_1, WITH\alpha)]]$

"something that someone V_3's N_1 with"：

例词：power supply、wine press、hair dye、noise filter 等。

2. 修饰语图式（Modifier Schema）

N_1 和 N_2 可能都是函数 F 的论元，这类复合词的语义结构为"an N_2 such that F is true of N_1 and N_2"，可以用修饰语图式表示：

$$[N_1 \ N_2] = [Y_2{}^\alpha; [F(\cdots, X_1, \cdots, \alpha, \cdots)]]$$

比如 beef stew 和 stew beef 两词的语义图式：

$$beef_1 \ stew_2 = [STEW_2{}^\alpha; [MADE-FROM(\alpha, BEEF_1)]]$$

$$stew_1 \ beef_2 = [BEEF_2{}^\alpha; [PF(MADE-FROM(STEW_1, \alpha))]]$$

Jackendoff 发现，英语名名复合词有十三种基本结构义（F）：

(1) CLASSIFY (X, Y)

$$[Y_2{}^\alpha; [CLASSIFY(X_1, (\alpha))]]$$

结构义："N_1 classifies N_2"，N_1 起着分类的作用。

例词：beta cell、X-ray、Leyden jar 等。

(2) BE (Y, X)

$$[Y_2 \alpha; [BE(\alpha, X_1)]]:$$

结构义："N_2 that is an N_1"，句法上属于并列结构。

例词：boy king、politician-tycoon、maiden aunt、compound noun 等。

(3) SIMILAR (X, Y)

$$[Y_2 \alpha; [SAME/SIMILAR(\alpha, X_1)]]$$

结构义："an N_2 similar to N_1"，N_2 类似于 N_1。

例词：piggy bank、string bean、sunflower、kidney bean 等。

(4) KIND (X, Y)

两名词在语义上是种类关系，可以逆转的，因此有两个图式：

$[Y_2{}^\alpha; [KIND (X_1, \alpha)]]$

结构义："an N_2 of kind N_1"，N_1 是 N_2 的一种。

例词：puppy dog、ferryboat、pine tree 等。

$[Y_2 \alpha; [KIND (\alpha, X_1)]]$

结构义："an N_2 that is a kind of N_1"，N_2 是 N_1 的一种。

例词：seal pup、bear cub 等。

(5) BE (X, AT/IN/ON Y)

两名词在语义上是地点或时间上的方位关系，地点上的方位是可逆的，因此有三种图式：

$[Y_2 \alpha; [BE (\alpha, AT/IN/ON X_1)]]$

结构义："N_2 that is located at/in/on N_1"，N_2 位于 N_1。

例词：sunspot、window seat、lake dwelling、tree house 等。

$[Y_2 \alpha; [BE (X_1, AT/IN/ON \alpha)]]$

结构义："N_2 with N_1 at/in/on it"，N_1 位于 N_2。

例词：raincloud、garlic bread、inkpad、water bed 等。

$[Y_2 \alpha; [BE\ temp (\alpha, AT X_1)]]$

结构义："N_2 that takes place at time N_1"，N_2 发生在 N_1 的时间。

例词：spring rain、morning swim 等。

这种语义关系的复合词可能会涉及动作模态，表示 N_2 的特定功能是位于 N_1。图式分为两类：

$[Y_2{}^\alpha; PF ([BE (\alpha, AT/IN/ON X_1)])]$

结构义："N_2 whose proper function is to be at/in/on N_1"。

例词：door mat、street light、kitchen sink、hair ribbon 等。

或者 $[Y_2{}^\alpha; PF ([BE (X_1, AT/IN/ON \alpha)])]$

结构义："N_2 whose proper function is to have N_1 in/on it"。

例词：address book、notebook、notepad、graph paper 等。

也可能表示规约性的属性，名词间的语义关系是可逆的：

$[Y_2{}^\alpha; CHAR ([BE (\alpha, AT/IN/ON X_1)])]$

结构义："N_2 characteristically at/in/on N_1"。

例词：seashell、house plant、housefly、seabird 等。

或者 $[Y_2{}^\alpha; CHAR ([BE (X_1, AT/IN/ON \alpha)])]$

结构义:"N_2 with N_1 characteristically at/ in/on it"。

例词: bear country、duck pond、Indian territory 等。

(6)COMP (X，Y)，"X is composed of Y"

两名词在语义上是构成关系,是可逆的:

$[Y_2^{\alpha}；[COMP (\alpha，X_1)]]$

结构义:"N_2 composed of N_1",N_2 由 N_1 构成。

例词: rubber band、rag doll、brass instrument、jellybean 等。

$[Y_2^{\alpha}；[COMP (X_1，\alpha)]]$

结构义:"N_2 that N_1 is composed of",N_1 由 N_2 构成。

例词: wallboard、brick cheese、sheet metal、plate glass 等。

(7)MADE (X，FROM Y)

一个名词是另一个名词的材料,是可逆的:

$[Y_2^{\alpha}；[MADE (\alpha，FROM X_1)]]$

构式义:"N_2 made from N_1",N_2 是由 N_1 做的。

例词: apple juice、olive oil、grain alcohol、cane sugar 等。

$[Y_2^{\alpha}；[MAKE (X_1，FROM\alpha)]$

构式义:"N_2 that N_1 is made from"

例词: sugar beet、rubber tree 等。

(8)PART (X，Y)，"X is a part of Y"

两个名词在语义上是整体与部分的关系,是可逆的:

$[Y_2^{\alpha}；[PART (\alpha，X_1)]]$

构式义:"N_2 that is part of N_1",N_2 是 N_1 的一部分。

例词:whalebone、cigarette butt、suit coat、apple core、doorknob 等。

$[Y_2^{\alpha}；[PART (X_1，\alpha)]]$

N_1 既是可数的也是不可数的,因此有两个结构义:

构式义 1:"N_2 that has N_1(count) as a part",N_1 是可数名词。

例词:lungfish、string instrument、wheelchair、rattlesnake 等。

构式义 2:"N_2 that is composed in part of N_1(mass)",N_1 是不可数名词。

例词:gingerbread、cinnamon bun、cheesecake、noodle soup 等。

(9)CAUSE (X，Y)，"X causes Y"

两个名词在语义上是致使关系:

$[Y^{\alpha}；[CAUSE (X，\alpha)]]$

构式义:"N_2 that is caused by N_1",N_2 是 N_1 致使的。

例词：sunburn、diaper rash、knife wound、surface drag 等。

(10) MAKE (X，Y)，"X makes Y"

两个名词在语义上分别是 F(make) 的施事和受事：

$[Y_2{}^\alpha；[MAKE (X_1，\alpha)]]$

构式义："N_2 made by N_1"，N_2 是被 N_1 制造出来的。

例词：moonbeam、anthill、fingerprint、horse shit、snake poison 等。

$[Y_2{}^\alpha；[MAKE (\alpha，X_1)]]$

构式义："N_2 that makes N_1"，N_1 是被 N_2 制造出来的。

例词：honeybee、lightbulb、lighthouse、silkworm、songbird 等。

(11) "X serves as Y"

$[Y_2{}^\alpha；[BE (PF (\alpha)，PF(X_1))]]$

结构义："N_2 whose (proper) function is to function in the proper function of an N_1"，N_2 起到 N_1 的特定功能。

例词：handlebar、extension cord、farmland、retainer fee、guard dog 等。

(12) HAVE (X，Y)，"X has Y"

结构义 (F) 为"有"，两名词的关系是可逆的：

$[Y_2{}^\alpha；[HAVE (\alpha，X_1)]]$

结构义："N_2 that has (an) N_1"

例词：AIDS baby、career/glamour girl 等。

$[Y_2{}^\alpha；[HAVE (X_1，\alpha)]]$

结构义："N_2 that N_1 has"

例词：writer's cramp、shepherd's dog、gangster money 等。

(13) PROTECT (X，Y，FROM Z)，"X protects Y from Z"

结构义 (F) 为"保护"，这一图式有两个构式义：

$[Y_2{}^\alpha；[PROTECT (\alpha，X_1，FROM Z)]]$

结构义："N_2 protects N_1 from something"，N_2 保护 N_1。

例词：lifeboat、safety pin、safety lock 等。

$[Y_2{}^\alpha；[PROTECT (\alpha，Z，FROM X_1)]]$

结构义："N_2 protects something from N_1"，N_2 保护 Z 免于 N_1。

例词：flea collar、cough drop、mosquito net、sun hat 等。

Jackendoff 还用隐喻压制构式来表述离心复合词的构式义：

Metaphor coercion：

$N_1 = [Z\alpha；SIMILAR (\alpha，X_1)]$，"something that is similar to X"

以下是一些具体示例：

pig$_1$ tail$_2$ ＝ [HAIR^a；[SIMILAR（α，[TAIL$_2$（PIG$_1$）])]]

构式义：“hair that is similar to the tail of a pig”

canvas$_1$ back$_2$ ＝ [DUCK^a；[SIMILAR（[BACK$_2$（α）]，CANVAS$_1$）]]

构式义：“duck whose back resembles canvas”

bird$_1$ brain$_2$ ＝ [PERSON^a；[SIMILAR（[BRAIN$_2$（α）]，[BRAIN（BIRD$_1$）])]]

构式义：“person whose brain is similar to that of a bird”

sea$_1$ horse$_2$ ＝ [ANIMATE^a；[SIMILAR（α，HORSE$_2$）]；[CHAR（BE（α，IN SEA$_1$）)]]

构式义：“animate entity similar to a horse that is characteristically in the sea”

coat$_1$ tail$_2$ ＝ [Z^a；[SIMILAR（α，TAIL$_2$）]；[PART（α，COAT$_1$）]]

构式义：“something that is similar to a tail and that is part of a coat”

Jackendoff（2016）使用中心词原则、论元图式、修饰语图式、隐喻压制图式等基本图式，结合名词的语用意义和复合组合，归纳出英语名名复合词的语义类别。我们认为，有必要扩大平行构架理论在复合词研究中的应用范围，如其他类型的英语复合词或其他语言的复合词。我们试图将平行构架理论运用到汉语双音节复合词的语义关系研究中。

3.3　构式形态学

尽管 Goldberg（2003）认为，构式存在于语言的不同层面：词素、词、短语、习语、句子等，但是大部分的构式语法研究都集中在句法结构和习语等几个层面，对词素和词的分析研究并不多见。基于构式语法（Construction Grammar）（CxG）（Goldberg 2006）和平行构架理论［the Parallel Architecture（PA）of grammar］（Jackendoff，2002）的基本理念，荷兰语言学家 Booij 提出了一套分析语言形态，尤其是词的形态的理论框架——构式形态学（Construction Morphology，简称 CxM）理论。Booij（2010：11）认为，构式语法理论可以为词汇的形态分析提供一个适切的框架。他明确指出，形态学与构句语法非常相似，是构词语法，主要解决语音、构造、语义三者之间的关系。

3.3.1　构式形态学的基本理念

由于 CxM 源于构式语法，因此它与 CxG 有着许多相同的基本理念。

第一，与 CxG 一样，CxM 认为构式是对自然语言进行描写和分析的基本单位。在词这一层面，形态构式是系统的形式和意义的配对体。比如，英语中有大量的诸如 baker 和 writer 的单词，学习者在习得了足够多的词汇并发现它们与动词 bake 和 write 的聚合关系之后，他们就会掌握英语构词结构［V-er］N 的系统意义——"动词的施事或工具"（Agent/Instrument of V-ing）。后缀-er 的意义只有通过该词缀的形态构式才能获取（Booij 2012）。传统的基于语素的形态学（morpheme-based approach）认为，语素是语言最小的形义结合体，也是形态学的基本单位。而 Booij（2010：15）认为词素不是构式，词是最小的构式单位。每一个词都是一个形式和意义的配对体（pairing）。词的形式包括语音形式和形态句法属性（morpho-syntactic）两个方面。词的意义分为语义、语用和话语功能信息。每一个词都是语音、形态句法和意义三种信息的组合，这些信息分别被标记为 PHON、MORPH、SYN、SEM、PRAG 和 DISC 等。Croft（2001：18）将词语构式信息层次归纳如下（见图 3 - 6）：

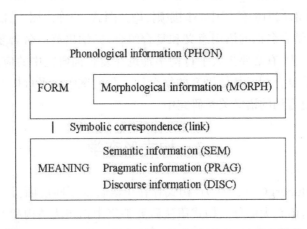

图 3 - 6　**Constructions as pairings of FORM and MEANING**

图 3 - 6 显示，形式与意义通过象征性对应连接，形态句法特征可以在形态和句法内加以解码。

第二，在句法元素范畴的地位方面，CxM 采用了简化主义模式（reductionist）模式，仍然采用名词、动词等原生句法范畴（primitive syntactic categories）。例如 Booij（2015）在分析下面两组词的内部结构时就采用了名词、动词和词缀等句法范畴。

（a）dancer，fighter，singer，walker

（b）dance，fight，sing，walk

　　两组词在形式上有着系统性的差异,即(a)组名词都是由动词词基和后缀-er组成,它们的内部结构为[V-er]$_N$。而且他们的语义模式相同:one who Vs,因此这些词在形态和意义上所具有的系统性的纵聚合关系赋予它们特定的构式。

　　第三,与 CxG 的基本理念一样,CxM(Booij 2010)认为词库和语法之间没有明显的分界。词库包含词和它们所例证的抽象图式,但是各种各样的词组构式能够起到形态构式一样的作用。它们能够创造新的词项,因此被称为词组词位(phrasemes,phrasal lexemes)。不同层面的构式和它们的示例构成了语法的一部分。

　　构式形态学的核心规则之一是,自然语言的词库是通过图式和次要图式组构而成的(Booij 2015)。形态图式具体说明了复杂词语形态和意义之间系统性的关系,因此图式为复杂词语提供了理据,减少了复杂的语言表达方式在形态和意义关系上的任意性程度。

　　第四,CxM 认为,与词素、短语和句子不同,词在语音、形态和语义上都具有相对的独立性和稳定性。结构主义形态学的观点是,语言形态可以通过构词规则或清单列举加以推演。CxM 认为这是不合理的假设。CxM 采用基于用法(usage-based)的和基于实例(exemplar-based)的语言模式,认为说话者使用语言时会基于实例归纳出词语的系统性信息并进行抽象概括,从而产生词语的图式。然后基于图式运用词语并创造新词。CxM 认为构式在本质上具有整体性特征(holistic properties),它们不是从其组成成分中派生而来的。比如,构式[V-er]N 中的黏着词素-er 并没有它自己独立的意义,-er 只有与动词结合形成一个整体的构式,才能激活其"施事或工具"的意义。

　　最后,在词语构式的储存方式上,CxM 采用默认的继承模式(default inheritance model)。CxM 认为词语构式具有层级性,但各层级形成一个完整的、具有高度统一性的体系。各个层级的构式处于相互关联的网络中,并通过网络中的节点继承上一级构式的特征。每个节点处的图式可以对大量具有相同构词规则的词进行概括和抽象。词库的层级性可以用一个表示传承关系的树形图来体现。在该树形图中,每个节点都传承了其上级节点的特征,位于这个树形图最底层的是具体的词。因此,节点位置越高,抽象程度越强,涵盖语义越广泛,更容易具有多义现象。结构简单的词语可以通过其组成成分图式的纵聚合关系产出,而结构复杂的词语则可通过嵌入子图式的方式来实现。Booij(2007:41)称之为嵌入能产性(embedded productivity)。

3.3.2　构式形态学的构式图式

构式语法把构式定义为形态和意义之间规约化的配对,这种配对方式可以标记为一种图式(Goldberg 2013:17;Croft 2001:18;Booij 2010:11;Hoffmann and Trousdale 2013:1):

$$/FORM/ \leftrightarrow "MEANING"。$$

双箭头符号"↔"的左边表示构式的形态,两条斜杠"/"之间的大写字母假定为语音和形态形式;右边引号内的注释(大写字母)表示构式的词汇意义。双箭头符号"↔"象征着形态和意义规约化的配对。

Booij(2017)首先将 Jackendoff 的平行构架理论简化为以下的图式:

Parallel Architecture:

Phonological structure↔Morpho-Syntactic structure↔Conceptual structure

然后,结合构式语法的图式观,Booij 勾画出词语的形态构式,用来表征词语的音韵、句法形态和概念结构的互动关系。以英语形态构式[N-hood]$_N$为例:

Morphological schema of [N-hood]$_N$:

$$< ((x)_{\omega\text{-}i} ((hud)_\sigma)_{\omega\text{-}k})_j \leftrightarrow [N_i \, Suff_k]_{Nj} \leftrightarrow [Quality \; of \; SEM_i]_j >$$

上式中 x 代表词基,σ 代表音节,ω 代表韵律词,SEM 表示词基的意义。i、j、k 为同标(co-index)信息,说明词基(i)、词缀(k)和派生词(j)在语音、形态句法和概念结构等三个层面的重现。该图式表示以下三层信息:①语音层面,词基为一个韵律词,后面添加了一个词缀的音节 hud。②形态句法层面,词基为名词,添加了一个后缀。③概念语义层面,词基概念的特征(quality denoted by the base noun)。符号↔表示三者之间的互动关系。半书名号< >表示一个完整图式的界限。

最后,由于 Booij 认为词的形式包括语音形式和形态句法属性(morpho-syntactic)两个方面,他把语音和形态句法两个层面合并,最终产生了以下形式和意义配对的图式:

$$< [[x]_{Ni} \, hood]_{Nj} \leftrightarrow [Quality \; of \; SEM_i]_j >$$

箭头左边表示构式的形式,右边表示意义。这类图式有两个功能:一是为现存的词汇(sainthood、motherhood 等)提供理据,使得这些词语的形态和意义之间的关系不显得那么任意。二是为新词(如 daddy-hood、legend-hood 等)的创造提供配方。

Booij(2010、2012、2015、2017)还详细分析了形态构式的特征,并为不同形态结构的词语配上了图式示例。

（1）形态构式具有整体性特征（holistic properties）。如前文所述，CxM 认为构式本质上是整体的（holistic in nature），他们不能从其组成成分中派生出来。重叠词是典型的例子（Booij 2015）。在西班牙语、英语、荷兰语等语言中，为了表达"真正的 N"的意义，可以把 N 重叠，比如英语重叠词 salad-salad 表示"real salad"之义，book-book 表示"real book"的意思。这些重叠词的图式为：

$$<[N_i N_i]_{Nj} \leftrightarrow [\text{Prototypical interpretation of SEM}_i]_j>$$

离心式复合词也具有整体性的意义。"绑腿""垫肩""枕头""扶手"等动宾式复合词具有整体的构式义，可以用图式表示为：

$$<[V_k N_i]_{Nj} \leftrightarrow [\text{Instrument}_j \text{ of Action}_k \text{ on Object}_i]_j>$$

构式的整体性特征还在词语的构式压制上得到体现。比如，能够进入英语 $[un\text{-}V]_V$ 构式的动词一般是动态动词，如 fold、lock、seal 等，但是静态动词（如 see、have 等）一旦进入这一构式，就会受到压制，变为动态动词。

（2）形态构式具有层级性特征。下一级的了构式采用默认继承的模式继承了上一级构式的信息，不同层级的构式构成一个树形图，按信息的抽象程度依次排列。

以英语的名词复合词为例。Williams（1981）提出了复合词的"中心词右向原则"（the Right-hand Head Rule），因此可以用以下图式表示英语名词复合词的内部结构：

$$<[[a]_{Xk}[b]_{Ni}]_{Nj} \leftrightarrow [\text{SEM}_i \text{ with relation R to SEM}_k]_j>$$

变量 x 指代一些主要的词汇句法范畴，如名词（N）、动词（V）、形容词（A）、介词（P）等。变量 a 和 b 指代任意的语素组合。变量 R 表示复合词两个成分之间的语义关系，在图式中没有明确标明，必须依据构词成分的意义和百科知识才能确定。这一图式为上级图式，最为抽象。根据 x 变量，该图式可以细分为以下子图式：

名名复合词：$<[[N]_{Nk}[N]_{Ni}]_{Nj} \leftrightarrow [\text{SEM}_i \text{ with relation R to SEM}_k]_j>$

动名复合词：$<[[V]_{Vk}[N]_{Ni}]_{Nj} \leftrightarrow [\text{SEM}_i \text{ with relation R to SEM}_k]_j>$

形名复合词：$<[[A]_{Ak}[N]_{Ni}]_{Nj} \leftrightarrow [\text{SEM}_i \text{ with relation R to SEM}_k]_j>$

介名复合词：$<[[P]_{Pk}[N]_{Ni}]_{Nj} \leftrightarrow [\text{SEM}_i \text{ with relation R to SEM}_k]_j>$

最后一级的名词复合词的图式是某个复合名词的子图式，如 desk top 一词的图式为：

$$<[[\text{DESK}]_{Nk}[\text{TOP}]_{Ni}]_{Nj} \leftrightarrow [\text{TOP}_i \text{ of DESK}_k]_j>$$

（3）形态构式具有嵌入能产性（embedded productivity）的特征。某个构词图式可能并不能产，但其嵌入另一个构词图式后就具有了很高的能产性。例如，在英语合成复合词的构式（$[[NV]_V\text{-er}]_N$）中，动宾结构的复合动词构式

[NV]$_V$不具有能产性,但嵌入[Ver]$_N$构式以后,就变得非常能产。类似的构式还有[[NV]$_V$-ing]$_N$、[[NV]$_V$ ed]$_A$、[[NV]$_V$-ment]$_N$、[[NV]$_V$-ing]$_A$等。

（4）形态构式具有联合性（unification）特征。两个不同的词语构式可以联合成一个复杂的构式。比如,英语两个派生词构式[de N]$_V$与[N ize]$_V$可以联合成一个复杂的构式[de[N ize]$_V$]$_V$。decaffeinate、demoralize、decentralize、deAmerican-ize 等词语的内部结构可以用以下图式表示:

$$<[de [[x]_{Ni} ize]_v]_{vj} \leftrightarrow [\text{REMOVE PROPERTY RELATED TO SEM}_i]_j>$$

（5）形态构式具有形态聚合关系（paradigmatic relationships）的特征。在[V er]$_N$构式中,派生词 dancer、fighter、singer、walker 和其对应的动词词根 dance、fight、sing、walk 在形态上有系统性的关系,这些成对词在形态复杂度上是不一样的。但是有些组词的形态复杂度是一样的,如 socialism 和 socialist,都是由词干＋词缀组成。类似的成对词（如 optimism—optimist、fascism—fascist、altruism—altruist 等）在形态上具有系统性的差异,但是它们的语义模式是相同的。以-ism 结尾的单词都有哲学观念、意识形态、性情等含义;以-ist 结尾的单词则表示与此相对应的人物。因此它们具有相同的构式。两类构式图式的系统性对应关系可以用以下图式表示（Booij 2010：33）:

$$<[\text{x-ism}]_{Ni} \leftrightarrow \text{SEM}_i> \approx <[\text{x-ist}]_{Nj} \leftrightarrow [\text{person with property Y related to SEM}_i]_j>$$

这一图式被称为第二序列图式（second order schema）,因为它是图式中的图式。符号 $\approx$ 表示图式之间的形态聚合关系。

（6）形态构式还具有普遍性的特征。不同的复杂词形态结构都有其自己的构式。除了上面提到的派生词、复合词、重叠词之外,带有屈折词素的词语也有其独特的构式。Booij（2015）用下面的图式描述英语中单数名词的语音、句法形态和语义之间的互动关系:

$$<[(x_i)_{\omega-j} \leftrightarrow [N_i, +sg]_j \leftrightarrow [\text{SING } [\text{SEM}_i]]_j>$$

英语名词复数的屈折形态在语音上有三个词素变体[s]、[z]、和[ɪz],但默认的选择是/-z/,因此名词复数的默认图式可以表示为:

$$<[(x_i\text{-}z)_{\omega-j} \leftrightarrow [N_i, +pl]_j \leftrightarrow [\text{PLU } [\text{SEM}_i]]_j>$$

名词单数和复数图式的相关性可以用一个第二序列图式来表达:

$$<[(x_i)_{\omega-j} \leftrightarrow [N_i, +sg]_j \leftrightarrow [\text{SING } [\text{SEM}_i]]_j> \approx$$
$$<[(x_i\text{-}z)_{\omega-j} \leftrightarrow [N_i, +pl]_j \leftrightarrow [\text{PLU } [\text{SEM}_i]]_j>$$

第4章　汉语双音节复合词内部语素

　　本书的研究对象是现代汉语双音节复合词,运用构式语法及其相关理论对《现代汉语词典(第7版)》所收录的双音节复合词的形态句法结构和语义进行全方位的量化研究。在进行定量研究之前,必须要对双音节复合词内部语素的词类、语音、词义、语用意义、文体意义、句法结构等多个层面上进行穷尽性的标注,建立现代汉语双音复合词数据库。本章主要介绍依据《现代汉语词典(第7版)》对汉语双音节复合词及其内部语素进行标注的方法并对汉语双音节复合词的词类分布、语素组合、中心性、兼类特征等方面进行统计和分析。

4.1　标注方法

　　《现代汉语词典(第7版)》所收的65000余个条目中双音节合成词就有42165个,约占65%。其中单词义条目33824条(如"工匠":手艺工人),多词义条目8341条(如"帮凶"有两词义:①〈动〉:帮助行凶或作恶;②〈名〉:帮助行凶或作恶的人)。我们分别对单词义和多词义条目进行标注和统计,具体步骤如下:

　　(1) 为避免重复统计,去掉相同词条,如"宿敌":同"夙敌",只计"夙敌";"搀兑":见147页"掺兑",只计"掺兑"。

　　(2) 去掉拟声词,如"嗷嗷""吧嗒"等。

　　(3) 去掉音译词,如"安培""盎司"等。

　　(4) 连绵词、姓氏、其他专有名词等双音节单语素词,不予统计,如"斑斓""窈窕""端木""诸葛""贝勒""铵根""白术""丘八"等。

　　(5)《现代汉语词典(第7版)》对成词语素标有词类。可以依据《现代汉语词典》直接确定单词性成词语素的词类,如"甩"字有三义,皆为动词。

　　(6) 多词性成词语素的词类则需依据《现代汉语词典(第7版)》的释义和例词加以判定。下面以"笼罩"一词为例,说明此类复合词的标注方法。

"笼"字有两种读音,《现代汉语词典(第 7 版)》分列两个词条:

"笼"(lóng):①〈名〉笼子:竹～。
　　　　　　②旧时囚禁犯人的刑具:囚～。
　　　　　　③〈名〉蒸笼:小～包子。
　　　　　　④〈动〉把手放在袖筒里:～着手。
"笼"(lǒng):①〈动〉笼罩:暮色～住了大地。
　　　　　　②笼子(lóng·zi):箱～。

"罩"字,既是动词又是名词:

"罩"(zhào):①〈动〉遮盖;扣住;套在外面:笼～。
　　　　　　②(～儿)〈名〉罩子:灯～儿|口～儿。
　　　　　　……

"笼罩"的释义为:〈动〉像笼子似地罩在上面:晨雾～在湖面上。

结合《现代汉语词典(第 7 版)》的释义和例词,可以确定"笼罩"一词为"名＋动"的偏正结构。

(7)《现代汉语词典(第 7 版)》未标注词类的单字条目大致上有两类:一类是既不单用、又无意义的非语素字,如"玻、蝴、啡、踟"等;另一类是文言文中的名词、动词、形容词或在现代汉语中还未成词的语素(参看《现代汉语词典(第 7 版)》凡例)。第一类构成的双音节单语素词,已被排除。《现代汉语词典(第 7 版)》对第二类语素则继承了前几版的做法。虽未标明词类,但通过释义和例词来暗示其词类(徐枢,谭景春 2006)。如"观"字有三义,皆未标注词类:

"观"(guān):① 看:～看;
　　　　　　② 景象或样子:奇～;
　　　　　　③ 对事物的认识和看法:悲～。

根据释义可以看出①为动词语素,②、③为名词语素。

(8) 如果依据未成词语素的释义和例词还是无法确定其词类,则参照其同义语素或同义语素组合的词类。如"哀"有三义:

"哀"(āi):①悲伤;悲痛:悲～|～鸣。

②悼念:～悼|默～。

③怜悯:～怜|～矜|～其不幸。

依据释义和例词可以判断②、③为动词语素,而①则难以断定。其同义语素"痛"的释义和例词为:

"痛"(tòng):①〈形〉疾病创伤等引起的难受的感觉:头～。

②悲伤:悲～|哀～。

③〈副〉尽情地;深切地;彻底地:～击|～骂。

"哀痛""悲痛""悲哀"为形容词,因此它们是"形形"组合,而"哀悼""哀怜"为动词,它们是"动动"组合。

(9)如果依据未成词语素的释义和例词还是无法确定其词类,还可以参照释义的词类来判定。如"寒"字有三义,皆未标注词类:

"寒"(hán):①冷(跟"暑"相对):～冬|～风|天 ～ 地冻……

②害怕;畏惧:心～ |胆～。

③穷困:贫～。

依据释义,"心寒""胆寒"等词中的"寒"意为双音节复合词"害怕""畏惧"。《现代汉语词典》对"害怕"和"畏惧"有明确的词类标注:

"害怕"(hài pà):〈动〉遇到困难、危险等而心中不安或发慌:～走夜路|……

"畏惧"(wèi jù):〈动〉害怕:无所～|～心理。

可见,"心寒""胆寒"为名动组合。

(10)除名词、动词、形容词外,《现代汉语词典(第7版)》对文言文中的其余词类进行了标注,但有漏标的现象。原则上我们依据此类单字条目的原始义进行标注,如"寻"字被标为"量词",而"常"字只提供其衍生义,而未提供其原始义:

"常"(cháng):①一般;普通;平常:～人。

②不变的;固定的:～数。

③〈副〉时常;常常:～来～往。

④指伦常：三纲五～。

⑤〈名〉姓。

依据"常"的原始义（古代八尺为"寻"，倍寻为"常"），我们把"寻常"标为"量量"组合。

4.2　统计结果

4.2.1　单词义双音节复合词内部语素的统计分析

我们标注的单词义双音节合成词共计 32097 条，排除加前、后缀的派生词749 条（如"老弟""矮子"），得到复合词 31348 条。统计结果如下：

1. 单词义复合词的语素组合

单词义双音节复合词共有 82 种词类组合，根据出现率依次为名名、动名、动动、形名、形形、名动、形动、副动、动形、名形、数名、副形、代动、副副、名量、介名、代名、动量、数动、形量、动副、动介、量量、动助、连连、数量、量名、代形、动数、连动、数数、介动、形助、名数、数形、动代、副助、介形、副连、代副、代代、助动、形介、副量、副名、量动、数副、形数、副代、连名、介介、助助、形代、形连、副数、代量、连代、名副、名助、动连、代连、代数、叹叹、名连、名介、介副、介代、助名、形副、副介、代助、连形、连量、连助、叹动、拟名、名代、介量、介连、介数、数介、数助等。最常见的十词类种组合所占比例见表 4-1。

表 4-1　单词义双音节复合词中十种常见的语素组合

组合	总数（百分比）	例词	组合	总数（百分比）	例词
名名	8813（28.1%）	饭桶、靶场	名动	885（2.8%）	癌变、霜降
动名	6453（20.6%）	绑腿、帮手	形动	815（2.6%）	长眠、快递
动动	6095（19.4%）	抱养、产销	副动	699（2.2%）	不料、最爱
形名	4051（12.9%）	薄饼、险峰	动形	473（1.5%）	保鲜、吃准
形形	1710（5.5%）	矮小、古稀	名形	265（0.8%）	标致、手快
其余	1090（3.5%）	何苦、一阵			

结果显示，十二种词类均参与构词，但双音节复合词绝大部分是由名、动、形三大词类相互组合而成。董秀芳（2002a）认为双音词有三个主要来源：一是从短语变来，这是双音词最主要的来源；二是从句法结构固化而来；三是由本不

在同一句法层次上而只是在线性顺序上相邻接成分变来。我们的统计结果支持她的论断。

根据我们的统计,十一种词类均可重复组合,如"名名""动动""形形""副副"等,共 16770 条,占 53.5%,多于周荐(1995)说的 6 种,和沈怀兴(1998)说的 9 种。其中重叠词 124 条(0.4%),共有 5 小类:"名名"(如:人人)、"动动"(如:闪闪)、"形形"(惶惶)、"副副"(如:仅仅)和"量量"(如:本本)。这些语素组合基本上是从短语词汇化而来。"动名""形名""名动"等语素组合约占 40%,大多是从句法固化形成的。不在同一句法层次上的语素组合,如"名副"(如:日渐、势必)、"副名"(如:不日、就地)、"动介"(如:至于、在乎)、"名连"(如:实则、位于)等,数量极少。可见,正如赵元任(1979)所说,复合词的结构大多与句法结构一致。

2. 单词义复合词的词类分布

单词义双音节复合词共有 11 种词类。具体分布见表 4 - 2。

表 4 - 2　单词义双音节复合词的词类分布

词类	名词	动词	形容词	副词	连词	代词
数量	15639	12170	2875	451	97	36
百分比	49.89%	38.82%	9.17%	1.44%	0.31%	0.11%
词类	数词	量词	介词	助词	叹词	合计
数量	29	24	11	11	5	31348
百分比	0.09%	0.08 %	0.04%	0.04%	0.02%	100.0%

从表 4 - 2 可见,名、动、形三大词类共占 97.88%,加上副词共占 99.32%,其余词类只占 0.68%。考察这四类复合词的内部词类组合规律具有代表性的意义。据笔者团队统计,双音节复合名词共有 39 种语素组合,复合动词有 36 种语素组合,复合形容词有 29 种语素组合,复合副词有 47 种语素组合。表 4 - 3 至表 4 - 6 分别列出了四大词类十种最常见语素组合的数量和比例。

表 4 - 3　单词义复合名词中十种常见的语素组合

组合	总数(百分比)	例词	组合	总数(百分比)	例词
名名	8683(55.5%)	靶心、板凳	量名	143(0.9%)	八方、百姓
形名	3726(23.8%)	笨蛋、薄酒	形形	75(0.5%)	高矮、大全

组合	总数（百分比）	例词	组合	总数（百分比）	例词
动名	2178（13.9%）	变蛋、跳鞋	形动	73（0.5%）	长跑、冷战
名动	259（1.7%）	笔触、冬至	名形	67（0.4%）	山险、音高
动动	172（1.1%）	存亡、举动	名量	56（0.4%）	牌九、封二
其余	207（1.3%）	而立、三九			

前三种语素组合的比例与苑春法、黄昌宁(1998)的结果基本一致。复合名词基本上由名词性语素参与构成,而且名词性语素大多居右。

表4-4　单词义复合动词中十种常见的语素组合

组合	总数（百分比）	例词	组合	总数（百分比）	例词
动动	5734（47.1%）	拔取、搬运	动形	353（2.9%）	冲高、发贱
动名	3954（32.5%）	拔河、罢赛	代动	73（0.6%）	他杀、何止
形动	655（5.4%）	长眠、单列	形名	55（0.5%）	傻眼、多心
副动	573（4.7%）	彻悟、不计	名名	49（0.4%）	物色、鱼肉
名动	551（4.5%）	案发、笔战	动介	22（0.2%）	给以、陷于
其余	151（1.2%）	伊始、斤斤			

前三种语素组合的比例同样接近于苑春法、黄昌宁(1998)的数据。复合动词基本上也是由动性语素参与构成,但动词性语素大多居左。

表4-5　单词义复合形容词中十种常见的语素组合

组合	总数（百分比）	例词	组合	总数（百分比）	例词
形形	1604（55.8%）	短浅、长久	动形	85（3.0%）	持久、爱小
形名	224（7.8%）	长寿、大胆	形动	78（2.7%）	多发、简装
动名	224（7.8%）	缠人、刺目	副形	66（2.3%）	绝妙、不爽
名形	189（6.6%）	病弱、火急	名动	66（2.3%）	电动、国产
动动	159（6.5%）	受用、做作	名名	65（2.3%）	书面、人际
其余	115（0.5%）	二流、一样			

"形形"组合的比例(55.8%)略低于苑春法、黄昌宁(1998)的 67.3%,但同样是复合形容词最主要的构词方式。复合形容词大部分由形容性语素参与构成,而且形容性语素居右居左的数量相差不大。

表 4－6　单词义复合副词中十种常见的语素组合

组合	总数(百分比)	例词	组合	总数(百分比)	例词
动名	94(20.8%)	插花、放声	动动	23(5.1%)	将要、接连
副副	68(15.1%)	或许、略微	形形	18(4.0%)	单独、幸好
副动	43(9.5%)	不用、益发	副形	18(4.0%)	大多、最好
形名	34(7.5%)	稳步、实时	动形	14(3.1%)	赶早、碰巧
介名	25(5.5%)	从实、打头	形动	9(2.0%)	强行、怪道
其余	10523.3%)	千万、逐个			

复合副词是语素组合最为复杂的一类。与其他三类不同,副词性语素参与构词的比例比较低,其最主要的构词方式不是"副副"组合,而是"动名"组合。

我们还可以考察十种最常见的复合词内部语素组合的词类分布,表 4－7 给出了统计结果:

表 4－7　十种最常见的单词义复合词内部语素组合的词类分布

词类组合总数	名词	动词	形容词	副词	合计	其余
名名(8813)	8683	49	65	9	8806	7
动名(6453)	2178	3954	224	94	6450	3
动动(6095)	172	5734	159	23	6088	7
形名(4051)	3726	55	224	34	4039	12
形形(1710)	75	13	1604	18	1710	0
名动(885)	259	551	66	8	884	1
形动(815)	73	655	78	9	815	0
副动(699)	21	573	48	43	685	14
动形(473)	18	353	85	14	470	3
名形(265)	67	8	189	1	265	0

从统计数据可以看出，"名名"组合基本上是名词；"动名"组合大多是动词或名词；"形形"组合基本上是形容词；"动动"组合主要是动词；"形名"组合基本上是名词或形容词。可见，复合词与其某一构成语素的语法范畴基本上一致。统计结果不支持"汉语复合词无中心词"的说法（Huang 1997）。尽管有少数例外，但是复合词的构词语素基本上能够决定整个复合词的语法范畴，也就是说，绝大部分的复合词都有中心词。

3. 单词义复合词的中心词

那么，汉语复合词的中心性程度有多大？是右中心还是左中心呢？尽管从语义上来分析，Bloomfield（2002）对"中心词"的定义存在很多争议，但是为了便于与前人的研究结果进行比较，我们还是采用他的观点，即与复合词的语法属性相一致的构词语素就是其中心。通过统计复合词中左、右语素与复合词词类相同的比例，我们可以考察复合词左、右中心性的程度，结果见表4-8：

表4-8 单词义复合词左、右语素与复合词词类相同的比例

名词	动词	形容词	副词	均值
(XN)n:0.757	(XV)v:0.885	(XA)a:0.762	(XF)f:0.782	0.797
(NX)n:0.905	(VX)v:0.771	(AX)a:0.291	(FX)f:0.170	0.534

上表显示，如果右语素是名词，75.7%的复合词也是名词；如果右语素是动词，88.5%的复合词是动词，形容词和副词右语素的中心性程度也比较类似。可见，大部分的右语素与复合词的词类相一致，各词类的中心性程度差别不大。相反，各词类左语素的中心性程度就不同，即如果左语素是名词，90.5%的复合词是名词；动词的比例为77.1%，而形容词和副词分别只有29.1%和17%。造成的结果是，右语素的中心性程度（0.797）高于左语素的中心性（0.534）。这一数据与Huang（1997）的统计结果基本一致。

为了考察复合词向心和离心结构的比例，我们比较了复合词与其内部语素的名、动、形、副等主要词类的数量，结果如表4-9所示。

表4-9 单词义复合词向心和离心结构的比例

词类总数		名词(15639)	动词(12170)	形容词(2875)	副词(451)
右语素	数量	14793	7625	1961	93
	百分比	94.59%	62.65%	68.21%	20.62%

（续表）

词类总数		名词(15639)	动词(12170)	形容词(2875)	副词(451)
左语素	数量	394	4388	320	82
	百分比	2.52%	36.06%	11.14%	18.18%
合计		15187 (97.11%)	12013 (98.71%)	2281 (79.34%)	175 (38.80%)

注：名名(8683 个)、动动(5734 个)、形形(1604 个)、副副(68 个)等组合统计在右语素中，左语素中没有重复统计。

从表中明显可以看出，名、动两类复合词基本上属于向心构式，大部分的形容词也属于向心构式，而副词则大多数属于离心构式。近 95% 名词的右语素（即中心词）是名词，基本符合 Williams（1981）提出的"中心词右向原则"和 Packard（2001）的"Headedness Principle"；83% 动词的左语素是动词，只有 63% 动词的右语素是动词，不符合"中心词右向原则"，对"Headedness Principle"来说，也有很多的例外；68% 形容词的右语素是形容词，20% 副词的右语素是副词，都不符合"中心词右向原则"。可见，Williams（1981）的"中心词右向原则"可能适用于英语复合词，但不适用于除名词以外的汉语复合词。

4.2.2 多词义双音节复合词内部语素的统计分析

《现代汉语词典(第 7 版)》收录的的多词义双音节合成词共计 8341 条，排除加前后缀的派生词（如"阿姨""安然""淡化"等）、译音词（如"拜拜""咖啡""拷贝""沙龙""休克"等）、重叠词（如"苍苍""沉沉""楚楚""弟弟"等）、被标为(同)的词条（如"幽闲""委琐""唐棣""左手"等）、专有名词（如"长子""玄武""闻人""轩辕"等）、部分句法或词类不明确的词条（如"罗锅""丁香"、""玻璃""杜鹃"等）。由于我们要对多义词的兼类现象进行统计分析，而有些拟声词可以兼类，因此没有排除。最后得到双音节复合词 7810 条。统计结果如下：

1. 多词义复合词的语素组合

多词义双音节复合词共有 68 种词类组合，根据出现率依次为名名、动动、动名、形名、形形、名动、副动、形动、动形、名形、数名、副形、代动、副副、名量、介名、代名、动量、数动、形量、动副、动介、量量、动助、连连、数量、量名、代形、数数、形助、数形、动代、副助、副连、代代、助动、副名、量动、数副、形数、副代、介介、助助、副数、代量、名助、动连、代连、代数、叹叹、名连、名介、介副、介代、助名、形副、副介、代助、连形、连量、连助、叹动、拟名、名代、介量、介连、介数、数助等。最常见的十种组合所占比例见表 4-10。

表 4－10　多词义双音节复合词中十种常见的语素组合

组合	总数(百分比)	例词	组合	总数(百分比)	例词
名名	1778(22.7%)	笔尖、冰花	副动	203(2.6%)	密约、确证
动动	1729(22.1%)	搬弄、爆发	形动	202(2.6%)	淡出、短打
动名	1565(20%)	拔腿、搬家	名动	199(2.5%)	笔谈、冰冻
形名	1066(13.7%)	悲剧、长城	动形	143(1.8%)	摆平、保真
形形	538(6.9%)	安静、暗淡	名形	61(0.8%)	火烫、水暖
其余	326(4.3%)	尺寸、颗粒			

　　结果显示,与单词义复合词一样,十二种词类均参与构词,十种常见的语素组合也完全相同,而且绝大部分是由名、动、形三大词类相互组合而成。

2. 多词义复合词的词类分布

　　多词义双音节复合词共有 12 种词类。具体分布见表 4－11。

表 4－12　多词义双音节复合词的词类分布

词类	名词	动词	形容词	副词	代词	连词
数量	8132	6279	2204	358	47	46
百分比	47.47%	36.65%	12.87%	2.09%	0.27%	0.27%
词类	数词	介词	量词	助词	拟声词	叹词
数量	24	22	10	5	3	2
百分比	0.14%	0.13 %	0.06%	0.03%	0.01%	0.01%

　　注:每个词条都有两个以上的词义,7810 词条共有 17132 个词义,平均每个词条 2.2 个词义。每个词义都有对应的词类,因此总数为 17132。

　　从表 4－12 可见,名、动、形三大词类共占 96.99%,加上副词共占 99.08%,其余词类只占 0.92%。这一结果基本上与单词义的词类分布相同。

3. 多词义复合词的多义数量

　　多词义双音节复合词最少有 2 个意义,最多有 8 个意义,具体分布情况如下表:

表 4 - 13　多词义双音节复合词的多义数量类型

词义数	两词义	三词义	四词义	五词义	六词义	七词义	八词义	合计
数量	6584	1010	155	44	12	4	1	7810
百分比	84.3%	12.93%	1.98%	0.56%	0.15%	0.05%	0.03%	100%
例词	安定	把握	变态	窗口	出手	抓挠	一头	

可以看出,绝大部分多义词复合词有两个或三个语义,语义并不复杂。句法结构和语义都比较复杂的是兼类词复合词。为了进一步考察双音节复合词的内部结构,我们对多义词复合词的兼类现象进行了统计分析。

4. 多词义复合词的兼类现象

《现代汉语词典》所收录的 7810 个多义双音节复合词词条中,单类词有 5674 条,占 72.65%;兼类词有 2136 条,占 27.35%。

多词义复合词的兼类词类型多达 39 种,以兼两类为主,共 2019 条,占 97.33%。只有 56 条兼三类的词条,占 2.62%。而兼四类的词条只有一个:"自然",兼属名、形、副、连。详见表 4 - 14:

表 4 - 14　多词义复合词的兼类词分布情况

兼类情况	兼两类	兼三类	兼四类	合计
数量	2079	56	1	2136
比例	97.33%	2.62	0.05%	100%

在兼两类的 27 种兼类词中,名动、动形、名形、名副、动副和形副兼类词条位居前六,其中名动兼类词一枝独秀,占 53.34%。详见表 4 - 15:

表 4 - 15　兼两类的兼类词类型

类型	数量	比例	类型	数量	比例	类型	数量	比例
名动	1109	53.34%	动连	7	0.34%	名代	2	0.1%
动形	372	17.89%	连介	5	0.24%	名数	1	0.05%
名形	350	16.84%	动介	4	0.19%	拟动	1	0.05%
名副	70	3.37%	副代	4	0.19%	形数	1	0.05%
动副	55	2.65%	名连	4	0.19%	动叹	1	0.05%

（续表）

类型	数量	比例	类型	数量	比例	类型	数量	比例
形副	54	2.6%	动助	2	0.1%	动代	1	0.05%
副连	13	0.63%	形连	2	0.1%	连代	1	0.05%
数副	7	0.34%	副助	2	0.1%	数代	1	0.05%
名量	7	0.34%	形拟	2	0.1%	动量	1	0.05%

在兼三类的 11 种兼类词中,名动形、名副形、名动副和形动副兼类词排名前四,合计 82.14%。详见表 4-16。

表 4-16　兼三类的兼类词类型

类型	数量	比例	类型	数量	比例
名动形	26	46.43%	动介副	1	1.78%
副名形	10	17.86%	动形助	1	1.78%
名动副	6	10.71%	动数副	1	1.78%
形动副	4	7.14%	动形连	1	1.78%
名动介	3	5.36%	副连代	1	1.78%
名动连	2	3.57			

可见,现代汉语双音节复合词的词类转变基本上发生在名、动、形、副等四大词类之间。名动兼类最为突出。

第 5 章　现代汉语名名复合词研究

　　根据我们的统计,《现代汉语词典(第7版)》所收录的双音节复合词中名名复合词占比最高。它不仅能产性极高,内部语义关系也非常复杂。比如,毒草、毒犯、毒瘾、毒瘤、毒资、毒案、毒贩、毒腺均包含同一个语素"毒",但其语素义和语素之间的语义关系各不相同。因此,名名复合词多年来备受普通语言学、心理语言学、计算语言学等各界的关注。赵元任(1979)、朱德熙(1982)、周荐(2014)等从句法的角度,张国宪(1992)、赵小刚(1996)、唐伶(2002)、马清华(2009)、宋培杰(2017)等从素序的角度,陆志韦(1957)、林汉达(1965)、Li(1981)、Packard(2001)等从复合词内部的语义关系角度,宋春阳(2005)、杨泉(2005)、王萌(2010)、魏雪(2014)等从计算语言学角度,刘正光(2004)、胡爱萍(2006)、黄洁(2008b)等从认知语言学的角度对汉语名名复合词进行了深入的研究,取得了很多有意义的成果。然而,在素序方面,学者们分别研究了声调、声母清浊和韵母舌位高低对并列复合词素序的制约,但是鲜有学者全面系统地去研究这三个制约因素发挥作用的强度,而且尚未有学者研究韵母长短对并列复合词的素序是否有影响。并列复合词的语义关系对素序影响的研究也并不多见。在形态句法层面,这些研究对复合词内部语素的词类划分都是依据自省的方法,缺乏一致性,所搜集的语料也存在一定的局限性,研究结果也就难以达成共识,富有争议。对名名复合词的形态和语义互动关系的研究也难觅踪迹。为此,我们从《现代汉语词典》中提取了10202个名名复合词,从形态句法特征、素序的制约条件和语义关系等角度对汉语名名复合词做进一步的研究。

5.1　名名复合词的形态句法特征

　　为了考察名名复合词的形态和语义的互动关系,首先得弄清它们的形态句法特征,我们从复合词的词类分布、句法结构和中心词等角度进行统计和分析。
　　首先,我们对名名复合词的词类分布进行了统计,结果如下:

表 5-1 汉语名名复合词的词类分布

词类	数量	百分比	例词
名词	10052	98.53%	板凳、碑文、斧凿、广袤、尘烟
动词	66	0.65%	鱼肉、针砭、左右、斧凿、砥砺
形容词	134	1.3%	龙钟、径庭、广袤、规矩、模棱
副词	27	0.26%	日夕、火速、根本、左右、基本
量词	4	0.04%	光年、弧度、海里、马力
代词	1	≈0%	人家
合计	10284	100.78%	

注:表中数字含有兼类词,合计数略大于名名复合词的总数。

表 5-1 中显示,名名复合词基本上是名词,占百分之 98.53。我们发现,82个兼类词也基本上是名词转变成动词、形容词、副词和代词等词类。比如,"砥砺"一词中,"砥"原意为"细的磨刀石","砺"意思是"磨刀石"。"砥砺"是同义并列复合词,转义为动词义"磨炼"或"勉励"。"广袤"一词中,"广"原义是"土地的东西长度","袤"的原义"土地的南北长度"。名词义"土地的长和宽"引申为形容词义"宽广"。"左右"一词原来是方位名词,转变为动词义"支配,操控"和副词义"反正"。"人家"的名词义为"住户""家庭"等,而代词义是"别人""某些人"等。如果去掉这些兼类词,名词的比例会更高。

然后,通过分析语料可以发现,名名复合词有三种句法结构:偏正结构、并列结构和偏义结构。

偏义结构的复合词实际上属于弹性词,其语义与其中一个名词相同,另一个名词的语义已经虚化,成了"化石语素",其原有的语义不复存在。带有语义的名词可以居右(如:"步弓""彩虹""火炮""金钱""脊背"等),也可居左(如"薪水""冰凌""肠管""阀门""窗户"等)。

至于偏正结构的界定和分类问题学界颇有争议。Packard(2001)把中心词分为"结构中心词"(structural head)和"语义中心词"(semantic head)。他认为,在"口岸""云彩"等词中,结构中心词居右,而语义中性词居左,属于正偏式结构,因为"口岸"是"口"不是"岸",而"云彩"是"云"而不是"彩"。石定栩(2001)对此提出了质疑,认为"口岸"既不是"口",也不是"岸",是联合结构,而"云彩"为"云所形成的花纹",是偏正结构。

此外,刘正光、刘润清(2004)认为"人海""浪花""雨丝""火舌"等词的中心词居左,属正偏式结构,因为"浪花""人海""火舌""雨丝"中的"花""海""舌"和

"丝"都只是分别说明它们各自的中心名词在某一时刻的状态。王军(2005)持反对意见,认为这些词的中性词居右,而不是居左,因为"浪花"可以与"朵朵"搭配,"火舌"与"舔到"搭配,"人海"与"壮观"搭配,"雨丝"与"轻盈"搭配。从搭配来看,语义焦点落在右边的名词上。而且,刘正光、刘润清(2004)认为,当右边名词为中心时,两个名词是限定修饰的关系;而当左边名词为中心时,两个名词是描绘说明的述谓关系。我们认为,这种说法是矛盾的,正偏式结构也应该是修饰与被修饰的关系,而非描绘说明的述谓关系。《现代汉语词典(第7版)》对此类复合词的释义如下:

人海:像汪洋大海一样的人群
浪花:波浪激起得四溅的水
火舌:比较高的火苗。
雨丝:像一条条丝的细雨
云彩:云

可见,"云彩"是弹性词,属于偏义式结构。王军(2005)文中的"真正的中心词居左"的词例("柴火"和"月亮")均为弹性词,而非正偏式结构。从释义来看,其余的词都是偏正结构,但是我们可以发现,释义中的名词语义上不完全等同于复合词的左边名词。前者具有无指义,后者具有有指义。"浪花"不是"像花一样的浪",而是"波浪引起的像花一样的水"。而且,这类复合词非常能产,其他例子有"火海""花海""林海""云海""火花""雪花""葱花"等。因此,我们认为这类复合词具有相同的形态和语义特征,即相同的形义配对——结构义:名词$_1$引起的像名词$_2$一样的东西。语义焦点落在名词$_2$上,属于偏正结构。如果《现代汉语词典》能够按照结构义来对这些词语释义,他们的语义会更加明确。

我们对 10202 个名名复合词的句法结构进行了分析,具体数据见表 5 - 2:

表 5 - 2　汉语名名复合词的句法结构

句法结构	数量	百分比	例词
偏正结构	9167	89.86%	碑文、鼻音、笔筒、人海、葱花
并列结构	639	6.26%	宾客、豺狼、茶饭、唇齿、花鸟
偏义结构	385	3.77%	煤炭、芒草、国家、窗户、雾气
其他	11	0.11%	鲫鱼、荐骨、龙钟、龙井、麻将
合计	10202	100%	

从表中可以看出,偏正结构占了将近90%,也就是说,绝大部分名名复合词属于偏正结构。从中心词的角度来分析,偏正结构复合词的中心词基本上居右。并列结构的复合词可能有两个中心词,也可能没有中心词。大多数的名词性名名复合词有两个中心词,如"宾朋""茶饭""湖泽""将士""机具"等。有些名词复合词属于离心复合词,没有中心词,如"花鸟""虎狼""巾帼""栋梁""虎狼"等。其他词类的名名复合词大多属于离心结构,没有中心词,如"鱼肉""日夕""权衡""水火""云雨"等。值得一提的是,多词义的复合词可能有不同的句法结构。我们来看下"左右"一词。作为方位名词意为"左和右两方面","左右"是双中心的;而当它的意义是"身边跟随的人"时,它是无中心的。"左右"还可用作动词和副词,也都是无中心的。如上所述,偏义结构复合词的中心词可以居左,也可居右。

5.2 并列式名名复合词素序的制约条件

并列式名名复合词的句法形态特征还体现在其语素的排列顺序上。我们特地分列一节加以探讨。实际上,不少学者分别从语音和语义层面对现代汉语并列复合词的语素排序进行了研究,并取得了一定的研究成果,但这些研究有一些局限。首先,对制约并列复合词素序的因素的发掘尚不够全面。如李思明(1997)在语音层面仅研究了声调和声母的影响,并未涉及韵母的影响;陈宏(2008)在语音层面主要考察了声调对《现代汉语词典》收录的同义并列复合词素序的影响,但未研究声母和韵母方面的影响。其次,对制约条件的强度和范围研究得不够深入。比如,程家枢、张云徽(1989)提出,影响并列式双音复合词素序因素绝非是单一的,它是由声调、语义及其他原因共同作用的,但并未对具体的原因进行分析。张国宪(1992)认为并列复合词的语义构词原则分为以下六种:由尊及卑、由长及幼、由亲及疏、由善及恶、由先及后和由大及小;但并未指出这六种制约条件发挥作用的强度。唐伶(2002)从语音、语义和语用等层面对并列式复合词素序进行了比较全面的研究,并明确了各层面的优先序列:语义>语用>语音>习惯。但是她未对三者的影响范围进行比较研究。其研究缺乏数据统计和分析,结论也就显得缺乏科学性和说服力。有鉴于此,我们从优选论的视角,分别从声调、声母清浊、韵母的长短、韵母舌位高低等语音因素和时间象似性、亲密体验度、优先性等语义因素探究并列式名名复合词素序的制约条件,并归纳出各个制约条件的等级排列顺序,然后比较语音制约条件和语义制约条件的范围和强度。

5.2.1　优选论的理论框架

优选论(Optimality Theory)是 Prince 和 Smolensky 于 20 世纪 90 年代提出的,旨在发现和揭示各种制约条件在语言中的交互作用。其核心理念是:制约条件普遍存在于语法之中,而且制约条件是可违反的;语言使用者通过对比各种可能的语言形式,对制约条件进行等级排列,最终会选择"最低限度的违反",从而输出"最优的"或"最和谐的"语言形式。其具体理论框架如图 5-1 所示:

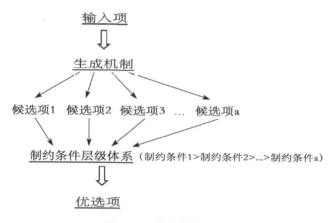

图 5-1　优选论的理论框架

在优选论理论框架里,制约条件必须具有普遍意义,具体语言的特殊制约条件不属于普遍语法。而所谓的有特殊制约条件作用而形成的表达形式最终也能通过具有普遍意义的制约条件的交互作用得到解释。而且,制约条件都是可以违反的,等级排列高的制约条件对等级低的制约条件具有绝对优先权(absolute priority)。优选论在对优选项进行筛选时,用一套独特的竞选表(candidate tableau)对语言形式进行分析。表 5-3 显示优选项的生成过程。

表 5-3　优选项的生成过程

输入项:α　　　　　　　　　　　　　　　优选项:T

候选项	C1	C2	C3
R	*!		
S		*	*!

（续表）

候选项	C1	C2	C3
☞T		＊	

注：1."＊"表示违反约束。

2."！"表示违反了较高的约束，意味着淘汰。

3."☞"表示最小程度地违反约束，意味着最佳输出项。

4."空白"意味着满足约束条件。

表中 C1、C2、C3 为 3 条与某种表层形式相关的制约条件，等级为 C1＞C2＞C3，从左到右的依次排列表明在制约条件层级体系里的不同等级。R、S、T 是生成装置为输入项 α 生成的 3 个候选项。候选项 R 违反了三个制约条件中等级最高的制约条件 C1，而其他候选项未违反 C1，所以 R 被淘汰，不再参与其他制约条件的评估。候选项 S 和 T 虽未违反 C1，但是都违反了 C2；但因为二者都违反了 C2，且不再有其他候选项，所以共同参与制约条件 C3 的评估。在评估过程中候选项 S 违反了 C3，但是候选项 T 满足了 C3 这一约束条件，所以最后 S 被淘汰，T 为优选项。也就是说，优选项并非一定要满足所有的制约条件，而是应当最低限度地违反制约条件层级体系。

我们运用优选论对影响现代汉语并列式名名复合词素序的各种制约条件进行研究。复合词的左边语素被标记为 SWL，右边语素为 SWR。假设有一个制约条件 C1 影响了并列复合词的素序，那么这个制约条件就由两部分组成：

① FAITHC1-SWL：满足制约条件的语素位于左侧。
② FAITHC1-SWR：满足制约条件的语素位于右侧。

这两个制约条件都是可以违反的，而且是相互冲突的。另外，它们之间还有着严格的等级制度。假设制约条件 FAITHC1-SWL 的等级序列比 FAITHC1-SWR 高，那么就可以表示为 FAITHC1-SWL＞FAITHC1-SWR。优选项的生成过程如表 5-4 所示。

表 5-4　并列式名名复合词的生成机制

SWL+SWR	FAITHC1-SWL	FAITHC1-SWR
1.　复合词₁	＊！	
2. ☞ 复合词₂		＊

表 5 - 4 显示,两个语素并列可以生成两个候选并列复合词,其中复合词₁违反了等级排列较高的制约条件 FAITHC1-SWL 而被淘汰,而复合词₂则满足了等级排列较高的制约条件 FAITHC1-SWL。因此复合词₂作为优选项被留下。

下面我们对《现代汉语词典》收录的 639 个并列式名名复合词的各种制约条件进行统计和分析,分别从语音和语义层面找出各个制约条件,并归纳出各个制约条件的等级排列顺序。

5.2.2　并列式名名复合词素序制约条件及其排列顺序

5.2.2.1　并列式名名复合词素序的语音制约

在对现代汉语并列式名名复合词进行语音标注时,我们将选取的复合词拆分成名 1 和名 2 两部分,分别用"N₁"和"N₂"表示。根据《现代汉语词典(第 7 版)》的拼音标注,对"N₁"和"N₂"的声调、声母清浊和韵母舌位高低分别进行标注。声调分为"阴平""阳平""上声""去声"和"轻声";声母清浊分为"清"和"浊";韵母长短分为三个等级,分别是"1""2"和"3";韵母舌位高低分为五个等级,分别是"高""半高""中""半低"和"低"。具体标注信息示例见表 5 - 5:

表 5 - 5　并列式名名复合词的语音标注

序号	复合词	N₁ 拼音	N₂ 拼音	N₁ 声调	N₂ 声调	N₁ 声母类型	N₂ 声母类型	N₁ 韵母长短	N₂ 韵母长短	N₁ 韵母舌位高低	N₂ 韵母舌位高低
1	报刊	bào	kān	去声	阴平	清	清	2	2	低	低
2	碑碣	bēi	jié	阴平	阳平	清	清	2	2	半高	半低
3	被褥	bèi	rù	去声	去声	清	浊	2	1	半高	高
4	本利	běn	lì	上声	去声	清	浊	2	1	中	高

然后,我们对复合词是否符合声调、声母清浊以及韵母舌位高低等制约条件进行逐一标注。以下对各种语音制约条件分别进行统计分析。

1. 声调制约

我们依"阴平—阳平—上声—去声"为声调顺序。若复合词的语素按照声调的顺序排列,则标记为 TONESWR;若复合词的语素按照拼音声调的逆序排列,则记作 TONESWL。在选取的 639 个复合词中,有 186 个同声调的复合

词,还有 11 个含有轻声的复合词。因此,在统计时,有效的复合词有 442 个。具体的统计数据如表 5 - 6 所示:

表 5 - 6　音调制约条件

	TONESWR	TONESWL	总数
数量	341	101	442
比例	77.1%	22.9%	100%
排列顺序	TONESWR ＞ TONESWL		
T-test	P＝0.000		

从上表可知,符合声调顺序的复合词占 77.1%,而不符合声调顺序的只占 22.9%。根据单样本 T 检验,P 值为 0.000,说明两者有显著性差异。因此,两个制约条件的等级排列顺序为:TONESWR＞TONESWL。汉语并列式名名复合词的语素更倾向于按照声调顺序进行排列。这一数据支持陈爱文、于平 (1979)、李思明(1997)等学者的研究结果。

2. 声母清浊的制约

清声母在发音时声带不颤动,而浊声母在发音时声带颤动。声带不颤动比声带颤动要省力。依据省力原则,清声母一般位于浊声母前。在普通话的 21 个辅音声母中,有 17 个清音和 m、n、l、r 这 4 个浊音。排除声母同类的复合词,声母异类的复合词只有 154 个。我们将浊声母放在右侧的复合词标记为 ICTSWR,左侧的则记作 ICTSWL。具体统计如表 5 - 7 所示:

表 5 - 7　声母清浊制约条件

	ICTSWR	ICTSWL	总数
数量	106	48	154
比例	68.8%	31.2%	100%
排列顺序	ICTSWR＞ICTSWL		
T-test	P＝0.000		

可见,浊声母居右的复合词占 68.8%,而居左的只占 31.2%。根据单样本 T 检验,P 值为 0.000,说明两者有显著性差异。因此,两个制约条件的等级排列顺序为:ICTSWR＞ICTSWL。复合词的语素在排列时倾向于将浊辅音放在

右侧,清辅音放在左侧。这一结果印证了唐伶(2002)的说法。

3. 韵母长短的制约

在现代汉语拼音中,韵母有三类:单韵母、复韵母和鼻韵母。根据韵母在拼音中排列的顺序又可以分成韵头、韵腹、韵尾三部分。其中,能做韵头的只有元音"i""u"和"ü";所有的元音都可以做韵腹;而能做韵尾的有鼻辅音"n"和"ng"和元音"i"和"u(o)"。其中"ao"的国际音标为[a u],所以复韵母"ao"的韵尾实际上是"u",这里写作"o"是为了避免和"an"造成混淆。也就是说,形式上有"o"充当韵尾的情况,但实际上的韵尾仍然是"u"。此外,每个字的拼音里都一定有韵腹,但是不一定有韵头和韵尾。如果拼音里只有一个单韵母即只有韵腹,那么韵母长度就标记为"1";如果拼音里的韵母是复韵母或鼻韵母,且组成结构为"韵头+韵腹"或"韵腹+韵尾",那么韵母长度就标记为"2";如果拼音里的韵母由"韵头+韵腹+韵尾"组成,那么韵母长度就标记为"3"。

若复合词里韵母较长的语素位于左侧,则记作 VLSWL;若居于右侧,则记作 VLSWR。在选取的 639 个复合词中,有 255 个复合词的韵母长短相同,不计入统计之中。我们只对剩余的 384 个词进行统计分析,具体见表 5-8:

表 5-8 韵母长短制约条件

	VLSWL	VLSWR	总数
数量	226	158	384
比例	58.9%	41.1%	100%
排列顺序	VLSWL＞VLSWR		
T-test	P＝0.000		

由统计数据可知,58.9%的复合词中,韵母较长的语素居右,而韵母较长的语素居左的占 41.1%。根据单样本 T 检验,P 值为 0.000,说明两者有显著性差异。因此,两个制约条件的等级排列顺序为:VLSWL＞VLSWR。大部分的复合词更倾向于将韵母较长的语素放在左侧。

4. 韵母舌位高低的制约

韵母舌位高低是指韵母在发音时舌头和上腭的距离。距离近的舌位"高",反之则"低"。韵母又可以分成韵头(介音)、韵腹(主要元音)、韵尾三部分。我们在统计时,如遇复合韵母,则以主要元音(韵腹)为主。发高元音时舌位高,开口度小,发音不响亮;发低元音时舌位低,开口度大,发音响亮。韵母舌位高低的标注分为五个等级,分别是"高""半高""中""半低"和"低"。

若韵母舌位较高的语素放在左侧则标为 VTPSWL,反之则记作

VTPSWR。在选取的 639 个复合词中,445 个复合词舌位高低不同。统计结果见表 5－9：

表 5－9　韵母舌位高低制约条件

	VTPSWL	VTPSWR	总数
数量	233	212	445
比例	52.4%	47.6%	100%
排列顺序	VTPSWL＞VTPSWR		
T-test	P＝0.320		

统计结果表明,韵母舌位较高的语素居左的复合词占 52.4%,而居右的占 47.6%,两者在统计学上无显著性差异。左韵母舌位的高低并不是复合词素序的制约条件。

5. 语音制约条件等级排列

为了能更加清晰地反映出并列复合词在语音层面是按照何种规则进行语素排列的,本节分别讨论了声调、声母清浊、韵母舌位高低和韵母长度的制约。这四个制约条件既可以相互独立,也可以共存。在优选论模式下,声调制约规定复合词的素序排列遵从将发音难度大的词素放在右边;声母清浊的制约表明复合词的素序排列遵从将声母发音费力的词素放在右边;韵母长短的制约规定复合词的素序排列倾向于将韵母较长的词放在左边;而韵母舌位高低的制约则要求将韵母舌位高的语素放在左边。综合来看,数据的统计如图 5－2：

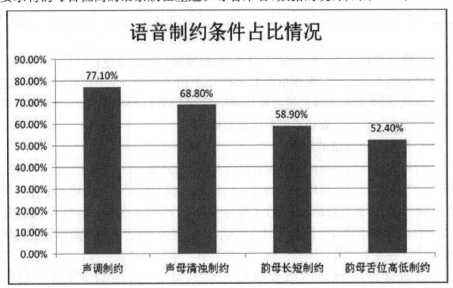

图 5-2 语音制约条件占比情况

根据各个语音制约条件发挥作用的强度和范围可以看出,满足声调制约的复合词占比最大,为 77.1%;其次是声母清浊制约,占比为 68.8%;再然后是韵母长短的制约,占比为 58.9%;最后是韵母舌位高低的制约,占比为 52.4%。由此,我们可以得出这四个语音制约条件的等级排列顺序为:声调制约>声母清浊制约>韵母长短制约>韵母舌位高低制约。

在得出制约条件的等级排列顺序以后,又进一步对所选取的 639 个并列式名名复合词进行筛选,以找出满足该制约条件等级排列的所有复合词。依据优选论,等级排列较高的制约条件对等级排列较低的制约条件有绝对优先权。也就是说,一个候选项不论满足多少个等级较低的制约条件,只要违反了等级较高的制约条件,都会被淘汰;同理,一个候选项不论违反了多少个等级较低的制约条件,只要满足了等级较高的制约条件,就是优选项。依此规律,得出以下的复合词满足语音制约条件的等级排列顺序:

(1)符合声调制约的 341 个复合词;

(2)声调相同(即声调制约不起作用,此时最高制约条件为声母清浊制约),符合声母清浊制约的 27 个复合词;

(3)声调相同,声母的清浊相同(此时最高制约条件为韵母长短制约),符合韵母长短制约的 53 个复合词;

(4)声调相同,声母的清浊相同,韵母长短相同(此时的制约条件只有韵母舌位高低制约),符合韵母舌位高低制约的 20 个复合词;

(5)含有轻声的复合词中(此时声调制约也不起作用,最高制约条件为声母清浊制约),满足声母清浊制约的 3 个复合词;

(6)有轻声,声母的清浊相同,符合韵母长短制约的 3 个复合词;

(7)有轻声,声母的清浊相同,韵母长短相同,符合韵母舌位高低的 1 个复合词。

由此可以看出,符合语音制约条件等级排列的复合词一共有 448 个,在剩余的复合词中,违反该语音制约条件等级排列的复合词一共有 164 个,另外还有 27 个复合词不受这四个制约条件的制约。所以,符合该语音制约条件等级排列的复合词占比为 70.1%,违反该语音制约条件等级排列以及不受该语音制约条件等级排列影响的复合词占比分别为 25.7% 和 4.2%。复合词违反该制约条件等级排列顺序或者不受该制约条件等级排列制约,是因为受语义、语用等其他因素的制约。

5.2.2.2　并列式名名复合词素序的语义制约

虽然语法关系无法限制并列复合词的语素顺序,但是一些语言学家认为,并列复合词的语素排列受到各种语义制约条件的影响。Renner(2014)考察了复合词和混合词的各种语义制约条件。我们重点考察亲密体验度(Experiential Closeness)、优先性(Superiority)和时间象似性(Temporal Iconicity)等因素对汉语并列式复合词素序的影响。亲密体验度是指语言最显著的概念特征中的无标记性。优先性是指在空间或等级上具有优先性。时间象似性是指语言结构的组合排列顺序与现实世界的自然顺序是否相一致。

值得注意的是,在选取的 639 个并列式名名复合词中,有 239 个是弹性词[郭绍虞(1938)称之为词长的弹性,也可称为长短词或弹性词]。这类词中两个语素的语义要么相同或相似(如波浪、技术),要么前一个语素没有意义(如波涛),要么后一个语素没有意义(如婢女)。因此它们不是由两个语义不同的语素组合而成的复合词,它们的素序也就不受语义制约条件的影响。我们对其余 400 个复合词语素之间的语义关系进行标注和分析。

1. 时间象似性制约

统计发现,共有 37 个复合词的语素在时间上有先后之分。具体的统计结果如表 5 - 10 所示:

表 5 - 10　时间象似性制约条件

	TEMPSWL	TEMPSWR	总数
数量	39	1	40
比例	97.5%	2.5%	100%
排列顺序	TEMPSWL＞TEMPSWR		
T-test	P＝0.000		

可见,97.5%的复合词中,先发生的语素居左,而后发生的语素居右的占 2.5%。根据单样本 T 检验,P 值为 0.000,说明两者有显著性差异。因此,两个制约条件的等级排列顺序为:TEMPSWL＞TEMPSWR。绝大部分的复合词更倾向于将先发生的语素放在左侧,如"尧舜"一词。

2. 亲密体验度制约

亲密体验度在并列复合词中主要体现在以下几个方面:①复合词的两个语素之间有褒贬之分;②复合词的两个语素之间有性别之分;③复合词的两个语素的重要性有主次之分。

当复合词的两个语素之间有褒贬之分时,若将"褒义"放在左侧,则记作"POSITIVESWL";若将"褒义"放在右侧,则记作"POSITIVESWR"。统计结果如表 5 - 11 所示:

表 5 - 11　亲密体验度制约条件(1)

	POSITIVESWL	POSITIVESWR	总数
数量	15	2	17
比例	88.2%	11.8%	100%
排列顺序	POSITIVESWL>POSITIVESWR		
T-test	P=0.000		

表 5 - 11 显示,88.2%的复合词中,褒义的语素居左,而褒义的语素居右的占 11.8%。根据单样本 T 检验,P 值为 0.000,说明两者有显著性差异。因此,两个制约条件的等级排列顺序为:POSITIVESWL>POSITIVESWR。绝大部分的复合词更倾向于将褒义的语素放在左侧,如"安危"一词。

当复合词的两个语素之间有性别之分时,若将"男性或雄性"放左侧,则记作"MALESWL";若放在右侧,则记作"MALESWR"。表 5 - 12 为统计结果。

表 5 - 12　亲密体验度制约条件(2)

	MALESWL	MALESWR	总数
数量	6	1	7
比例	85.7%	14.3%	100%
排列顺序	MALESWL>MALESWR		
T-test	P=0.000		

表 5 - 12 显示,85.7%的复合词中,表示"男性或雄性"的语素居左,而表示"男性或雄性"的语素居右的占 14.3%。根据单样本 T 检验,P 值为 0.000,说明两者有显著性差异。因此,两个制约条件的等级排列顺序为:MALESWL>MALESWR。绝大部分的复合词更倾向于将表示"男性或雄性"的语素放在左侧,如"夫妻"一词。

当复合词的两个语素的重要性有主次之分时,若表示"重要的"在前,则记作"IMPORTSWL";若表示"重要的"在后,则记作"IMPORTSWR"。统计结果如表 5-13 所示：

表 5-13　亲密体验度制约条件(3)

	IMPORTSWL	IMPORTSWR	总数
数量	52	1	53
比例	98.1%	1.9%	100%
排列顺序	IMPORTSWL＞IMPORTSWR		
T-test	P＝0.000		

从表 5-13 可见,98.1% 的复合词中,表示"重要性"的语素居左,只有 1.9% 的复合词居右。根据单样本 T 检验,P 值为 0.000,说明两者有显著性差异。因此,两个制约条件的等级排列顺序为:IMPORTSWL＞IMPORTSWR。汉语并列名名复合词更倾向于将表示"重要性"的语素放在左侧,如"亲朋"一词。

综上所述,当复合词的两个语素之间有褒贬之分时,亲密体验度制约要求复合词的语素按照"褒＋贬"的顺序排列;当复合词的两个语素之间有性别之分时,亲密体验度制约要求复合词的语素按照"男/雄＋女/雌"的顺序排列;当复合词的两个语素的重要性有主次之分时,亲密体验度制约要求复合词的语素按照"重要＋次要"的顺序排列。亲密体验度制约的总体情况见表 5-14。

表 5-14　亲密体验度制约条件(4)

	CLOSESWL	CLOSESWR	总数
数量	73	4	77
比例	94.8%	5.2%	100%
排列顺序	CLOSESWL＞CLOSESWR		
T-test	P＝0.000		

亲密体验度将并列复合词的两个词素中与虚拟原型说话者的世界观更相一致的元素放在第一位。换句话说,亲密体验度要求,在两个源词中,与虚拟原型说话者对事物的看法更亲近的词素位于左侧。也就是说,第一个词素在记忆中比第二个词素更容易获取。

3. 优先性制约

优先性(Superiority)是指组成复合词的两个源词在空间(Space)或等级

(Hierarchy)上具有高低之分。空间主要是指复合词的两个语素的语义之间有空间上的上下之分;而等级则是指复合词的两个语素的语义之间有等级高低、长幼或者大小之分。我们首先分别对空间性和等级性制约条件进行统计分析。

若复合词两个语素的语义之间有空间上的上下之分,且将"上"放在左侧,将"下"放在右侧,我们标记为"SPACESWL";复合词的两个语素的语义之间有空间上的上下之分,且将"上"放在右侧,将"下"放在左侧,就标记为"SPACESWR"。统计情况见表 5-15:

表 5-15　优先性制约条件(空间性)

	SPACESWL	SPACESWR	总数
数量	47	5	52
比例	90.4%	9.6%	100%
排列顺序	SPACESWL>SPACESWR		
T-test	P=0.000		

可见,如果复合词两个语素的语义之间有空间上的上下之分时,优先性要求将"上"放在前面,"下"放在后面,如"眉目"。制约条件的等级排列顺序为:SPACESWL>SPACESWR。

如果复合词两个语素的语义之间有等级之分,且将"高等级"的词放在左侧,"低"等级的词放在右侧,则记作"HIERSWL";反之则记作"HIERSWR"。统计数据如表 5-16 所示:

表 5-16　优先性制约条件(等级性)

	HIERSWL	HIERSWR	总数
数量	81	7	88
比例	92%	8%	100%
排列顺序	HIERSWL>HIERSWR		
T-test	P=0.000		

由统计数据可知,如果复合词的两个词素的语义之间有等级之分,根据优先性的制约,等级高的在前,等级低的在后。制约条件的等级排列顺序为:HIERSWL>HIERSWR。如"妃嫔"一词,妃在位分上比嫔高一级。按照等级

排列顺序,将妃放在嫔的前面。"姊妹"一词中,"姊"的年纪是比"妹"的年纪要大,"姊"放在前面,"妹"放在后面。再如,"岁月"一词中,"岁"的范围比"月"大,"岁"居左,"月"居右。

优先性制约条件的总体情况统计见表5-17。

表 5-17　优先性制约条件

	SUPERSWL	SUPERSWR	总数
数量	128	12	140
比例	91.4%	8.6%	100%
排列顺序	SUPERSWL＞SUPERSWR		
T-test	P＝0.000		

总之,优先性(Superiority)制约规定空间或等级上优先的词素放在左侧。中华民族自奴隶社会至封建社会,几千年里一直都沿袭着森严的等级制度。因此,汉民族意识里的等级观念十分地强烈。这种等级观念在并列式复合词中也有所体现。

4. 语义制约条件等级排列

我们分别从时间象似性、亲密体验度和优先性三个语义制约条件对并列复合词进行了统计和分析,在语义层面研究了组成复合词两个词素之间的语义关系对其排列顺序的影响。每个制约条件发挥作用的强度如图5-3所示:

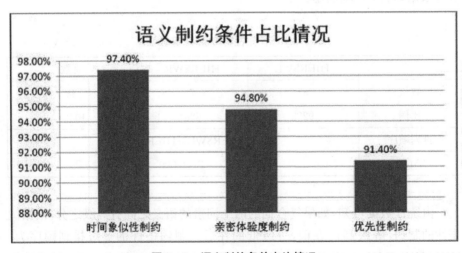

图 5-3　语义制约条件占比情况

从图 5 - 3 可以看出,时间象似性制约发挥作用的强度最大,占比为 97.4%;其次是亲密体验度,占比为 94.8%;最后是优先性,占比为 91.4%。由此可以得出,三个语义制约条件的等级排列顺序为:时间象似性制约＞亲密体验度制约＞优先性制约。

依据制约条件的等级排列顺序,我们对 400 个受语义制约条件影响的复合词进行进一步的分析。与语音制约条件不同的是,语义制约条件是独立存在的,也就是说一个复合词至多满足一个制约条件。因此,只要复合词满足其中的一个制约条件,就符合语义制约条件等级排列顺序。具体数据如下:

① 符合时间象似性制约的 39 个复合词;
② 符合亲密体验度制约的 73 个复合词;
③ 符合优先性制约的 128 个复合词。

可见,符合语义制约条件等级排列的复合词一共有 240 个。在剩余的复合词中,违反该语义制约条件的复合词一共有 17 个,另外还有 144 个复合词不受语义制约条件的制约。所以,符合语义制约条件等级排列的复合词占比情况为 59.8%;违反该语义制约条件等级排列以及不受该语义制约条件等级排列制约的复合词占比分别为 4.2% 和 36%,这些复合词可能受语音、语用等因素制约。

5.2.2.3　语音制约和语义制约的等级排列

为了比较语音制约条件和语义制约条件发挥作用的范围和强度,本文进一步对选取的 639 个复合词进行了分类和统计,具体的分类和数量如下:

① 276 个满足语音制约条件等级排列,但不受语义制约条件限制的复合词;
② 9 个满足语义制约条件等级排列,但不受语音制约条件限制的复合词;
③ 160 个既满足语音制约条件等级排列,又满足语义制约条件等级排列的复合词;
④ 112 个既违反语音制约条件等级排列,又违反语义制约条件等级排列的复合词;
⑤ 12 个满足语音制约条件等级排列,但违反语义制约条件等级排列的复合词;
⑥ 70 个满足语义制约条件等级排列,但违反语音制约条件等级排列的复合词。

由以上数据可知,当复合词无法同时满足语音制约条件等级排列和语义制约条件等级排列时,会优先满足语义制约条件等级排列。也就是说,语义制约条件发挥作用的强度比语音制约条件大。所以最终符合条件的复合词有以下几类:

① 276 个满足语音制约条件等级排列,但不受语义制约条件限制的复合词;

② 9 个满足语义制约条件等级排列,但不受语音制约条件限制的复合词;

③ 160 个既满足语音制约条件等级排列,又满足语义制约条件等级排列的复合词;

④ 70 个满足语义制约条件等级排列,但违反语音制约条件等级排列的复合词。

也就是说,最终符合等级排列顺序的复合词有 515 个,占比为 80.6%;还有 112 个复合词不受语音和语义层面的制约条件的影响,占比为 17.5%;另外还有 12 个复合词违反了语义制约条件和语音制约条件的等级排列,占比为 1.9%。在所有符合等级排列顺序的 515 个复合词中,语音制约条件发挥作用的有 436 词,占比为 84.7%;语义制约条件发挥作用的有 239 词,占比为 46.4%。由此可知,语音制约条件比语义制约条件发挥作用的范围要大得多;但是语义制约条件发挥作用的强度要比语音制约条件大。

5.3　名名复合词的语义关系

现代汉语名名复合词的语义关系非常复杂。吕叔湘先生(1984)曾经指出:"名·名结构有两个类型,两名之间或是领属关系,或是修饰关系。当然,同一类型之内,语义关系还可以是多种多样……"。但是他没有具体说明有哪些关系。

Li、Thompson(1981)认为名名复合词的语义关系无法穷尽,他们仅列出了 21 种常见的语义关系。谭景春(2010)归纳出了 12 种主要类型的名名偏正结构语义关系。他分析了名名复合词语义关系复杂的原因,指出"名词的词义是自足的,也就是说理解一个名词的词义,无需有相关的谓词参与。……谓词隐含是造成名名偏正结构语义关系复杂性的根本原因"。他认为,就能产的名名复合词而言,其数量无法穷尽,但是语义关系的类型是有限的,可以穷尽地描写出来。正如谭文中所说,他对语义关系的分类采取了不同的角度。领属、属领、施受、受施关系是从隐含谓词的角度划分出来的,材料、工具、时间 、处所、用途是从名词₁ 类义角度划分出来的。因此这些类别界限不清。"窗帘、门帘、鞋垫 、床垫、菜刀"等词中,名₁ 被看作表示用途并不恰当。文章后面的解释却是名₂ 表示用途,有点矛盾。将"民宅、家产、国企"和"象牙、鹿角、羊毛、猪鬃"等词归为一类,表示"领属关系"似乎也有所不妥。Jackendoff(2016)全部从名词的视角,依据名词的论元角色,结合名词的语用意义和物性角色对英语名名复合词的语义关系进行了分类,并利用函数式描写出其结构义。分类更加合理,语义关系也更加明确易懂。结合上述的名名复合词的形态句法特征,我们运用平行构架理论对汉语名名复合词形态和语义的互动关系进行比较详尽的描写。

5.3.1　偏正式名名复合词的语义关系

通过语料分析,我们发现比较能产的偏正式名名复合词有 17 种语义关系,37 种结构义。具体情况如下:

① 两名词在语义上是种类关系,它们的关系可以逆转的,因此有两个图式:

图式 1:$[Y_2{}^{\alpha}; [KIND (X_1, \alpha)]]$

构式义:"名₁ 的名₂",名₁ 是名₂ 的一种。

例词:女孩、女神、仆妇、男孩、警官、警员等。

图式 2:$[Y_2{}^{\alpha}; [KIND (\alpha, X_1)]]$

构式义:"名₁ 的名₂",名₂ 是名₁ 的一种。

例词:熊仔、熊崽、虎仔、人士、房门、手掌、灶膛等。

② 两名词在语义上是地点或时间上的方位关系,地点上的方位是可逆的,因此有三种图式:

图式 3:$[Y_2{}^{\alpha}; [BE (\alpha, AT/IN/ON\ X_1)]]$

构式义:"位于名₁ 的名₂",名₂ 位于名₁。

例词:床单、墓碑、台灯、田鼠、海马等。

图式 4:$[Y_2{}^{\alpha}; [BE (X_1, AT/IN/ON\ \alpha)]]$

构式义:"带有名₁ 的名₂",名₁ 位于名₂。

例词:果园、菜园、雷区、雷场等。

图式 5:$[Y_2{}^{\alpha}; [BE\ temp (\alpha, AT\ X_1)]]$

构式义:"发生在名₁ 时间的名₂"。

例词:春雨、夏装、日场、夜班、早班等。

这种语义关系的复合词可能会涉及动作模态，表示 N_2 的特定功能是位于 N_1。图式分为两类：

图式 6：$[Y_2{}^{\alpha}；PF([BE(\alpha，AT/IN/ON\ X_1)])]$

构式义："特定位于名$_1$的名$_2$"。

例词：门垫、街灯等。

图式 7：$[Y_2{}^{\alpha}；[PF(WEAR(INDEF\beta，\alpha，ON[X(\beta)]_1))]]$

构式义："专门戴（穿、放等）在名$_1$上的名$_2$"。

例词：面具、领带、耳环、背包、腕表、发夹、发带等。

图式 8：$[Y_2{}^{\alpha}；PF([BE(X_1，AT/IN/ON\ \alpha)])]$

构式义："专门用来做名$_1$的名$_2$"。

例词：粪池、衣架、牙膏、唇膏、口红、眼影等。

也可能表示规约性的属性，是可逆的：

图式 9：$[Y_2{}^{\alpha}；CHAR([BE(\alpha，AT/IN/ON\ X_1)])]$

构式义："习惯上位于名$_1$的名$_2$"。

例词：海鸟、海军、陆军、空军等。

图式 10：$[Y_2{}^{\alpha}；CHAR([BE(X_1，AT/IN/ON\ \alpha)])]$

构式义："一般存在名$_1$的名$_2$"。

例词：墙纸、鸭池、鸟巢、兔窟等。

③ 两名词在语义上是物件与材料的关系，是可逆的：

图式 11：$[Y_2{}^{\alpha}；[COMP(\alpha，X_1)]]$

构式义："用名$_1$制成的名$_2$"。名$_2$由名$_1$构成。

例词：铜器、草鞋、铜像、皮筋、茶砖等。

图式 12：$[Y_2{}^{\alpha}；[COMP(X_1，\alpha)]]$

构式义："用来制作名$_1$的名$_2$"，名$_1$由名$_2$构成。

例词：墙板、岩石等。

④ 两名词具有相似关系。

图式 13：$[Y_2{}^{\alpha}；[SAME/SIMILAR(\alpha，X_1)]]$

构式义："类似于名$_1$的名$_2$"

例词：狗熊、蛇阵、龙舟、虎将、鬼脸等。

⑤ 两名词表示分类关系，名$_1$一般为专有名词。

图式 14：$[Y_2{}^{\alpha}；[CLASSIFY(X_1，(\alpha))]]$

构式义："名$_1$的名$_2$"，名$_1$起着分类的作用。

例词：川剧、赣剧、桂剧、京剧、越剧等。

⑥ 两个名词在语义上是整体与部分的关系，是可逆的：

图式 15：$[Y_2^\alpha；[PART（\alpha，X_1）]]$

构式义："名$_1$的名$_2$"，名$_2$是名$_1$的一部分。

例词：烟蒂、果核、龙骨、鸡毛、牛角等。

图式 16：$[Y_2^\alpha；[PART（X_1，\alpha）]]$

构式义："有名$_1$成分的名$_2$"，名$_2$是名$_1$的一部分。

例词：轮椅、姜汁、肉末、街区、齿轮等。

此类复合词还可能是离心式的。

图式 17：$[Z^\alpha；[SIMILAR（\alpha，Y2）]；[PART（\alpha，X_1）]]$

构式义："像名$_1$的名$_2$一样的人或事物"。

例词：马脚、魔爪、虎口、谷底等。

⑦ 两个名词在语义上是致使关系。

图式 18：$[Y_2^\alpha；[CAUSE（X_1，\alpha）]]$

构式义："名$_1$引起的名$_2$"，名$_2$是名$_1$致使的。

例词：刀疤、刀伤、烟波、灾情、油迹、汗斑、水痕等。

这种语义关系的复合词可能会涉及动作模态，表示 N$_1$ 的特定功能致使 N$_2$ 移动。

图式 19：$[Y_2^\alpha；[PF(MOVE \beta（\alpha）；[CAUSE（X_1，\beta）])]]$

构式义："由名$_1$致使移动的名$_2$"。

例词：电灯、汽车、风车等。

此类复合词还可能是离心式的。

图式 20：$[Z^\alpha；[SIMILAR（\alpha，Y_2）]；[CAUSE（X_1，\alpha）]]$

构式义："像由名$_1$引起的名$_2$一样的人或事物"。

例词：风波、炮灰、烛泪等。

⑧ 两个名词在语义上是制造者与制造物的关系。

图式 21：$[Y_2^\alpha；[MAKE（X_1，\alpha）]]$

构式义："被名$_1$制造出来的名$_2$"。

例词：蚁穴、蛇毒、指印、蜂蜜、蚕丝、鸡蛋、蜂蜡等。

图式 22：$[Y_2^\alpha；[MAKE（\alpha，X_1）]]$

构式义："制造名$_1$的名$_2$"。

例词：蜜蜂、菜农、果农、花匠、蛋鸡等。

⑨ 两名词在语义上是领属关系

图式 23：$[Y_2^\alpha；[HAVE（\alpha，X_1）]]$

构式义："有名$_1$的名$_2$"。

例词：毒蛇、财主、沙漠、砾漠、雪山、雪野、磁石等。

图式 24：$[Y_2{}^\alpha ; [\text{HAVE} (X_1, \alpha)]]$

构式义："名$_1$所有的名$_2$"。

例词：警服、儿歌、民企、家产、国企等。

⑩ 两名词在语义上是保护与被保护的关系。

图式 25：$[Y_2{}^\alpha ; [\text{PROTECT} (\alpha, Z, \text{FROM} X_1)]]$

构式义："保护某物免于名$_1$的名$_2$"。

例词：雨帽、雨衣、火墙、蚊帐等。

图式 26：$[Y_2{}^\alpha ; [\text{PROTECT} (\alpha, X_1, \text{FROM} Z)]]$

构式义："保护名$_1$的名$_2$"。

例词：眼罩、灯罩、眼药等。

⑪ 两名词在语义上是买卖关系。

图式 27：$[Y_2{}^\alpha ; [\text{PF} (\text{BUY/SELL} (\text{INDEF}, X_1; \text{IN} \alpha))]]$

构式义："专门买/卖名$_1$的名$_2$"。

例词：酒店、饭店、菜场、药店等。

图式 28：$[Y_2{}^\alpha ; [\text{OCC} (\text{SELL} (\alpha, X_1))]]$。

构式义："职业为卖名$_1$的名$_2$"。

例词：盐商、果贩、毒贩、粮商等。

⑫ 名$_2$是名$_1$的容器。

图式 29：$[Y_2{}^\alpha ; [\text{PF} (\text{HOLD} (X_1, \text{IN} \alpha))]]$

构式义："专门用来装名$_1$的名$_2$"。

例词：水杯、马厩、鱼缸、水池等。

图式 30：$[Y_2{}^\alpha ; [\text{CURRENT}(\text{HOLD} (X_1, \text{IN} \alpha))]]$

构式义："临时用来装名$_1$的名$_2$"。

例词：货车、果车、鱼碗、米袋、书包等。

⑬ 名$_1$是名$_2$的形状。

图式 31：$[Y_2{}^\alpha ; [\text{SHAPE} (\alpha, X_1)]]$

构式义："形状像名$_1$的名$_2$"。

例词：板牙、梯田、筒裤、环路、根茎、蚁蚕、砖茶等。

这类关系还可以与整体-部分关系共合（cocomposition）。

图式 32：$[Y_2{}^\alpha ; [\text{PART} ([Z^\beta ; \text{SHAPE} (\beta, X_1)], \alpha)]]$

构式义："部分像名$_1$的名$_2$"。

例词：剑鱼、豹猫、板鸭等。

还可以与致使关系共合。

图式 33：$[Z^\beta ; [\text{SHAPE} (\beta, [Y_2{}^\alpha ; \text{CAUSE} (X_1, \alpha)])]]$

构式义：名词$_1$引起的像名词$_2$一样的东西。

例词：蚕蚁、蚕蛾、茶砖、浪花、人海、雨丝等。

⑭ 名$_2$是名$_1$的来源。

图式 34：$[Y_2{}^α；[ORIGINATE (X_1，FROM α)]]$

构式义："产出名$_1$的名$_2$"。

例词：水源、盐井、煤矿、油井等。

⑮ 名$_1$是名$_2$的内容。

图式 35：$[Y_2{}^α；[BE (INFORMATION (α)，ABOUT X_1)]]$

构式义："有关名$_1$的名$_2$"。

例词：兵书、家事、税务、军事、情歌等。

⑯ 名$_2$是运载名$_1$的车辆。

图式 36：$[Y_2{}^α；[PF (CARRY (X_1，IN α))]]$

构式义："专门用来运载名$_1$的名$_2$"。

例词：油车、粮船、货船、货机、货轮、货车等。

⑰ 名$_1$是名$_2$的频率。

图式 37：$[Y_2{}^α；[PF (FREQUENCY(X_1，α))]]$

构式义：以名$_1$的频率进行的名$_2$。

例词：日报、月刊、月薪、年薪、年报等。

还有一些复合词的结构能产性比较弱，语义关系难以确定，如动词"鱼肉、例外、左右"，形容词"裙带、藕荷"等。

5.3.2　并列式名名复合词的语义关系

并列式名名复合词主要有五种语义关系，六种构式义。

① 两名词在语义上是相等关系。

图式：$[Z^α；[BE(α，X_1 OR Y_2)]]$（Z 表示复合词语义）

构式义："Z 等于名$_1$或名$_2$"。

例词：计谋、句读、局部、利益、毛发等。

② 两名词在语义上是相加关系。

图式：$[Z^α；[BE(α，β)]；[β；[ADD(X_1，Y_2)]]]$

构式义："Z 等于名$_1$加名$_2$"。

例词：眉眼、名利、脾胃、日夜、霄壤等。

此类复合词可能是离心的。

图式:[Z^α; [SIMILAR (α, β)]; [β^γ; BE(α, γ)]; [γ; [ADD(X_1, Y_2)]]]

构式义:Z 等于类似于名$_1$和名$_2$相加的人或事物。

例词:花鸟、江湖、牛马、血泪、葛藤等。

③ 两名词在语义上是融合关系。

图式:[Z^α; [BE(α, β)]; [β; [MIX(X_1, Y_2)]]]

构式义:"Z 等于名$_1$和名$_2$的融合。

例词:奶茶、水泥、耳麦、油灰、戏歌等。

④ 两名词在语义上是上下义关系,复合词的语义为两名词的上义词语义。

图式:[Z^α; [BE(α, β)]; [β^γ; [SUPERORDINATE(γ, X_1 OR Y_2)]]]

构式义:Z 等于名$_1$和名$_2$的上义词词义。

例词:岁月、章节、尺寸、年代、海洋等。

⑤ 两名词在语义上是类义关系,复合词的语义介于两语素义之间。

图式:[Z^α; [BE(α, β)]; [β; [INTRERFACE(β, X_1 AND Y_2)]]]

构式义:Z 等于名$_1$和名$_2$的界面意义。

例词:南北、西北、西南等。

5.3.3　偏义式名名复合词的语义关系

偏义式名名复合词的语义比较简单,只有两种语义关系。

① 复合词语义等于名$_1$的词义。

图式:[Z^α; [BE(α, X_1)]]

构式义:Z 等于名$_1$的词义。

例词:冰凌、豺狗、肠管、岛屿、鳄鱼、汗水等。

② 复合词语义等于名$_2$的词义。

图式:[Z^α; [BE(α, Y_2)]]

构式义:Z 等于名$_2$的词义。

例词:火炮、步弓、彩虹、肌腱、竹笋等。

第6章 现代汉语名动复合词研究

根据我们对《现代汉语词典（第7版）》所收录的双音节复合词的统计，有1098个名动复合词。能够进入这一构式的名素和动素都有一定的限制，因此现代汉语名动复合词的数量相比于名名、动名、形名等组合要少得多，但是其语义却十分复杂。比如，同样以"击"为动素构成的双音节复合词"技击""目击""枪击"，它们的结构义不尽相同。其中，"技击"是一个离心复合词，其结构义为"用N（技能）的方式做V（打）的武术"，"目击"的结构义为"用N（眼睛）身体部位做V（接触）"，枪击的结构义为"用N（枪）为工具做V（攻打）"。同时，这些复合词中的名素均为工具，作状语，修饰动素"击"。

6.1 研究背景

目前，学者们从语素选择、句法结构、语义等方面对名动复合词进行了较为深入的研究，取得了丰硕成果。在语素选择方面，董秀芳（2002b）认为，主谓式复合词的主语成分主要是无指的无生名词，语义角色是当事而非施事，而动词成分需是不及物动词，且具有不可控和非完成的语义特征。邓思颖（2008）联系轻动词理论提出，轻动词只能进入句法结构，不能进入词法结构，故而主谓式复合词的主语基本上属于客体而非施事。盛明波（2009）发现主谓式NV复合词中的N具有"主事"的论旨角色，而非施事，一般不具有意志性和使动性，V则表示变化和属性，具有非自主性和非可控性。王铭宇（2011）发现主谓式NV复合词中的N通常具有无意愿控制、非自主且语义角色为受事的特征，V则是非宾格不及物动词中表状态变化或表天气的动词。周洋（2015）分析主谓式NV复合词中的N具有无生性、无定指性和非施事性三个特征，V则具有不及物性和不可控性特征。在句法方面，钱书新（2005）指出，"虎视""蚕食"等名动复合词在不同语境中存在结构变异。当动素只关联名素时，复合词为主谓结构；当动素表示的动作另有施事时，复合词为偏正结构。徐正考（2019）发现，名词作状语是偏正式名动复合词成词的动因。对于偏正式名动复合词中动词语素的词性和语法功能，学界同样做了讨论。沈家煊(2000)探讨了汉语动词被指称化或事物化的情况。吴长安(2012)认为，动词的基本用法和功能是陈述动作，但有时可通过自指和转指作名词用法，这并不代表动词的词性发生了改变。在语义关系上，周荐(1994)将状中式名动复合词中的语义关系分为九类。萧世民(2001)总结出偏正结构名动复合形式中名词的六种功能，分别表示动词的情状或态势、动作凭借的工具或材料、时间、处所、方式途径、对人或事物的态度。徐正考(2010)根据名素的语义，将汉语名动复合词分为六类：比喻、处所、时间、工具方式、原因和结果，并通过量化统计指出，名词的空间性和工具性的本质特点，使得工具方式类和处所类的偏正式名动复合词数量最多。还有些学者从概念隐喻、概念转喻、概念整合等角度，对比喻类的名动偏正复合词进行了研究(黄洁 2014；王琳 2015)。

由于语料各不相同或不够充分，有些研究结论有所偏颇，具有争议。首先，许多学者认为名动复合词只有动词和名词两种词性。但据考察，汉语名动复合词中还存在部分形容词。其次，有些名动复合词，如"蚕食""地震"等，其语法结构也存在争议。有些学者认为是主谓结构，而另一些则认为是偏正结构。再次，名动复合词中的名素和复合词语义关系的判断也值得商榷。徐正考(2010)把"话别""浆洗"等复合词归为名动复合词。《现代汉语词典(第7版)》对"话"的词类标注和释义是："❷动 说；谈：～别｜～家常。"对"浆"的词类标注和释义是："❷动 用浆粉或米汤浸纱、布或衣服使干后发硬发挺：～洗。"可见，这里的"话别""浆洗"为动动复合词，而非名动复合词。

由于学界对名动复合词的句法结构和分类等存在争议，我们依据《现代汉语词典》的释义为标准选取语料。例如，"目测"的释义为："不用仪器仅用肉眼测量。"据此可以判定为偏正结构。"陆沉"的释义为："陆地下沉或沉没，比喻国土沦丧。"据此可以判定为主谓结构；而"癌变"的释义为："组织细胞由良性病变转化为癌症病变。"据此可以判定为动宾结构。选取预料时，我们排除了句法结构或语义关系不明确的复合词(如冬烘等)、词组缩略而成的复合词(如外设等)、名素义为谦辞的复合词(如光顾等)等。以此为标准，我们提取了《现代汉语词典》所收录的938个名动复合词，考察其词类分布、语素选择、句法结构等形态句法特征。在此基础上，运用Jackendoff的平行构架理论，分析其内部语素的语义关系，旨在更加深入地揭示该类复合词的形态和语义的互动关系。

6.2　名动复合词的形态句法特征

首先我们对名动复合词的词类分布进行统计和分析,结果见表 6-1。

表 6-1　名动复合词的词类分布

词类	数量	百分比(%)	例词
动词	692	63.13	笔记、冰冻、粉碎、虎视、阵亡
名词	322	29.38	笔记、冰冻、日用、后进、国防
形容词	67	6.12	粉碎、日用、后进、铁打、人造
副词	11	1	马上、日见、眼看、本来、倍加
介词	3	0.28	因为、根据、错非
连词	1	0.09	因为
合计	1096	100	

注:表中数字含有兼类词,合计数大于名动复合词的总数。

结果显示,超过 90% 的名动复合词属于动词或名词,副词、介词、连词等屈指可数。可见,正如董秀芳(2002a)所说,名动复合词基本上是短语或句法结构固化而来。在兼类词中,名动兼类的数量也最多。但是从中心词的角度来看,统计结果与 Packard(2001)的观点并不一致。他提出的汉语复合词"中心词原则"是:名词的右语素是名词,动词的左语素是动词。动词性的名动复合词基本上是右中心的偏正结构,右语素是动词。名词性的名动复合词的名素却位于左边,但名素并不是中心词,复合词基本上是离心的。其他词类的复合词也是如此。

其次,我们还对名动复合词的语素选择进行了考察。

名动复合词的名素主要有以下八种语义范畴:地点(如:海、家、空、路、野等)、方位词(如:侧、后、内、旁、外、上、下、中、左等)、时间(如:春、晨、冬、秋、夜等)、人造物品(如:笔、电、机、胶、枪、鼎、瓶、瓦、席等)、身体部位(如:口、目、手、心等)、动植物或人名(如:臣、奴、蚕、虎、瓜、树等)、无生命的自然物件(如:冰、波、风、雪、云等)、抽象概念(如:法、理、刑等)。研究结果并不支持董秀芳(2002)、邓思颖(2008)、盛明波(2009)、王铭宇(2011)等人的观点。主谓结构复合词的名素大部分为无生名词,但也含有有生名词,如"医嘱、民变、民办、人造、人治"等词中的"医、民、人"等。这些名素的论元角色为施事,不一定全是当事或主事。

名动复合词的动素既有及物动词,也有不及物动词。比如,"技改、麦收、商检、体测、质管、土改、花插、城管"等动宾结构的复合词中,动素都是及物动词。即使主谓结构的复合词也有及物动词的动素。例如,"国营、民办、农用"等词中的动素义分别为"设立、经营、创办、使用",都为及物动词。主谓式复合词的动素必须是不及物动词的论断有点片面。

最后,我们来分析一下名动复合词的句法结构,统计数据见表6-2:

表6-2 名动复合词的句法结构

句法结构	数量	百分比	例词
主谓结构	130	13.86%	鼻塞、君临、日照、眼跳、质变
状中结构	712	75.91%	笔耕、壁立、鞭打、冰冻、蛇行
动宾结构	96	10.23%	货运、纪检、界定、空调、客运
合计	938	100%	

从表中可以看出,状中结构的名动复合词占了大部分的比例。朱德熙(1985)、马真(1988)等认为名词不能作状语。孙德金(1995)反驳了他们的观点,认为名词作状语在古今汉语中都很常见。单音节名词加单音节动词在古代汉语中是一种句法形式,表现为状中关系,但在现代汉语中成了一种构词形式。统计数据支持他的观点。状中结构的名动复合词中名素作状语的数量最多,其语义也比较复杂,可能是动素的施事、当事、方式、工具、领域、地点、时间、原因、目的、方所、依据、关涉、与事、同事、致使、使事等。如前所述,目前许多学者将汉语名动复合词的句法结构分为主谓式和偏正式两种,有些认为动宾结构的名动复合词不能产。从统计结果来看,动宾结构的名动复合词并不少见。冯胜利(2004)认为双音节的动宾结构作定语时,不能修饰单音节名词。"只有[动+宾+名]的形式合法,[宾+动+名]的格式绝不能用。"比如,可以说"修车铺、售票员、加油站"等,但不能说"车修铺、票售员、油加站"等。

但是我们发现,许多动宾式动名复合词是可以修饰单音节名词的,如"尿检员、家装节、体育课、文摘报、军购日、文摘卡"等。

6.3 名动复合词的语义关系

目前学者们对名动复合词的语义研究主要集中在偏正结构的复合词,尤其是比喻式的偏正复合词,主谓和动宾结构的复合词的语义研究比较少见。而且这些研究基本上从名素的视角进行考察。我们运用平行构架理论对各种句法结构的名、动、形等主要词类的复合词进行全面的分析,进一步探究其形态和语义之间的互动关系。

6.3.1　偏正式名动复合词的语义关系

1. 动词复合词的语义关系

在动词复合词中,名素义有八个类别,分别表示工具、材料、抽象方式、身体部位、地点、时间、起因和结果。其中,V_2 的语义 Y_2 是复合词的语义核心,得到凸显,N 作状语修饰 V。

表示工具的名素和动素组合成复合词时,复合词通常含有"用 N(工具)V(做某事)"之意。这类 N 常见的有:"笔、鞭、车、斧、机、枪"等,在语义上均属于人造的机械或其他常用工具。复合词语义可用图式表示为:$N_1 V_2 = [Y_2(\text{INDEF}_1, \text{INDEF}_2); [用_{工具} X_1]]$。"笔答、笔耕、笔试、笔算"等一系列以工具"笔"为 N 语素组成的 NV 复合动词,其语义均可用代数函项概括为:$笔_1 V_2 = [Y_2(\text{INDEF}_1, \text{INDEF}_2); [用_{工具} 笔_1]]$。

表示材料的名素和动素组合成复合词时,名素是动素所使用的材料,如"气焊、铜焊、油饰"等。该复合词的语义图式为:$N_1 V_2 = [Y_2(\text{INDEF}_1, \text{INDEF}_2); [用_{材料} X_1]]$。相同的 N_1 与不同的 V_2 组合,如"水合、水疗、水磨"等一系列复合动词的语义,都能用"$水_1 + V_2 = Y_2; [用/和_{材料} 水_1]$"来概括。

表示抽象方式的名素与动素复合而成的复合词语义为:用 X_1 的方式 Y_2。常见的名素有:"电、函、言、礼、理、声"等,形成的复合词有"理喻、言传、声控"等。复合词的语义图式为:$N_1 V_2 = [Y_2(\text{INDEF}_1, \text{INDEF}_2); [用_{方式} X_1]]$。由此,"电 + V"组成的双音节复合动词的语义均可表示为:$电_1 V_2 = [Y_2(\text{INDEF}_1, \text{INDEF}_2); [用_{方式} 电_1]]$。需要指出的是,"电"在与不同 V 组合时,会产生"电力、电能、电报、电解"等多种语义,如"电告"中"电"的语义为用电报的方式,"电镀"中"电"的语义为用电解的方式。通过 N 描述 V 的 方式手段,使复合词的语义从 V 这一大类中被细分出来,实现义项的细化,如"电告"与"函告"的语义核心都是"告知",只是方式不同,表明汉语双音化的动因之一是为实现义项的细化。

表示身体部位的名素与动素复合成动词时,复合词的语义是直接利用人体感知器官进行的活动。这类 N 常见的有"面、目、口、舌、手、心"等,形成的复合词有"耳闻、面议、口服"等。复合词的语义用图式表示为:$N_1 V_2 = [Y_2(\text{INDEF}_1, \text{INDEF}_2); [用_{器官} X_1]]$。由此,"目测、目睹、目击、目见、目送、目语"

等一系列由 N"目"加上动词组成的复合动词的语义均可用下式概括：目$_1$V$_2$＝[Y$_2$(INDEF$_1$, INDEF$_2$)；[用$_{器官}$ 眼睛$_1$]]，如"目测"的语义为"用肉眼测量"，"目语"的语义为"用眼睛传达意思"。

表示时间的名素与动素组合成复合词时，名素表示动素所发生的时间，如"晨练、春耕、冬眠、年均"等。该复合词的语义图式为：N$_1$V$_2$＝[Y$_2$(INDEF$_1$^{α}, INDEF$_2$)；[BE（α, AT/IN$_{TIME}$X$_1$）]]。结构义为："to V at/in the time N"。相同的 N$_1$ 与不同的 V$_2$ 组合，如"春耕、春训、春游"等一系列复合动词的语义，都能用"春$_1$V$_2$＝[Y$_2$(INDEF$_1$^{α}, INDEF$_2$)；[BE（α, AT/IN$_{TIME}$SPRING$_1$）]]"来概括。

表示地点的名素和动素组合成复合词时，复合词通常含有"在 N（地点）V（做某事）"之意。名素语义可以细分成三类：一类表示具体位置，如"海、家、空、郊"等；二类表示方位，如"上、内、东"等；三类表示非典型的地点，如"腹、心"等。复合词语义可用图式表示为：N$_1$V$_2$＝[Y$_2$(INDEF$_1$^{α}, INDEF$_2$)；[BE（α, AT/IN/FROM/TO$_{PLACE}$X$_1$）]]。"内定、内控、内省、内销"等一系列以"内"为 N 语素组成的 NV 复合动词，其语义均可用代数函项概括为：内$_1$V$_2$＝[Y$_2$(INDEF$_1$^{α}, INDEF$_2$)；[BE（α, AT/IN$_{PLACE}$INTERIOR$_1$）]]。

表示起因的名素与动素复合成动词时，复合词的语义是由名素引起的活动，如"风蚀、情杀、病故"等。复合词的语义用图式表示为：N$_1$V$_2$＝[Y$_2$^{α}(INDEF$_1$, INDEF$_2$)；[CAUSE（X$_1$, α）]]。

最后一类动词性的名动复合词数量比较少。复合词的名素表示结果义，如"冰冻、粉碎、汽化、液化"等。复合词的语义图式可以表示为：N$_1$V$_2$＝[Y$_2$(INDEF^α)；[BE（α, X$_1$）]]。

2. 名词复合词的语义关系

在名词复合词中，名素义有七个类别，分别表示工具、材料、抽象方式、身体部位、地点、时间、起因。

表示工具的名素与动素结合形成的离心复合名词有"笔录、轮滑"等。复合词的语义核心不是"录"或"滑"，而是"录"得到的"文字"、用装有轮的鞋滑行这一"体育项目"。以 Z$_3$ 表示离心复合词的语义核心，则"轮滑、珠算"的语义用图式可表示为：N$_1$V$_2$＝[$_{Activity/Thing}$Z$_3$^{α}；[α(INDEF$_1$, INDEF$_2$)；[用$_{工具}$X$_1$]]]，即"用或按照 X$_1$ 的方式 Y$_2$ 这一活动"。它凸显的是 Z$_3$ 这一活动或事物，如"珠算"意为"用算盘计算的方法"。"笔触、笔供、笔记、笔录"的语义，可用图式表示为：N$_1$V$_2$＝[Z$_3$^{α}；[GOT（α, FROM[$_{Activity}$Y$_2$(INDEF)；[用$_{工具}$X$_1$]]）]]，即"（某人）用工具 X$_1$ 进行 Y$_2$，从这一活动中得出的成果 Z$_3$"。如"笔录"的语义为"（用笔$_1$）记录$_2$下来的文字$_3$"。

表示材料的名素与动素结合成离心复合名词时,N 在复合词语义中体现为 V 的成果中所含有的材料。复合词的整体语义为某种工艺品,如"冰雕、柳编、石刻"等。复合词语义用图式表示为:$N_1 V_2 = [工艺品_3{}^{\alpha}; [制作(INDEF, \alpha); [通过_{Activity} Y_2(INDEF, _{材料}X_1)]]$,即"通过对材料 X_1 进行 Y_2 这一活动制作成的工艺品"。该式运用了凸显和复合组合的原则。复合词的语义核心既不是 N_1 也不是 V_2,而是施事 INDEF 制作的某一工艺品,对语义核心"工艺品"赋以 α 的上标,使其与事件"制作"的受事 α 同标,该受事就被凸显出来,成为语义核心。通过复合组合的形式,进一步对事件"制作"进行修饰,表示制作工艺品又是通过施事 INDEF 对材料 X_1 做 Y_2 这一活动加工完成的。例如,"冰雕、石雕、雪雕、竹雕"等复合词的语义均可用下式表达:$N_1 雕_2 = [工艺品_3{}^{\alpha}; [制作(INDEF, \alpha); [通过_{活动} 雕刻_2(INDEF, _{材料}X_1)]]$。图式中的下标 Activity,使得"用材料 N_1 做活动 V_2"这个原本为动词性的事件整体作为一个名词性的事件被指称,这是动词指称功能的体现。

表抽象方式的名素与动素结合成名词时,复合词的语义为"用或按照 X_1 的方式完成的活动 Y_2",凸显的是 V 这一活动,如"铺保、图说"。复合词语义用图式表示为:$N_1 V_2 = [_{Activity/Thing} Y_2{}^{\alpha}; [\alpha(INDEF_1, INDEF_2); [用/根据_{方式} X_1]]]$。这类复合名词的特点是:V 在复合词中发挥了类似名词的作用,即发挥动词的指称功能。这时复合词的语义核心不是陈述动作 V,而是 V 所指称的活动或事物。如"铺保"中"保"的原义为动词"保证",但在复合词中发挥自指功能,变异为名词。

表身体部位的名素与动素复合成的名词有"口供、心得"等,其语义表示说或感知到的抽象内容。这两个复合词的语义核心不是"供"和"得",而是"供"的"话""得"的"知识、认识"。以 Z_3 表示离心复合词的语义核心,则复合词语义可用图式表示为:$N_1 V_2 = [Z_3{}^{\alpha}; [得到(\alpha, FROM [_{Activity} Y_2(INDEF); [用_{器官} X_1])]]$,即"(某人)用器官 X_1 进行 Y_2,从这一活动中得出的成果 Z_3"。它凸显的是 Z_3,即活动的成果。如"口供"的语义为"(从)受审讯者(用嘴巴)口头_1 陈述_2 这一活动中得到的(与案情有关的)话_3"。

表示时间的名素与动素组合成复合词时,复合词表示动素的动作所发生的时间,如"冬运、日记、月供"等。该复合词的语义图式为:$N_1 V_2 = [_{Act} Y_2(INDEF^{\alpha}); [BE(\alpha, AT/IN_{TIME} X_1)]]$。

表示地点的名素和动素组合成复合词时,复合词通常含有"某人在 N(地点)V(做)的活动"之意。复合词可能是向心的,如"海战、空翻、社交"等;复合词也可能是离心的,如"碑刻、壁挂、邻居"等。向心复合词的语义可用图式表示为:$N_1 V_2 = [_{Act} Y_2(INDEF^{\alpha}); [BE(\alpha, AT/IN_{PLACE} X_1)]]$。离心复合词的语义图式为：$N_1V_2 = [Z_3^\alpha; [Y_2(\alpha); [BE(\alpha, AT/IN_{PLACE}X_1)]]]$。

表示起因的名素与动素复合成动词时，复合词的语义是由名素引起的活动，如"风耗、伤害、血晕"等。复合词的语义用图式表示为：$N_1V_2 = [_{Thing}Y_2^\alpha; [CAUSE(X_1, \alpha)]]$。

Packard（2000）认为，语素在构词过程中会经历"重新分析（reanalysis）"的过程。复合词的词类决定了其中心语素的词类，因此，随着语素语法位置的改变，语义中心会发生偏移，其词类也会产生变异。上述名词复合词中的动素都经历了从动词到名词的"重新分析"过程。不过，通过查阅《现代汉语词典》的词类标注，我们发现，词类转变是一个渐进的过程。其中，"雕""供""说"等动素已经成为名动兼类词，而"编""搭""得"等动素则临时活用成名素，因此，这类复合词并不能产，数量较少。

3. 形容词复合词的语义关系

形容词复合词中，名词语素的语义主要有四个类别，分别表示工具、材料、抽象方式和地点。

名素表示工具的形容词有"机动、机制、听装"，它们均用来描述人造物品的某种特性。用 N_3 代表它们修饰的人造物品，X_1、Y_2、Z_3 分别代表 N_1、V_2、N_3 的语义，则 $N_1V_2N_3 = [Z_3^\alpha; [Y_2(INDEF, \alpha); [用_{工具}X_1]]]$，即"用 X_1（工具）Y_2 的 Z_3"，复合词语义为"用 X_1（工具）Y_2 的"。如：听$_1$装$_2$奶粉$_3$ = $[奶粉_3^\alpha; [包装_2(INDEF, \alpha); [用_{工具}听_1]]]$，即"用听包装的奶粉"，"奶粉"是整个短语的语义核心，同时又是"包装"的受事。

表材料的名素与动素复合成形容词时，N 通常是 V 加工的对象，是 V 完成后得到的成果中所含有的材料。复合词的语义主要有两种。第一种不涉及比喻义，复合词语义表示某种人工制品在所用材料方面的性质，名动复合词的语义是"用材料 X_1 做活动 Y_2 得到的"，如"棉纺"。用 N_3 代表复合形容词修饰的名词，则 $N_1V_2N_3 = [Z_3^\alpha; [制造(INDEF, \alpha); [通过_{Activity}Y_2(INDEF, 用_{材料}X_1)]]]$。第二种则较为特殊，涉及用一个事件的特征进行比喻，复合词语义表比喻，如"铁打"。这种情况涉及复合组合和隐喻强制机制的运用，但在名动复合形容词中，喻体不再是一个简单名词，而是整个事件 NV。用 N_3 表示被复合形容词修饰的名词，则有以下语义图式：N_1V_2 的 $N_3 = [Z_3^\alpha; [SIMILAR(\alpha, \beta); [制作(INDEF, \beta); [通过_{Activity}Y_2(INDEF, _{材料}X_1)]]]]$，即"像 INDEF 对材料 X_1 做动作 Y_2 制成的成品 β 一样的 Z_3"。如"铁打的人＝像打铁制成的东西一样的人"，"铁打"的语义不是"用铁打成的"，而是这个事件活动引申出来的比喻义"像用铁打成的，比喻坚固或坚强"。

表抽象方式的名素与动素复合形成的形容词，往往修饰生活用品或机械，表示用具或器械的某项性质,如"电动、电热、光控"。这类形容词通常可跟表示物品或机械的名词再次复合成词,如"电动玩具、电热毯、光控开关"。以 N_3 表示复合词后组合成词的名词,则 $N_1 V_2 N_3 = $[用具/机械$_3{}^{\alpha}$;[$Y_2(\alpha)$;[用/通过方式 X_1]]],即"用/通过方式 X_1 进行 Y_2 的物品/机械 Z_3"。复合形容词的语义是"用/通过方式 X_1 进行 Y_2 的"。

名素表示地点的形容词有"家养、国产、上列"等。用 N_3 代表它们修饰的人或事物,X_1、Y_2、Z_3 分别代表 N_1、V_2、N_3 的语义,则 $N_1 V_2 N_3 = $[$Z_3{}^{\alpha}$;[$Y_2$(INDEF$_2$,$\alpha$)];[BE (INDEF$_1{}^{\alpha}$,AT/IN$_{PLACE}$ X_1)]],即"在 X_1(地点)Y_2 的 Z_3"。

上述名动复合形容词的语义主要是描述人造物品的性质。名词语素的语义在表示工具时,复合词语义为"用……工具……的";名词语素的语义在表示材料时,复合词语义为"用……材料……的";名词语素的语义在表示抽象方式时,复合词语义是"用……方式……的";名词语素的语义在表示地点时,复合词语义是"在……地方……的"。

6.3.2　主谓式名动复合词的语义关系

1. 动词复合词的语义关系

将近一半的主谓式名动复合词是动词。一般说来,复合词的语义比较透明,而且基本上是不及物动词,如"癌变、鼻塞、骨折"等。这类复合词基本上是从主谓结构的句子固化而来。但是有少数复合词语义上有所偏移,带有比喻义,如"发指、肠断、肉痛"等。前一类的复合词可以用图式表示为:$N_1 V_2 = $[$Y_2(X_1)$]。后一类的图式为:$N_1 V_2 = $[$Z_3{}^{\alpha}$;SIMILAR($\alpha$,[$Y_2(X_1)$])]。

2. 名词复合词的语义关系

此类复合词的语义主要分为两种:动素所产生的行为或状态、现象或结果。第一类的动素已经发生了变异,转变成名词的用法,表示该动作的行为或状态,如"婚变、身量、物流、质变、众说、医嘱"等,其语义图式为:$N_1 V_2 = $[State/Act;$Y_2(X_1)$]。

第二类表示动素所产生的现象或结果,如"海侵、气旋、血沉、雪崩、夏至、蛇蜕"等,语义图式表示为:$N_1 V_2 = $[Phenomenon/Result;[Cause($_{Act}$ Y_2(X_1)]]。

3. 形容词复合词的语义关系

当该类复合词修饰有生名词和无生名词时,它们有不同的语义。

首先,当复合词修饰有生名词时,名素为抽象名词或人体部位,所修饰的名素是动素的施事,如"理亏、理屈、牙碜、气馁、心寒"等。用 N_3 代表它们修饰的有生名词，X_1、Y_2、Z_3分别代表N_1、V_2、N_3的语义，则语义图式为$N_1 V_2 N_3 = [Z_3{}^\alpha; [Y_2(\alpha, X_1)]]$。

其次，当复合词修饰无生名词时，名素为人物或机构，所修饰的名词是动素的受事，如"民办、民用、人为、人居、国营、国立"等。用N_3代表它们修饰的无生名词，X_1、Y_2、Z_3分别代表N_1、V_2、N_3的语义，则语义图式为$N_1 V_2 N_3 = [Z_3{}^\alpha; [Y_2(X_1, \alpha)]]$。

6.3.3 动宾式名动复合词的语义关系

与偏正式和主谓式名动复合词不同，动宾式名动复合词大部分为名词，大约占65.9%。形容词数量极少，并不能产。首先我们分析一下名词复合词的语义关系。

1. 名词复合词的语义关系

名词复合词的语义关系大致可以分成四种。

第一种复合词的动素已经发生了变异，转变成名词的用法，表示该动作的行为状态或活动，如"城建、机修、婚庆、书展、货运"等。其语义图式为：$N_1 V_2 = [{}_{Act} Y_2(PERSON, X_1)]$

第二种复合词为离心复合词，其中心词为动宾结构的施事，可以是某人或某个部门，如"城管、网管、毒贩、部署"等。可以用以下图式概括其意：$N_1 V_2 = [PERSON_3{}^\alpha; [OCC(Y_2(\alpha, X_1))]]$。

第三种复合词也是离心复合词，其中心词为某物。动宾结构表示的动作是该物的特定功能。比如，"花插、题解、风挡、轴承、影评"等复合词的语义可以用图式来表示：$N_1 V_2 = [Z_3{}^\alpha; [PF(Y_2(\alpha, X_1))]]$。

第四种复合词表示动宾结构所产生的结果，如"诗抄、文选、乡思"等，其语义图式为：$N_1 V_2 = [Z_3{}^\alpha; [MADE(\alpha, FROM_{Act} Y_2(INDEF, X_1))]]$。

2. 动词复合词的语义关系

此类复合词语义非常明确，语义透明度很高。名素和动素分别是从双音节的名词和动词缩略而来，如"技改、军购、界定、体改、土改"等。双音节的动词和名词原本是动宾结构的词组，如"改造技术、购买军火、划定界限、改革体制、改革土地"等。张博(2017)将这种构词法命名为"汉语并合造词法"，即"将两个音节共同承载的语义归于其中一个音节，为构造复合词提供语素或造出单音节词的造词方式"。她认为，汉字的类型特征使汉语无法采用"合义且合音"的方式控制新词的长度，只能"合义舍音"。可见，与缩略造词法不同，并合造词法先将名素提到动素之前，然后固化成词。这些复合词的语义可以用相同的图式表示：$N_1 V_2 = [Y_2(INDEF, X_1)]$。

3. 形容词复合词的语义关系

该类复合词数量很少,均属于属性词,如"安保、草食、额定"等。与它们对应的动名复合词"保安、定额"都是名词。《现代汉语词典》还未将"食草"作为复合词收录。用 N_3 代表它们修饰的名词,X_1、Y_2、Z_3 分别代表 N_1、V_2、N_3 的语义,则语义图式为 $N_1 V_2 N_3 = [Z_3{}^\alpha; [CHAR ((Y_2 (\alpha, X_1)))]]$。

第7章　现代汉语动名复合词研究

汉语动名复合词的典型结构是动宾式,但它也能构成偏正式。根据我们的统计,《现代汉语词典(第7版)》收录了5443个动名复合词,其中动宾式有3641个,偏正结构1802个,且语义极为复杂。比如,由动素"劈"构成的双音复合词"劈刀""劈柴"的语义截然不同。其中,"劈刀"的语义为"用来V(劈)的N(刀)","劈柴"的词义为"V(劈)形成的N(柴)"。

7.1　研究背景

目前学者对偏正式动名复合词的句法结构和语义等进行了深入的研究,取得了丰硕的成果。在句法结构方面,李行健(1982)认为汉语动名复合词除了偏正和动宾两种结构之外,还提出了动状结构,比如"打拳""养病"等。尹世超(2002)认为动词直接作定语时,其功能语义并无根本性的改变,仍然是表示某种动作行为的动词。任敏(2011)把"打拳""养病"等词视为动宾结构。吴长安(2012)认为动词的基本用法是陈述动作行为。在语义方面,石定栩(2003)、苏宝荣(2007)、马英新(2012)等学者从动词视角分析偏正式动名复合词中名素的论元角色,得出其论元角色主要有施事、受事、工具、处所、方式、原因、时间、依据、结果、其他等十种。苏宝荣,马英新(2014)、赵倩(2020)、宋作艳(2022)等学者从名词视角分析偏正式动名复合词的语义,得出复合词的语义主要有功用、状态、施成、规约化属性、方式、关涉六类。

但是由于语料不够充分、研究视角不同,有些研究结果富有争议。首先,动名复合词的鉴定不明确。如马英新(2012)把"知友"归为偏正式的动名复合词,但据笔者考察发现"知友"一词为名名复合词。《现代汉语词典》对"知"的词类标注和释义为:④〈书〉知己:新～｜～友。《现代汉语词典》对"知己"的词类标注和释义为:①形彼此相互了解而情谊深切:～话｜～的朋友。②名彼此相互了

解而情谊深切的人:海内存~,天涯若比邻。其次,动名复合词句法结构的判定
也存在争议,如李行健认为"打拳"是动状结构,任敏指出其是动宾结构。最后,
动名复合词中名素论元角色的判断也值得商榷,如赵元任(2005)把"劈柴""泡
菜"等动名复合词中的名素归为受事。然而,《现代汉语词典》对"劈柴"和"泡
菜"的词类标注和释义如下:

劈柴: 名 木头劈成的木块或小木条,供烧火做饭、取暖用,小块的多用来
　　　引火。
泡菜: 名 把洋白菜、萝卜等放在加了盐、酒、花椒等的凉开水里泡制成的带
　　　酸味的菜。

由此可见,复合词"劈柴""泡菜"中名素为结果词。

由于学界对动名复合词的鉴定、句法结构和语义分类等存在争议,因此有
必要做进一步详尽的考察。我们依据《现代汉语词典》的释义为标准选取语料。
例如,"报表"的释义为"向上级报告情况的表格",据此我们判定为偏正结构;
"罢职"的释义为"解除职务",我们判定为动宾结构。以此为标准,我们从《现代
汉语词典》提取了 5443 个动名复合词,运用 Jackendoff 的平行构架理论,分析
动名复合词的形态句法特征以及语素间的语义关系,旨在更加深入地揭示此类
复合词的构词机制。

7.2　动名复合词的形态句法特征

首先我们对动名复合词的词类分布进行统计分析,统计结果见表 7-1:

表 7-1　动名复合词的词类分布

词类	数量	百分比(%)	例词
动词	3404	62.54	摆桌、包场、报名、持家、抽签
名词	1905	35	坐垫、跳板、砍刀、夹具、挂钩
形容词	134	2.46	缠人、传神、卖力、露骨、贴题
合计	5443	100	

从表 7-1 可见,动名复合词大部分为动词,占 62.54%。动词复合词的语

义中心为动词,因此这些复合词全部是左中心的,名素基本上是动素的受事。名词复合词分为两类:一类是偏正结构,其中心词为名词,居右,全部是向心结构。名素的论元角色可以是时间、类事、方式、数量、材料、处所、结果、施事等,语义比较复杂。另一类是动宾结构,全部是离心结构。形容词也全部是离心的。

我们还对名动复合词的句法结构进行了标注,统计结果见表7-2:

表7-2 动名复合词的句法结构

句法结构	数量	百分比(%)	例词
动宾结构	3641	66.89	护腿、裹脚、报名、搬兵、懂事
偏正结构	1802	33.11	观众、救兵、扒手、受众、逃兵
合计	5443	100	

可见,动名复合词的句法结构比较简单,只有动宾和偏正结构。它的典型结构是动宾,大约占三分之二。动宾结构的复合词可能是名词、动词或形容词,但是偏正结构的复合词无一例外是名词。

7.3 动名复合词的语义关系

依据动名复合词的形态句法特征,我们逐类分析复合词语素之间的形态和语义的互动关系。

7.3.1 偏正式动名复合词的语义关系

通过语料分析,我们发现此类复合词中名素义的语义范畴为生物(人、动物、植物)、人工物、自然物、身体构件、抽象事物、时间、处所九种。动素为及物和不及物动词。具体统计结果见表7-3。

表7-3 名素的论元角色和复合词的语义类别

论元角色	复合词结构义	数量	比例	例词
与事	一起 V 的 N	8	0.44%	旅伴、论敌
原因	引起 V 的 N	9	0.50%	败因、成因
时间	用来 V 的 N	21	1.17%	产假、诞辰

(续表)

论元角色	复合词结构义	数量	比例	例词
类事	有关 V 的 N	25	1.39%	盗案、窃案
方式	用来 V 的 N	28	1.55%	办法、唱功
数量	V 的 N	31	1.72%	跌幅、含量
依据	作为/用来 V 的 N	50	2.77%	买单、禁例
材料	用来 V 的 N	134	7.44%	定金、赌注
处所	用来 V 的 N	152	8.44%	餐位、操场
结果	V 形成的 N/出来的 N	236	13.10%	卷烟、烙饼
施事	从事 V 的 N	43	17.87%	猎户、猎人
施事	V 着的 N	75		流弹、裸体
施事	有 V 行为特点的 N/能 V 的 N	204		斗士、赌棍
受事	V 着用的 N	44	20.37%	吊扇、提包
受事	用来 V 的 N	119		按键、按扣
受事	被 V 的 N	204		爱将、包车
工具	用来 V 的 N	380	21.09%	背带、绷带
其他		39	2.16%	闯劲、动机
总数		1802	100%	

　　以上统计结果表明,比例最高的是名素为工具类的复合词,所占比例为 21.09%;其次为受事类,所占比例为 20.37%;所占比例最低的是名素为与事类的复合词,占总数的 0.44%。根据名素的论元角色,我们对各类复合词进行详细的语义分析。

1. 动作＋与事复合词的语义关系

　　动作＋与事类复合词中,名素的语义范畴为人。动素为及物和不及物动词。动素为及物动词时,复合词语义可用图式表示为:$V_1 N_2 = [Y_2^\alpha; [X_1 (\text{INDEF}_1, \text{INDEF}_2; 与 \alpha 一起)]]$。如:"契友、学友"的动名复合词语义图式可概括为:$V_1 友_2 = [友_2^\alpha; [X_1 (\text{INDEF}_1, \text{INDEF}_2; 与 \alpha 一起)]]$。动素为不及物动词时,复合词语义可用图式表示为:$V_1 N_2 = [Y_2^\alpha; [X_1 (\text{INDEF}; 与 \alpha 一起)]]$。如:"旅伴、舞伴"的动名复合词语义均可用函数式概括为:$V_1 伴_2 = [伴_2^\alpha; [X_1 (\text{INDEF}; 与 \alpha 一起)]]$。该图式中,$Y_2$ 的语义(人)受到凸显,分号

后的部分修饰施事 INDEF，即 α 和 INDEF 都为该函数式的施事论元，同时作为中心词人的上标。如"旅伴"的语义为"施事 INDEF 与伙伴一起旅行的人"。

2. 动作＋原因复合词的语义关系

动作＋原因类复合词中，名素的语义为抽象事物。动素为不及物动词。表示原因的名素和动素组合成复合词时，复合词的语义图式为：$V_1N_2 = [Y_2^\alpha;$ [引起（X_1（INDEF；由于 α））]]。常见的名素为"因、端"。不及物动词"败、成、来"等和"因"为名素组成的动名复合词语义的函数式为：$V_1因_2 = [因_2^\alpha;$ [引起（X_1（INDEF；由于 α））]]，如"败因"的词义为由于因$_2$，引起施事 INDEF 失败的原因。

3. 动作＋时间复合词的语义关系

动作＋时间类复合词中，名素的语义为时间。动素为及物和不及物动词。动素为及物动词时，复合词语义的图式为：$V_1N_2 = [Y_2^\alpha;$ [X_1（INDEF$_1$，INDEF$_2$）；用$_{时间}$ α]]。"考、聘、任"等和"期"为名素组成的复合词语义的函数式为：$V_1期_2 = [期_2^\alpha;$ [X_1（INDEF$_1$，INDEF$_2$）；用$_{时间}$ α]]。动素为不及物动词时，复合词语义的图式为：$V_1N_2 = [Y_2^\alpha;$ [X_1（INDEF）；到/在$_{时间}$ α$_{（内）}$]]。"婚、赛、死"等和"期"为名素组成的动名复合词语义的函数式为：$V_1期_2 = [期_2^\alpha;$ [X_1（INDEF）；用$_{时间}$ α]]。

4. 动作＋类事复合词的语义关系

动作＋类事类复合词中，名素的语义范畴为抽象事物。动素为及物和不及物动词。动素为及物动词时，表示类事的名素和动素组合成复合词时，复合词语义的图式为：$V_1N_2 = [Y_2^\alpha;$ [X_1（INDEF$_1$，INDEF$_2$；有关 α）]]。常"食性、食欲"等以"食"为动素组成的复合词语义的图式为：食$_1N_2 = [Y_2^\alpha;$ [食$_1$（INDEF$_1$，INDEF$_2$；有关 α）]]。动素为不及物动词时，复合词语义的图式为：$V_1N_2 = [Y_2^\alpha;$ [X_1（INDEF；有关 α）]]。"败果、胜果"等组成的复合词的语义函数式为：$V_1果_2 = [果_2^\alpha;$ [X_1（INDEF；有关 α）]]。

5. 动作＋方式复合词的语义关系

动作＋方式类复合词中，名素的语义范畴为抽象事物。动素为及物和不及物动词。动素为及物动词时，复合词语义的图式为：$V_1N_2 = [Y_2^\alpha;$ [X_1（INDEF$_1$，INDEF$_2$）；[用$_{方式}$ α]]；动素为不及物动词时，复合词语义的图式为：$V_1N_2 = [Y_2^\alpha;$ [X_1（INDEF）；[用$_{方式}$ α]]]。"办、乘、加"等和"法"组成的复合词语义的图式为：$V_1法_2 = [法_2^\alpha;$ [X_1（INDEF$_1$，INDEF$_2$）；[用$_{方式}$ 方法]]]。如"办法"的语义为施事 INDEF$_1$用$_{方式}$方法处理受事 INDEF$_2$的方法。

6. 动作＋数量复合词的语义关系

动作＋数量类复合词中，名素的语义范畴为抽象事物。动素为及物和不及物动词。动素为及物动词时,合词的语义图式为:$V_1 N_2 = [Y_2^\alpha; [X_1 (INDEF_1, INDEF_2)]]$。如评$_1$分$_2$ $= [$分$_2^\alpha; [$评$_1 (INDEF_1, INDEF_2)]]$。动素为不及物动词时,复合词的语义图式为:$V_1 N_2 = [Y_2^\alpha; [X_1 (INDEF)]]$。如跌$_1$幅$_2 = [$幅$_2^\alpha; [$跌$_1 (INDEF)]]$,可以解释为施事 INDEF 下跌的幅度。

7. 动作＋依据复合词的语义关系

动作＋依据类复合词中,名素的语义范畴为人工物和抽象事物。动素为及物和不及物动词。动素为及物动词时,表示依据的名素和动语素组合成复合词时,复合词的语义图式为:$V_1 N_2 = [Y_2^\alpha; [X_1 (INDEF_1, INDEF_2); [$用/作为 $\alpha]]]$。如"罚、回"等动素和"单"组成的复合词的语义函数式为:V_1 单$_2 = [$单$_2^\alpha; [X_1 (INDEF_1, INDEF_2); [$用/作为 $\alpha]]]$。动素为不及物动词时,复合词语义的图式为:$V_1 N_2 = [Y_2^\alpha; [X_1 (INDEF); [$用/作为 $\alpha]]]$。如"站票"的函数式为:站$_1$票$_2 = [$票$_2^\alpha; [$站$_1 (INDEF); [$用 $\alpha]]]$。

8. 动作＋材料复合词的语义关系

动作＋材料类复合词中,名素的语义范畴为人工物、抽象事物。动素为及物和不及物动词。动素为及物动词时,复合词语义的图式为:$V_1 N_2 = [Y_2^\alpha; [X_1 (INDEF_1, INDEF_2); [$用$_{材料} \alpha]]]$。如"补剂、补品、补药"等复合词的语义函数式可概括为:补$_1 N_2 = [Y_2^\alpha; [$补$_1 (INDEF_1, INDEF_2); [$用$_{材料} \alpha]]]$,"补剂"可解释为施事 $INDEF_1$ 用来滋补受事 $INDEF_2$ 的药剂。动素为不及物动词时,复合词语义的图式为:$V_1 N_2 = [Y_2^\alpha; [X_1 (INDEF); [$用$_{材料} \alpha]]]$。"赌本、赌注、赌资"等复合词的语义函数式为:赌$_1 N_2 = [Y_2^\alpha; [$赌$_1 (INDEF); [$用$_{材料} \alpha]]]$。

9. 动作＋处所复合词的语义关系

动作＋处所类复合词中,名素的语义范畴为处所。动素为及物动词和不及物动词。动素为及物动词时,复合词语义的图式为:$V_1 N_2 = [Y_2^\alpha; [X_1 (INDEF_1, INDEF_2); $供/用$_{位置} \alpha]]$。常见的动素有:"产、防、讲、展"等。"产地、产房、产科"等以"产"为动素组成的动名复合词语义的函数式为:产$_1 N_2 = [Y_2^\alpha; [$产$_1 (INDEF_1, INDEF_2); $供/用$_{位置} \alpha]]$,如"产房"的语义为供施事 $INDEF_1$ 分娩受事 $INDEF_2$ 的 Y_2。动素为不及物动词时,复合词语义的图式为:$V_1 N_2 = [Y_2^\alpha; [X_1 (INDEF); $在$_{位置} \alpha_{(里/上)}]]$。常见的动素有:"赌、歌、居、舞"等。"舞场、舞池、舞台"等动名复合词的语义函数式为:舞$_1 N_2 = [Y_2^\alpha; [$舞$_1 (INDEF); $供/用$_{位置} \alpha]]$。

10. 动作＋结果复合词的语义关系

动作＋结果类复合词中,名素的语义范畴为人工物、身体构件、抽象事物。

动素为及物动词和不及物动词。动素为及物动词时,复合词的语义图式为:V_1 $N_2 = [Y_2^\alpha; [形成(\alpha; 由于[X_1(INDEF_1, INDEF_2)])]]$。常见的动素有:"炒、交、讲、蒸"等。"炒风、炒货、炒面"等以"炒"为动素组成的动名复合词语义的函数式为:炒$_1 N_2 = [Y_2^\alpha; [形成(\alpha; 由于[炒_1(INDEF_1, INDEF_2)])]]$。动素为不及物动词时,复合词语义的图式为:$V_1 N_2 = [Y_2^\alpha; [形成(\alpha; 由于[X_1(INDEF)])]]$。常见的动素为:"丛、裂、怒、笑"等。"丛集、丛刊、丛书"等动名复合词的语义函数式为:丛$_1 N_2 = [Y_2^\alpha; [形成(\alpha; 由于[丛_1(INDEF)])]]$。该图式采用了主题化和复合组合的原则。该图式中,$Y_2$的语义受到凸显,$\alpha$为该函数式的施事论元,同时作为中心词 Y_2 的上标。又通过复合组合的形式,进一步对事件"形成"进行修饰,表示 α 形成又是由于事件"丛"中施事 INDEF 发出动作行为 X_1 来完成的。

11. 动作＋施事复合词的语义关系

动作＋施事类复合词中,名素的语义范畴为生物(人、动物、植物)、人工物、自然物、身体构件、抽象事物。动素为及物和不及物动词。动素为及物动词时,复合词语义的图式为:$V_1 N_2 = [Y_2^\alpha; [X_1(\alpha, INDEF)]]$。动素为不及物动词时,复合词语义可用图式表示为:$V_1 N_2 = [Y_2^\alpha; [X_1(\alpha)]]$。施事类复合词另外还存在三类语义关系:

第一类是结构义为:从事 V 的 N 或以……为业的人。这类复合词的语义图式为:$[Y_2^\alpha; [OCC(X_1(\alpha, INDEF))]]$ 或 $V_1 N_2 = [Y_2^\alpha; [OCC(X_1(\alpha))]]$。这些词有"乘警、猎户、猎人、樵夫、讼师、挑夫、屠夫、屠户、舞女"等。如"猎户"的语义图式为:猎$_1$户$_2 = [户_2^\alpha; [OCC(猎_1(\alpha, INDEF))]]$,可解释为施事以猎捕受事 INDEF 为业的人。

第二类是结构义为:V 着的 N。这类复合词的语义图式为:$V_1 N_2 = [Y_2^\alpha; [CURRENT(X_1(\alpha, INDEF))]]$ 或 $V_1 N_2 = [Y_2^\alpha; [CURRENT(X_1(\alpha))]]$。如行$_1$人$_2 = [人_2^\alpha; [CURRENT(行_1(\alpha))]]$,表示行走着的人。

第三类是结构义为:有 V 行为特点的 N 或能 V 的 N。这类复合词的语义图式为:$V_1 N_2 = [Y_2^\alpha; [CHAR(X_1(\alpha, INDEF))]]$ 或 $V_1 N_2 = [Y_2^\alpha; [CHAR(X_1(\alpha))]]$。如"惯犯、惯家、惯偷"的语义图示可概括为:惯$_1 N_2 = [Y_2^\alpha; [CHAR(惯_1(\alpha, INDEF))]]$。

施事类复合词中,"走狗"一词涉及了比喻用法,其语义既不是"走"也不是"狗",而是把狗比作为人。所以"走狗"一词是离心结构。该复合词语义图式为:走$_1$狗$_2 = [人_3^\alpha; [走_1(狗_2); [比作(\alpha)]]$。该图式采用了主题化和共合的原则。该图式中,$Y_2$的比喻义(人$_3$)受到凸显,狗$_2$为该函数式的施事论元,$Y_2$的比喻义作为中心词人的上标。又通过共合的形式,进一步对事件"走"进行修饰,表示狗行走,又是通过把 Y_2 比作 α 完成的。

12. 动作＋受事复合词的语义关系

动作＋受事类复合词中,名素的语义范畴具体有生物(人、动物、植物)、人工物、自然物、身体构件、抽象事物。动素为及物动词,复合词词义可用图式表示为: $V_1 N_2 = [Y_2^\alpha;[X_1(INDEF,\alpha)]]$。受事类复合词另外还存在三类语义关系:

第一类是结构义为: V 着用的 N。这类复合词的语义图式为: $V_1 N_2 = [Y_2^\alpha;[CURRENT(X_1(INDEF,\alpha))]]$。如吊$_1$—扇$_2$ = [扇$_2^\alpha$;[CURRENT(吊$_1$(INDEF,α))]],可以解释为施事 INDEF 吊挂着用的风扇。

第二类是结构义为:用来 V 的 N。此类复合词的语义图式为: $V_1 N_2 = [Y_2^\alpha;[用来(X_1(INDEF,\alpha))]]$。如"按键、按扣" = [$Y_2^\alpha$;[用来(按$_1$(INDEF,α))]],可以解释为施事 INDEF 用来按的键或纽扣。

第三类是结构义为:被 V 的 N。这类复合词的语义图式为: $V_1 N_2 = [Y_2^\alpha;[X_1(\alpha,INDEF)]]$。如"包车、包饭、包房"等以"包"为动素组成的复合词的语义图式为:包$_1 N_2$ = [Y_2^α;[包$_1$(α,INDEF)]]。该图式中,受事和施事的位置颠倒,表达被动的意思。如"包车"可解释为被包租的车辆。

此类复合词中,"靠山"一词涉及了比喻用法,即把山比作人。该复合词语义图式为:靠$_1$山$_2$ = [人$_3^\alpha$;[靠$_1$(INDEF,α);[比作(山$_2$,α)]]。该图式用了主题化和共合的原则。该图式中,山$_2$的比喻义(人)受到凸显,α 为该函数式的受事论元,同时作为中心词人的上标。又通过共合的形式,进一步对事件"靠"进行修饰,表示施事 INDEF 依靠受事山又是通过把山比作 α 完成的。

13. 动作＋工具复合词的语义关系

动作＋工具类复合词中,名素的语义范畴具体有生物(人、动物、植物)、人工物、自然物、身体构件、抽象事物。动素为及物和不及物动词。动素为及物动词时,复合词语义的图式为: $V_1 N_2 = [Y_2^\alpha;[X_1(INDEF_1,INDEF_2);[用_{工具}\alpha]]]$;动素为不及物动词时,复合词语义的图式为: $V_1 N_2 = [Y_2^\alpha;[X_1(INDEF);[用_{工具}\alpha]]]$。动素"钓、夹、教"等和名素"具"组成的动名复合词语义的函数式为:X_1具$_2$ = [具$_2^\alpha$;[X_1(INDEF$_1$,INDEF$_2$);[用$_{工具}$具$_2$]]]。"飞、航"等动素和名素"船"组成的复合词语义的函数式为:X_1船$_2$ = [船$_2^\alpha$;[X_1(INDEF);[用$_{工具}$船$_2$]]],如"航船"的词义为:施事 INDEF 用来航行的船。

综上所述,动名复合词中名素有 14 种论元角色,动素既可为及物动词也可为不及物动词;复合词的整体词性为名词,复合词既有向心结构也有离心结构;复合词共有 17 种语义关系。

7.3.2 动宾式动名复合词的语义关系

通过语料分析,我们发现动宾式动名复合词中名素有 11 类论元角色。名素义的语义范畴为生物(人、动物、植物)、人工物、自然物、身体构件、抽象事物、时间、处所 9 种。名素为及物和不及物动词。复合词共有 16 种结构义。具体统计结果见表 7-4。

表 7-4 动宾式动名复合词的词性、结构义和名素的论元角色

论元角色	词性	复合词结构义	数量	比例	例词
材料	动词	用 NV	21	0.56%	错金、喂食
方式	动词	按照/用 NV	26	0.71%	斗智、斗法
	名词	通过用 N 进行 V 得到的人工物	3	0.08%	扶手、靠手
时间	动词	在 NV	37	1.02%	熬夜、查夜
原因	动词	因为 N 而 V	40	1.10%	晕车、晕船
目的	动词	为 N 而 V	41	1.13%	催奶、催情
工具	动词	用 NV	68	1.87%	打夯、打纤
结果	动词	V 成(成为/为)N	103	2.83%	编码、变现
施事	动词	N 做 V	191	5.25%	驰名、驰誉
处所	动词	从 NV	95	2.61%	接机、接站
	动词	向/朝 NV	104	2.86%	登顶、登峰
	动词	在 NV	151	4.15%	航海、滑冰
	名词	通过在 N 进行 V 得到的人工物	3	0.08%	垫肩、披肩
受事	动词	N 被 V	2339	64.24%	爱岗、爱国
	形容词	通过 N 被 V 而得到的	134	3.68%	知名、著名
	名词	通过 N 被 V 得到的人工物/人	97	2.67%	绑腿、裹腿
其他	动词		188	5.16%	拌蒜、倍道
总数			3641	100%	

以上统计结果表明,名词性的动宾复合词数量最少,所占比例为 2.83%;动词性的动宾复合词数量最多,所占比例为 93.49%。根据名素的论元角色,我们对各种类型复合词进行详细的语义分析。

1. 动作＋材料类复合词的语义关系

动作＋材料类复合词中,名素的语义范畴为抽象事物、人工物。动素为及物动词或不及物动词。动素为及物动词时,复合词的语义图式为:$V_1N_2 = [X_1$(INDEF,INDEF);[用$_{材料}Y_2]]$。动素有"错、喂、招"等。常见的名素有"金、漆"等。以金$_2$和不同的 V_1 构成的一系列复合词,如"错金、镀金、贴金"等复合词的语义图示为:V_1金$_2 = [X_1$(INDEF,INDEF);[用$_{材料}$金$_2]]$。"错金"的语义为:施事 INDEF 用$_{材料}$ 金丝$_2$ 镶嵌受事$_1$ INDEF。再如"喂$_1$ 食$_2$" $= [$喂$_1$(INDEF,INDEF);[用$_{材料}$ 食$_2]]$,表示施事 INDEF 用$_{材料}$ 食物$_2$ 喂$_1$ 受事 INDEF。动素为不及物动词时,复合词的语义图式为:$V_1N_2 = [X_1$(INDEF);[用$_{材料}Y_2]]$。动素有"付、会、耍"。如"会$_1$ 钞$_2$" $= [$会$_1$(INDEF);[用$_{材料}$ 钞$_2]]$,表示施事 INDEF 用$_{材料}$ 纸币$_2$ 付钱$_1$。"耍$_1$ 钱$_2$" $= [$耍$_1$(INDEF);[用$_{材料}$ 钱$_2]]$,表示施事 INDEF 用$_{材料}$ 钱$_2$ 玩耍$_1$。

2. 动作＋方式类复合词的语义关系

动作＋方式类复合词中,复合词有动词和名词两种词性。

复合词词性为动词时,名素的语义范畴为抽象事物、人工物和身体构件。动素为及物动词或不及物动词。动素为及物动词时,动词性复合词的语义图式为:$V_1N_2 = [X_1$(INDEF,INDEF);[按照/用$_{方式}Y_2]]$。动素有"保、编、捣、托"等。以托$_1$和不同的 N_2 构成的一系列复合词,如"托病、托故、托梦"等词的语义图示可概括为:托$_1N_2 = [$托$_1$(INDEF,INDEF);[按照/用$_{方式}Y_2]]$;"托病"表示:施事 INDEF 用$_{方式}$ 疾病$_2$ 躲避$_1$ 受事 INDEF。再如"保$_1$ 价$_2$" $= [$保$_1$(INDEF,INDEF);[按照/用$_{方式}$ 价$_2]]$,表示施事 INDEF 按照$_{方式}$ 价格$_2$ 担保$_1$ 受事 INDEF。动素为不及物动词时,复合词的语义图式为:$V_1N_2 = [X_1$(INDEF);[按照/用$_{方式}Y_2]]$。如以斗$_1$和不同名素构成的复合词语义图示可用:斗$_1N_2 = [$斗$_1$(INDEF);[按照/用$_{方式}Y_2]]$来表示。"斗智、斗法"分别表示:施事 INDEF 用$_{方式}$ 智谋$_2$ 竞争$_1$、施事 INDEF 用$_{方式}$ 法术$_2$ 竞争$_1$。

复合词词性为名词时,名素的语义范畴为身体构件。动素为不及物动词时,名词性动宾复合词是离心复合词,因为复合词语义既不是 V_1 也不是 N_2。用 Z_3 表示离心复合词的语义核心,因此名词性复合词的语义图示可概括为:$V_1N_2 = [$人工物$_3{}^\alpha$;[得到(α);[通过$_{Activity}X_1$(INDEF);[用$_{方式}Y_2]]]]$,表示施事 INDEF 通过用$_{方式}Y_2$进行 X_1 这一活动得到的 Z_3。如以名素"手$_2$"和不同动素组成的复合词语义图示为:V_1手$_2 = [$人工物$_3{}^\alpha$;[得到(α);[通过$_{Activity}X_1$

(INDEF)；[用$_{方式}$手$_2$]]]。"扶$_1$手$_2$"＝[人工物$_3$$^{\alpha}$；[得到（$\alpha$）；[通过$_{Activity}$扶$_1$(INDEF)；[用$_{方式}$手$_2$]]]。如"扶手"语义为：施事 INDEF 通过用$_{方式}$手$_2$支撑身体$_1$得到的人工物$_3$。

3. 动作＋时间类复合词的语义关系

动作＋时间类复合词中,名素的语义范畴为时间。动素为及物动词或不及物动词。动素为及物动词时,复合词的语义图式为：$V_1 N_2 ＝$[X_1（INDEF,INDEF）；[AT Y_2]]。常见的名素有"夜、更"等。如以夜$_2$和不同 V_1 组成的复合词语义图示为：V_1夜$_2$＝[X_1（INDEF, INDEF）；[AT 夜$_2$]]。"熬夜、查夜"的语义分别为：施事 INDEF 在夜间$_2$忍受$_1$/巡查$_1$受事 INDEF。动素为不及物动词时,复合词的语义图式为：$V_1 N_2 ＝$[X_1（INDEF）；[AT Y_2]]。常见的动素有"歇、休"等。如以歇$_1$和不同 N_2 组成的复合词语义图示为：歇$_1 N_2 ＝$[歇$_1$(INDEF)；[AT N_2]]。"歇伏、歇晌、歇夏"的语义分别为：施事 INDEF 在伏天$_2$/晌午$_2$/夏天$_2$休息$_1$。

4. 动作＋原因类复合词的语义关系

动作＋原因类复合词中,名素的语义范畴为抽象事物、人工物、身体构件和自然物。动素为及物动词或不及物动词。表示原因的名素和动素组合成复合词时,复合词的语义表示：因为 N 而 V。动素为及物动词时,复合词的语义图式为：$V_1 N_2 ＝$[X_1（INDEF, INDEF）；[CAUSE Y_2]]。动素有"救、赔"等。如"救火、救急"等以相同 V_1 构成的复合词,其语义图示可概括为：救$_1 N_2 ＝$[救$_1$（INDEF, INDEF）；[CAUSE Y_2]]。如"赔$_1$罪$_2$"＝[赔$_1$（INDEF,INDEF）；[CAUSE 罪$_2$]],语义为"施事 INDEF 因为过失$_2$而向受事 INDEF 道歉$_1$。动素为不及物动词时,其语义图式为：$V_1 N_2 ＝$[X_1（INDEF）；[CAUSE Y_2]]。常见的动素有"抽、死、晕"等。以晕$_1$和不同的 N_2 构成的一系列复合词,如"晕车、晕船、晕血、晕针"等词的语义图示可概括为：晕$_1 N_2 ＝$[晕$_1$（INDEF）；[CAUSE Y_2]]。

5. 动作＋目的类复合词的语义关系

动作＋目的类复合词中,名素的语义范畴为抽象事物、人工物、身体构件、人和时间。动素为及物动词或不及物动词。动素为及物动词时,复合词的语义图式为：$V_1 N_2 ＝$[X_1（INDEF, INDEF）；[FOR Y_2]]。常见动素有"报、催、对"等。如以催$_1$和不同名素组成的复合词语义图示为：催$_1 N_2 ＝$[催$_1$（INDEF, INDEF）；[FOR Y_2]];"催奶、催情"分别表示施事 INDEF 为了乳汁$_2$/情欲$_2$而催促$_1$受事 INDEF。再如"报$_1$国$_2$"＝[报$_1$（INDEF, INDEF）；[FOR 国$_2$]],表示施事 INDEF 为了国家$_2$而回报$_1$受事 INDEF。动素为不及物动词时,复合词的语义图式为：$V_1 N_2 ＝$[X_1（INDEF）；[FOR Y_2]]。动素有"竞、

考"等。如以竞$_1$和名素组成的复合词语义图示为：竞$_1$N$_2$＝[X$_1$（INDEF）；[FOR Y$_2$]]；"竞标、竞岗"分别表示施事 INDEF 为了工程$_2$/岗位$_2$而竞争$_1$。

6. 动作＋工具类复合词的语义关系

动作＋工具类复合词中，名素的语义范畴为抽象事物、人工物、身体构件和动物。动素为及物动词或不及物动词。动素为及物动词时，复合词的语义图式为：V$_1$N$_2$＝[X$_1$（INDEF，INDEF）；[用$_{工具}$Y$_2$]]。常见的动素有"打、赔"等。以动素打$_1$和不同名素构成的复合词语义图示可用：打$_1$N$_2$＝[打$_1$（INDEF，INDEF）；[用$_{工具}$Y$_2$]]来表示。如"打表、打卦、打夯、打钎、打针"的语义分别为：施事 INDEF 用$_{工具}$表$_2$、工具占卜符号$_2$、工具夯$_2$、工具钉子$_2$、工具针$_2$计算$_1$、推算$_1$、修筑$_1$、凿开$_1$、注入$_1$受事 INDEF。动素为不及物动词时，复合词的语义图式为：V$_1$N$_2$＝[X$_1$（INDEF）；[用$_{工具}$Y$_2$]]。如以行$_1$和不同名素组成的复合词语义图示可表示为：行$_1$N$_2$＝[行$_1$（INDEF）；[用$_{工具}$Y$_2$]]。"行车、行船、行脚"的语义分别是：施事 INDEF 用$_{工具}$车$_2$、工具船$_2$、工具脚$_2$走$_1$。

7. 动作＋结果类复合词的语义关系

动作＋结果类复合词中，名素的语义范畴为抽象事物、人工物、身体构件、植物和人。动素为及物动词或不及物动词。动素为及物动词时，复合词的语义图式为：V$_1$N$_2$＝[X$_1$（INDEF）；[成为（INDEF，Y$_2$）]]。常见动素有"编、变、分"等。以编$_1$和不同名素组成复合词语义图示均可用编$_1$N$_2$＝[编$_1$（INDEF）；[成为（INDEF，Y$_2$）]]表示。该图示用了共合的原则，Y$_2$作为该事件（编$_1$）的结果论元，它和受事 INDEF 之间也存在一个活动事件，即成为（INDEF，Y$_2$）。结果论元和受事 INDEF 之间的活动事件又被复合在编$_1$事件的函数式中。如"编程、编码"的语义为施事 INDEF 编制$_1$受事 INDEF 成程序$_2$、符号$_2$。动素为不及物动词时，复合词的语义图式为：V$_1$N$_2$＝[X$_1$（成为（INDEF，Y$_2$））]。该图示用了共合的原则，Y$_2$作为该事件（X$_1$）的结果论元，它和施事 INDEF 之间也存在一个活动事件，即成为（INDEF，Y$_2$）。结果论元和施事 INDEF 之间的活动事件又被复合在 X$_1$事件的函数式中。常见的动素有"成、裂"等。以裂$_1$和不同名素组成复合词语义图示均可用裂$_1$N$_2$＝[裂$_1$（成为（INDEF，Y$_2$））]表示。如"裂缝、裂口"的语义为施事 INDEF 破裂$_1$成空隙$_2$、口儿$_2$。

8. 动作＋施事类复合词的语义关系

动作＋施事类复合词中，名素的语义范畴为抽象事物、人工物、身体构件、植物、生物（人、动物、植物）和自然物。动素大多为不及物动词，仅有几个为及物动词。名素为施事（是动作行为的发出者）和动素组成的复合词语义可概括为：N 做 V。动素为不及物动词时，复合词的语义图式为：V$_1$N$_2$＝[X$_1$（Y$_2$）]。

如一系列以变$_1$和不同名素组成的复合词语义图示为：变$_1$N$_2$＝［变$_1$（Y$_2$）］。"变形、变味、变样、变质"的语义分别是：形状$_2$、味道$_2$、属性$_2$改变$_1$。动素为及物动词时，复合词的语义图式为：V$_1$N$_2$＝［X$_1$（Y$_2$，INDEF）］。常见名素有"头、身"等。以相同名素头$_2$和不同动素组成的复合词语义图示为：V$_1$头$_2$＝［X$_1$（头$_2$，INDEF）］。如"领头、跳头"的语义为：首领$_2$带领$_1$、挑动$_1$受事 INDEF。再如厕$_1$身$_2$＝［厕$_1$（身$_2$，INDEF）］］，表示自身$_2$参与$_1$受事 INDEF。

9. 动作＋处所类复合词的语义关系

动作＋处所类复合词中，复合词有动词和名词两种词性。

复合词词性为动词时，名素的语义范畴为处所。动素为及物动词或不及物动词。动词性复合词共有三种结构义。

第一类结构义是：从 NV。动素为及物动词时，复合词的语义图式为：V$_1$N$_2$＝［X$_1$（INDEF，INDEF）］；［FROMY$_2$］］］。如劫$_1$狱$_2$＝［劫$_1$（INDEF，INDEF）］；［FROM 狱$_2$］］］，表示施事 INDEF 从监狱$_2$抢夺$_1$受事 INDEF。动素为不及物动词时，复合词的语义图式为：V$_1$N$_2$＝［X$_1$（INDEF）］；［FROMY$_2$］］］。常见的动素有"离、去、退"等。如以退$_1$和不同名素构成的一系列复合词，其语义图示可概括为：退$_1$N$_2$＝［退$_1$（INDEF）］；［FROMY$_2$］］］。"退场、退岗、退伙、退市"等词的语义分别为：施事 INDEF 从场地$_2$、职位$_2$、集体$_2$、市场$_2$离开$_1$。

第二类结构义是：向/朝 NV。动素为及物动词时，复合词的语义图式为：V$_1$N$_2$＝［X$_1$（INDEF，INDEF）；［TOWARD Y$_2$］］。常见的动素有"朝、投"等。如一系列以朝$_1$和不同名素组成的复合词语义图示可概括为：朝$_1$N$_2$＝［朝$_1$（INDEF，INDEF）；［TOWARD Y$_2$］］。"朝顶、朝山"的语义为：施事 INDEF 向顶$_2$、山$_2$礼拜$_1$受事 INDEF。动素为不及物动词时，复合词的语义图式为：V$_1$N$_2$＝［X$_1$（INDEF）；［TOWARD Y$_2$］］。如"冲$_1$天$_2$＝［冲$_1$（INDEF）；［TOWARD 天$_2$］］，表示施事 INDEF 向天空$_2$猛冲$_1$。

第三类结构义是：在 NV。动素为及物动词时，复合词的语义图式为：V$_1$N$_2$＝［X$_1$（INDEF，INDEF）；［AT/IN/ON Y$_2$］］。常见的动素有"刮、接"等。如以接$_1$和不同名素组成的一系列复合词语义图示可概括为：接$_1$N$_2$＝［接$_1$（INDEF，INDEF）；［AT Y$_2$］］。"接柜、接机、接站｜"的语义分别为：施事 INDEF 在账房$_2$、飞机场$_2$、车站$_2$接待受事$_1$ INDEF。再如刮$_1$脸$_2$＝［刮$_1$（INDEF，INDEF）；［ON 脸$_2$］］，表示施事 INDEF 在脸上$_2$刮掉$_1$受事 INDEF。动素为不及物动词时，复合词的语义图式为：V$_1$N$_2$＝［X$_1$（INDEF）；［AT/IN/ON Y$_2$］］。如一系列以冰$_2$和不同动素组成的复合词语义图示可概括为：V$_1$冰$_2$＝［X$_1$（INDEF）；［ON 冰$_2$］］。"滑冰、溜冰"的语义为：施事 INDEF 在冰上$_2$

滑动$_1$。

复合词词性为名词时，名素的语义范畴为处所。动素为及物动词。用 Z_3 表示离心复合词的语义核心，名词性复合词的语义图示为：$V_1 N_2 =$ ［人工物$_3{}^\alpha$；［得到（α）；［通过$_{Activity}$ X_1（INDEF，INDEF）；［AT/IN/ON Y_2］］］］。以名素肩$_2$和不同动素组成的复合词语义图示为：V_1 肩$_2 =$ ［人工物$_3{}^\alpha$；［得到（α）；［通过$_{Activity}$ X_1（INDEF，INDEF）；［AT/IN/ON 肩$_2$］］］］。如"垫$_1$肩$_2$" $=$ ［人工物$_3{}^\alpha$；［得到（α）；［通过$_{Activity}$垫$_1$（INDEF，INDEF）；［ON 肩$_2$］］］］，语义为：施事 INDEF 通过在肩上$_2$填充$_1$受事 INDEF 这一活动而得到的人工物$_3$。

10. 动作＋受事类复合词的语义关系

动作＋处所类复合词中，复合词有动词、名词、形容词三种词性。

复合词词性为动词时，名素的语义范畴为抽象事物、人工物、身体构件、人、植物和自然物。动素为及物动词。受事是动素所表示的动作行为的直接承受者，因此复合词的语义为：N 被 V。复合词的语义图示可概括为：$V_1 N_2 = \lfloor X_1$（Y_2，INDEF）。常见的动素有"爱、办、保"等。如以爱$_1$和不同名素组成的一系列复合词语义图示可概括为：爱$_1 N_2 =$ ［爱$_1$（Y_2，INDEF）］。"爱岗、爱国"的语义分别为：岗位$_2$、国家$_2$被施事 INDEF 热爱$_1$。再如办$_1$公$_2 =$ ［办$_1$（公$_2$，INDEF）］，表示公事$_2$被施事 INDEF 处理$_1$。

复合词词性为形容词时名素的语义范畴为抽象事物、人工物、身体构件、人。用 Z_3 表示离心复合词的语义核心，形容词性复合词的语义图示为：$V_1 N_2 =$ ［$Z_3{}^\alpha$；［得到（α）；［通过$_{Activity}$ X_1（Y_2，INDEF）］］］。用 N_3 代表复合形容词修饰的名词，则 $V_1 N_2 N_3 =$ ［$Z_3{}^\alpha$；［得到（α）；［通过$_{Activity}$ X_1（Y_2，INDEF）］］］。

复合词词性为名词时名素的语义范畴为抽象事物、人工物、身体构件、人和自然物。用 Z_3 表示离心复合词的语义核心，名词性复合词的语义图示为：$V_1 N_2 =$ ［$Z_3{}^\alpha$；［得到（α）；［通过$_{Activity}$ X_1（Y_2，INDEF）］］］。如以腿$_2$和不同动素组成的一系列复合词语义图示可概括为：V_1 腿$_2 =$ ［人工物$_3{}^\alpha$；［得到（α）；［通过$_{Activity}$ X_1（Y_2，INDEF）］］］。"绑腿、裹腿"的语义为：腿$_2$通过被施事 INDEF 捆扎$_1$、包扎$_1$这一活动而得到的布条$_3$。再如以知$_1$和不同名素组成的一系列复合词语义图示可概括为：知$_1 N_2 =$ ［人$_3{}^\alpha$；［得到（α）；［通过$_{Activity}$ X_1（Y_2，INDEF）］］］。"知事、知县"的语义分别为：事情$_2$、县$_2$通过被施事 INDEF 主管$_1$这一活动而得到的人$_3$。

第8章 现代汉语名形复合词研究

如上文所述,国内外学者在汉语名形复合词的研究上主要存在以下三个方面的争议:①复合词及其语素的词类划分。由于缺乏统一的标准,学者们在判断复合词及其内部语素的词类时,往往依据自省的方法。朱德熙(1982)认为"嘴硬"是动词,而《现代汉语词典(第7版)》则标为形容词。万惠洲(1989)、王树斋(1993)、王政红(1992)、吴长安(2002)等认为"体重、音高、波长、音长、蛋白、音强"是名形复合词,而《现代汉语词典》将其中的"重、高、长、白、强"等语素标为名词。②复合词的句法结构。有的学者认为"目睹、人造、民主"等词是主谓式,而另一些学者则认为是偏正式。汤廷池(1988)、万惠洲(1989)认为"名贵""机灵""友善""友好"是并列关系的名形结构复合词,而依据《现代汉语词典》应该被分析为形形并列结构复合词。③复合词的语素选择。张伯江、方梅(1996)认为,抽象概念名词和集体概念名词不能进入名形结构,因为空间特征不明显,而周洋(2015)发现表示抽象概念的名词(如"彪、才、技、情、神、性"等)可以与形容词结合。为了弥补前人自省式研究的不足,促进相关理论的进一步探讨,增强名形复合词结构研究的准确性和系统性,我们以《现代汉语词典》为标准,提取其收录的359个双音节名形复合词,运用构式形态学理论,分析此类复合词的形态和语义的互动关系,从而深入探讨一些有争议的问题和语言现象。

8.1 名形复合词的形态句法特征

首先我们对名形复合词的词类分布进行统计和分析,结果见表8-1。

表8-1 名形复合词的词类分布

词类	数量	百分比(%)	例词
形容词	290	80.78	胆小、冰冷、火红、金黄、年迈

词类	数量	百分比（%）	例词
名词	55	15.32	侧近、才俊、利好、家常、路痴
动词	11	3.06	彪炳、齿冷、脸红、情急、瓦全
副词	3	0.84	径直、麻利、时常
合计	359	100	

　　上表显示，绝大部分的名形复合词为形容词。这类复合词从句法结构上来分析，可以分为两类：一类是状中结构。另一类是主谓结构。状中结构的复合词中名素作为状语修饰形容词，基本上属于向心的。而主谓式复合词全部是离心的。复合词中的名素大多是人体部位，如"胆怯、耳尖、口重、脸热、面善、皮实、手软、头大、心急、眼红、嘴刁"等，描写的是人物的性格特征。名词复合词中的形素在词汇化过程中，其内部语素在语义和语法功能上发生了变异。随着语法位置的改变，形素进行了"重新分析"，从而产生词类的改变。但这种改变还未彻底，因此同一形态的复合词分属两个词类。比如"姜黄"一词。当它用作形容词时，意为"像姜那样的黄"，"黄"起到形容词的作用，类似的复合词有"金黄、鹅黄、橙黄、葱绿"等。而当它用作名词时，意为"多年生草本植物，叶子很大，根状茎卵圆形，深黄色，花黄色"，"黄"的语法功能为名词，类似的复合词有"韭黄、篾黄、蒜黄、篾青"等。动词复合词基本上是主谓结构，属于离心复合词。

　　然后，我们来分析一下名形复合词的句法结构，统计数据见表 8 - 2：

表 8 - 2　名形复合词的句法结构

句法结构	数量	百分比（%）	例词
主谓结构	160	44.57	耳背、口紧、面熟、命大、情急
状中结构	147	40.95	笔挺、碧绿、肤浅、火烫、铅灰
并列结构	33	9.19	秋凉、权贵、洋红、秋凉、地黄
定中结构	19	5.29	枫香、光亮、月亮、神明、天空
合计	359	100	

　　从表 8 - 2 可以看出，名形复合词的句法结构绝大部分为主谓结构和状中结构。但是也有少量的并列结构和定中结构。沈怀兴（1998）、房艳红（2001）等认为并列构词只限于同性语素内部的组合。我们的统计结果并不支持这种说

法。朱德熙先生(1956)认为在"煞白、冰凉、通红 、喷香 、稀烂"等复合词中前一个音节已经丧失了原来的意义,接近于前缀的性质。我们赞成吴长安(2002)的意见,这些复合词中的名素具有实际的意义,并未虚化成词缀。但是吴长安认为名词修饰形容词的复合词中的形素有四种语义类型(表示颜色、味觉、感觉、形状),名素只有两种语义类型(表示具体事物名称、地名)。我们发现这种观点并不全面。名素的语义类型还有"神、时、性"等抽象名词,这与周洋(2015)的观点一致。

8.2 名形复合词的语义关系

据我们考察,名形复合词有 14 种语义关系,以下进行逐一分析,并用构式形态学的图式概括其构式义。

1. 主谓结构复合词的语义关系

这类复合词有三种词类:名词、动词和形容词,全部是离心复合词。

名词复合词中的形素已经活用成名词。其语义图式为:

(1) $<[N_k A_i]_{Nj} \leftrightarrow [\text{State of } N_k \text{ is } A_i]_j>$
   构式义:名素的状态是形素。
   例词:耳顺、色弱、利好、利多、腋臭等。

动词复合词的形素基本上属于动态的,活用成动词。其语义图式为:

(2) $<[N_k A_i]_{Vj} \leftrightarrow [\text{Action of } N_k \text{ is } A_i]_j>$
   构式义:名素变形素
   例词:脸红、情急、彪炳、齿冷、天亮等。

形容词复合词的语义图式为:

(3) $<[N_k A_i]_{Aj} \leftrightarrow [\text{Having the feature of } N_k \text{ which is } A_i]_j>$
   构式义:具有名素是形素特征的
   例词:面熟、年轻、皮实、气急、手慢等。

2. 并列结构复合词的语义关系

并列结构复合词同样有三种词类:名词、动词和形容词。

名词复合词中的名素基本上表示地点或时间,形素已活用成名素,表示具有形素的特征事物。语义图式为:

(4) $<[N_k A_i]_{Nj} \leftrightarrow [\text{Thing which is at } N_k \text{ and that is } A_i]_j>$
构式义:位于/发生在名素而且是形素的事物
例词:地黄、冬青、秋凉、家常、侧近、滇红等。

动词复合词只有一个,它的形素活用成动词。其语义图式为:

(5) $<[N_k A_i]_{Vj} \leftrightarrow [\text{Action which is at } N_k \text{ and that is } A_i]_j>$
构式义:发生在名素而且是形素的动作
例词:晚安。

形容词复合词的语义图式为:

(6) $<[N_k A_i]_{Aj} \leftrightarrow [\text{Having the feature of both } N_k \text{ and } A_i]_j>$
构式义:具有名素和形素特征的
例词:时新、条畅、乡僻、妖冶等。

3. 偏正结构复合词的语义关系

偏正结构复合词有四种词类:名词、动词、形容词和副词。

名词复合词的语义分为两种。第一种复合词的中心词是名素,形素修饰名素。有些形素已经失去原有的词义,复合词成了弹性词。其语义图式为:

(7) $<[N_k A_i]_{Nj} \leftrightarrow [N_k \text{ which is } A_i]_j>$ 或者
(8) $<[N_k A_i]_{Nj} \leftrightarrow [N_k]_j>$
构式义:形素的名素或者名素
例词:光亮、光明、技巧、月亮、神明、檀香等。

第二种名词复合词的形素已经活用成名词,名素修饰名素,表示地点或形素的上义词。其语义图式为:

(9) $<[N_k A_i]_{Nj} \leftrightarrow [N_i \text{ which is } A_i \text{ and which is at } N_k]_j>$ 或者
(10) $<[N_k A_i]_{Nj} \leftrightarrow [N_i \text{ which is } A_i \text{ and which is a kind of } N_k]_j>$

构式义:产于名素并且具有形素特征的东西或者具有形素特征并且是名素一类的东西。

例词:滇红、苏红、祁红、韭黄、鹅黄、蛋黄等。

动词复合词只有一个,其语义图式为:

(11) $<[N_k A_i]_{Vj} \leftrightarrow [Make\ N_k\ become\ A_i]_j>$

  构式义为:使……变得像名素一样形素。

  例词:规正。

形容词复合词有两类。第一类中的名素用作状语,修饰形素。两者构成比喻,名素为喻体,形素为喻底。其语义图式为:

(12) $<[N_k A_i]_{Aj} \leftrightarrow [as\ A_i\ as\ N_k]_j>$

  构式义:像名素一样形素的

  例词:血红、肤浅、火热、金黄等。

另一类复合词的两个语素构成因果关系,名素为因,形素为果。其语义图式为:

(13) $<[N_k A_i]_{Aj} \leftrightarrow [A_i\ caused\ by\ N_k]_j>$

  构式义:名素引起的形素

  例词:油香、油酥、风凉、雷同等。

副词复合词的语义关系与形容词复合词的第一类相同。名素用作状语,修饰形素。两者构成比喻,名素为喻体,形素为喻底。其语义图式为:

(14) $<[N_k A_i]_{ADVj} \leftrightarrow [as\ A_i\ as\ N_k]_j>$

  构式义:像名素一样形素地

  例词:径直、麻利等。

第 9 章　结语

本书研究以《现代汉语词典(第 7 版)》为语料来源,并以词典中词条的词类标注和释义为标准,对其中收录的所有双音节复合词的内部语素进行词类标注。在此基础上,提取出最为常见的语素组合的复合词:名名、动名、名动、名形等,然后对各类复合词的词类、句法结构、语义关系、中心词等多个层面进行了穷尽性的标注,建立了现代汉语双音复合词数据库。在数据统计的基础上,探讨了复合词内部语素组合的一般规律和复合词中心词的整体分布情况,考察了多词义双音节复合词的跨类现象,统计并分析了各类双音节复合词的词类分布特点和语法结构类型及其比例,并运用平行构架理论和构式形态学理论对复合词句法结构和语义的互动关系进行了比较详尽的探究。本研究主要有以下几个方面的发现:

首先,在汉语双音节复合词的语素组合规律方面,我们发现,单词义复合词内部语素组合共有 82 种类型,而多词义复合词只有 68 种;所有 12 种词类都参与构词,但绝大部分复合词由名、动、形三大词类相互组合而成;除副词复合词外,复合词与其某一语素的语法范畴基本一致;名、动两类复合词基本上属于向心构式,大部分的形容词复合词也属于向心构式,而副词复合词的内部语素组合最为复杂,大多属于离心构式。

其次,在复合词的多义性和兼类现象方面,多词义的双音节复合词中有 72.65% 的复合词属于单词类,兼类词只占 27.35%。可见,兼类现象并不常见,有很多限制。复合词的词类转变基本上发生在名、动、形、副等四大词类之间,名动转类就占一半以上。多词义的双音复合词最少有两个词义,最多有八个词义,而绝大部分多义复合词只有两个或三个词义。

然后,在形态句法特征方面,各种语素组合的复合词表现各不相同。

名名复合词有名、动、形、副、量、代等六种词类,基本上是名词,占 98.53%。此类复合词有偏正、并列、偏义等三种句法结构,其中偏正结构约占 90%。我们还考察了并列结构名名复合词的素序限制因素及其等级排列。经过统计发现,并列结构名名复合词的素序既受到语音条件的制约,还受到语义条件的制约。语音制约因素有声调、声母清浊、和韵母长短等,它们的等级排列顺序为:声调制约＞声母清浊制约＞韵母长短制约;语义制约因素有时间象似性、亲密体验度和优先性等,其等级排列顺序为:时间象似性制约＞亲密体验度制约＞优先性制约。语音制约因素发挥作用的范围比语义制约因素大,但是语音制约因素发挥作用的强度比语义制约因素小,也就是说,当语音制约因素和语义制约因素发生冲突时,要优先满足语义制约因素。

名动复合词有动、名、形、副、介、连等六种词类,超过90%是动词和名词。从中心词的角度来看,Packard(2001)的观点是:汉语复合词中名词的右语素是名词,动词的左语素是动词。但是,我们统计的结果并不支持这一论断。动词性的名动复合词基本上是右中心的偏正结构,右语素是动词。名词性的名动复合词的名素却位于左边,但名素并不是中心词,复合词基本上是离心的。从句法结构上来分析,名动复合词有三种句法结构:主谓、状中和动宾。董秀芳(2002)、邓思颖(2008)、盛明波(2009)、王铭宇(2011)等人认为,主谓结构复合词的名素为无生名词,名素的论元角色为当事或主事而非施事。统计结果发现,主谓结构复合词的名素也含有有生名词,其论元角色可以是施事。上述学者还认定主谓式复合词的动素必须是不及物动词。我们发现主谓式名动复合词的动素既有及物动词,也有不及物动词。朱德熙(1985)、马真(1988)等认为名词不能做状语,但是偏正结构名动复合词的名素基本上用作状语。冯胜利(2004)认为双音节的动宾结构做定语时,不能修饰单音节名词。但是许多动宾式动名复合词是可以修饰单音节名词的。

动名复合词有动、名、形等三种词类,大部分是动词,占62.54%。此类复合词的句法结构也很简单,只有动宾和偏正两类。动宾是典型结构,占66.8%。

名形复合词有形、名、动、副等四种词类,形容词占绝大多数,占了80.78%的比例。其句法结构有主谓、状中、并列、定中等四种。张伯江、方梅(1996)认为,抽象概念名词和集体概念名词不能进入名形结构,因为空间特征不明显。然而,名形复合词中的名素有一些表示抽象概念的名词。沈怀兴(1998)、房艳红(2001)等认为并列构词只限于同性语素内部的组合。我们的统计结果并不支持这种说法。

最后,在复合词内部语素的语义关系方面,所有语素组合复合词的语义都比较复杂,名名复合词尤甚。Li、Thompson(1981)认为名名复合词的语义关系无法穷尽,他们仅列出了21种常见的语义关系。谭景春(2010)归纳出了12种主要类型的名名偏正结构语义关系。通过语料分析,我们发现,偏正式名名复合词有17种语义关系,37种结构义;并列式名名复合词有5种语义关系,6种结构义,偏义式名名复合词有两种语义关系和结构义。在名动复合词中,偏正式复合词有 19 种语义关系,主谓式复合词有 5 种语义关系,动宾式复合词有 6种语义关系。尽管动名复合词的句法结构并不复杂,但是语义类型却很繁杂。从名素的论元角色来划分,偏正结构复合词有 14 种语义关系,17 种结构义;动宾结构复合词有 11 种语义关系,16 种结构义。名形复合词数量上比较少,语义关系也相对来说要少得多,总共只有 14 种语义关系。朱德熙先生(1956)认为在"煞白、冰凉、喷香 、稀烂"等名形复合词中前一个音节已经丧失了原来的意义,接近于前缀的性质。实际上,这些复合词中的名素具有实际的意义,并未虚化成词缀。但是吴长安(2002)认为名词修饰形容词的复合词中的形素有四种语义类型(表示颜色、味觉、感觉、形状),名素只有两种语义类型(表示具体事物名称、地名)。我们发现这种观点并不全面。

正如黎锦熙先生(1955)所说,考察复合词的结构可以从两个角度进行,一是语素的词类组合,二是语素的语法关系,两者应当是统一的,能补正彼此的缺点。平行构架理论和构式形态学理论都运用构式图式描写复合词的形义配对,能够比较清晰地勾画出复合词内部语素之间形态、句法和语义的互动关系。

本书研究为汉语双音节复合词结构的分析提供了大量新数据,并与前人的研究进行比较,验证了前人的研究成果并指出了前人的一些不足。但是由于时间上的局限,我们仅对其中四类语素组合的复合词进行了统计分析。利用这些数据,我们将来可以进一步研究其他语素组合的双音节复合词,还可以利用复合词的结构义,探讨和改进各类复合词的词典释义模式,为现代汉语规范词典的编纂和修订提供有力的支持。英汉语复合词无论在形态、句法结构还是在语义关系上都有异同。若能建立英语复合词的数据库,对英汉语复合词的形态、句法和语义等多方面进行全面的对比研究,则能有助于深刻理解复合词的构词机制,有助于英汉语的词汇教学和研究。

附　录

附录1　现代汉语名名复合词词表
（限于篇幅，只提供部分例词）

偏正结构

爱称	爱神	氨水	岸标	岸炮	案板	案犯	案件	案例	案由	吧女
吧台	疤痕	笆篓	靶场	靶船	靶机	靶心	白班	班会	斑鸠	斑马
斑蝥	斑竹	板壁	板材	板凳	板斧	板楼	板鸭	板烟	板油	版画
版主	榜书	雹灾	保费	报端	报馆	报人	报社	报亭	报童	报务
报眼	暴民	暴徒	杯赛	背筐	碑额	碑记	碑林	碑铭	碑首	碑拓
碑头	碑文	碑阴	碑志	碑座	北非	北国	北欧	北货	贝壳	背鳍
被袋	鼻尖	鼻涕	鼻息	鼻烟	鼻翼	鼻音	笔供	笔架	笔帽	笔筒
笔芯	笔友	笔资	壁报	壁布	壁橱	壁灯	壁柜	壁画	壁炉	壁饰
壁毯	壁障	壁纸	壁钟	臂章	边岸	边锋	边幅	边关	边患	边民
边卡	边塞	边事	边务	边线	边寨	鞭毛	匾文	标灯	标金	标牌
标石	标书	镖客	镖师	镖胶	宾馆	殡车	冰镩	冰袋	冰灯	冰雕
冰镐	冰窖	冰瓶	冰砖	冰锥	兵法	兵乱	兵书	兵燹	兵营	兵灾
饼铛	饼肥	饼干	病床	病害	病假	病句	病菌	病魔	病区	病人
病容	病榻	病体	病休	病友	病员	病院	病株	波纹	帛画	帛书
才女	才子	材树	财迷	财神	财务	财险	财主	彩车	彩蛋	彩民
彩棚	彩陶	彩页	菜霸	菜刀	菜馆	菜金	菜牛	菜农	菜圃	菜畦
菜青	菜色	菜市	菜羊	菜油	菜园	餐车	餐点	餐馆	餐巾	餐具
餐厅	餐位	餐纸	餐桌	蚕箔	蚕蔟	蚕蛾	蚕茧	蚕农	蚕沙	蚕丝
蚕蚁	蚕纸	蚕子	仓房	操场	操典	漕河	漕粮	槽床	草荐	草帽
草民	草屋	草鞋	草药	草纸	侧门	侧翼	侧泳	侧枝	层林	层峦

茶吧　茶匙　茶炊　茶馆　茶会　茶几　茶晶　茶镜　茶具　茶楼　茶炉
茶农　茶盘　茶社　茶锈　茶叶　茶油　茶砖　柴草　柴扉　柴门　禅堂
禅学　禅院　禅杖　长款　场屋　肠液　厂标　厂房　厂价　厂区　厂商
厂休　唱本　唱片　朝服　潮剧　潮位　潮绣　车把　车帮　车标　车匣
车祸　车技　车库　车筐　车流　车牌　车棚　车篷　车皮　车钱　车身
车市　车手　车胎　车条　车位　车厢　车辕　车站　车辙　车资　车组
晨报　晨光　晨曦　蛏干　蛏田　城堡　城根　城关　城际　城郊　城楼
城墙　秤锤　秤钩　鸱尾　池盐　池座　齿轮　翅席　虫害　虫灾　重围
重霄　重洋　厨房　厨具　厨师　川贝　川菜　川地　川剧　川芎　船帮
船埠　船舱　船夫　船家　船民　船钱　船艄　船台　尘毒　船帮　葱花
东非　东欧　东魏　东亚　房舱　光束　汗颜　火星　季春　季冬　季秋
季夏　客官　莲菜　卵翼　煤末　孟春　孟冬　孟秋　孟夏　炮车　仆妇
山脉　石林　石笋　事例　蒜黄　蒜泥　题海　土牛　瓦砾　文豪　文凭
西非　西欧　西亚　下颌　线春　心潮　血泪　血水　月度　月轮　云层
云海　云气　韵书　宅院　栈桥　针砭　支脉　支线　枝杈　枝条　纸板
仲春　仲冬　仲秋　仲夏　传略　字幅　船坞　船舷　船员　船长　串珠
窗花　窗帘　窗幔　窗纱　窗扇　床板　床单　床帏　春饼　春潮　春寒
春荒　春晖　春假　春节　春雷　春联　春梦　春试　春笋　春闱　春宵
春汛　春运　春装　唇笔　唇膏　唇音　疵品　词典　词谱　词人　瓷器
瓷土　瓷窑　瓷砖　磁卡　磁盘　磁体　磁条　磁铁　磁针　翠绿　村妇
村姑　村塾　村学　寸楷　寸头　傣剧　带鱼　弹道　弹弓　弹痕　弹坑
弹片　弹头　蛋雕　蛋糕　蛋黄　蛋鸡　蛋清　刀背　刀刃　岛国　岛弧
道班　道场　道姑　道观　道袍　道藏　道砟　德育　电霸　电车　电刀
电灯　电弧　电教　电铃　电炉　电扇　电石　电梯　电筒　电信　电钟
电子　店东　店堂　店员　殿试　蝶泳　丁坝　钉螺　钉帽　钉耙　顶楼
鼎足　冬菇　冬笋　冬闲　冬衣　冬装　侗剧　侗族　栋梁　斗笔　斗车
斗胆　斗室　豆包　豆饼　豆浆　豆奶　豆蓉　豆沙　豆油　毒草　毒刺
毒饵　毒犯　毒剂　毒蛇　毒腺　毒枭　毒药　毒液　毒瘾　毒资　队日
队医　舵轮　舵盘　鹅毛　鹅绒　额外　恩人　恩师　儿歌　儿科　耳环
耳孔　耳轮　耳门　耳饰　耳针　耳坠　法场　法槌　法典　法官　法警
法盲　法器　法帖　法网　法学　法衣　法医　法院　发胶　发蜡　发廊
发卡　发网　帆樯　饭馆　饭盒　饭囊　饭铺　饭厅　饭桶　饭庄　饭桌
范本　方材　方队　方志　方桌　坊本　房本　房东　房基　房客　房契
房钱　房檐　房展　房主　房租　妃色　腓骨　匪巢　匪患　匪祸　匪首

匪穴	分米	汾酒	粉肠	粉尘	粉坊	粉皮	粉条	风斗	风害	风戽
风镜	风口	风门	风磨	风衣	风灾	风障	风筝	蜂巢	蜂毒	蜂房
蜂糕	蜂蜡	蜂蜜	蜂箱	佛龛	佛学	福相	福星	父辈	父执	妇科
腹地	腹稿	盖碗	杆菌	干校	赣剧	赣语	钢包	钢笔	钢材	钢管
钢轨	钢花	钢盔	钢坯	钢瓶	钢水	钢丝	缸盆	缸瓦	缸砖	膏剂
稿酬	稿费	稿荐	稿纸	歌手	歌厅	歌星	葛布	工本	工残	工潮
工卡	工棚	工伤	功臣	股迷	股民	股票	股灾	瓜农	官邸	官迷
管材	光刀	光能	光年	光学	桂冠	桂剧	国耻	国歌	国格	国界
国君	国力	国门	国民	国戚	国旗	国企	国土	果茶	果冻	果酱
果胶	果酒	果农	果盘	果皮	果肉	果园	果汁	海菜	海带	海风
海军	海蓝	海里	海轮	海螺	海滩	海图	海盐	海鱼	海员	海藻
汗碱	汗腺	汗渍	夯歌	蚝油	号兵	号炮	号手	号衣	毫米	河鱼
荷塘	盒带	盒饭	洪灾	鸿毛	弧度	湖笔	湖绉	虎将	虎劲	虎口
虎穴	户政	户主	沪剧	花茶	花车	花丛	花灯	花房	花粉	花梗
花环	花架	花农	花瓶	花圃	花市	花坛	花园	花障	花砖	画报
画屏	画页	画院	画轴	画作	话费	话剧	怀表	皇宫	皇冠	皇后
皇亲	皇权	皇子	蝗灾	灰膏	徽菜	徽剧	徽墨	汇民	会场	会费
婚纱	婚事	婚俗	火海	火花	火炕	火镰	火煤	火盆	火器	火绒
火绳	火速	火性	火印	火灾	火种	火烛	火主	火柱	货舱	货场
货车	货船	货机	货款	货郎	货轮	货梯	货主	祸根	祸首	祸胎
饥民	饥色	机场	机车	机床	机徽	机件	机井	机米	机群	机时
机务	机芯	鸡冠	鸡精	鸡肋	吉剧	极地	极夜	极昼	集日	脊柱
技工	技校	季刊	家财	家产	家电	家馆	家规	家具	家谱	家务
家信	家贼	假期	假日	假条	间距	肩窝	肩章	碱荒	剑客	剑麻
剑眉	剑侠	箭楼	箭镞	江轮	江豚	奖杯	奖金	奖品	奖旗	奖章
奖状	将官	将领	将令	将帅	酱色	酱油	酱园	郊区	郊外	郊野
胶带	胶卷	胶囊	胶鞋	胶靴	椒盐	焦距	蕉农	礁石	角楼	角门
角票	脚背	脚底	脚法	脚跟	脚迹	脚尖	脚镣	脚炉	脚轮	脚面
脚盆	脚蹼	脚心	脚癣	脚印	脚趾	脚注	脚镯	教案	教本	教鞭
教材	教辅	教规	教具	教龄	教区	教室	教堂	教务	阶地	街灯
街景	街垒	街门	街区	街舞	节礼	姐夫	姐丈	界碑	界标	界河
界山	界石	界域	界约	界桩	今后	金笔	金币	金箔	金疮	金库
金瓯	金条	锦旗	晋剧	京白	京官	京胡	京腔	荆条	粳米	井架
井台	井盐	颈椎	警车	警灯	警风	警服	警官	警棍	警花	警龄

警犬	警嫂	警务	警械	警员	镜台	镜匣	酒吧	酒馆	酒花	酒器
酒钱	酒曲	酒糟	酒盅	舅父	舅妈	舅母	舅嫂	局外	剧场	剧团
锯齿	锯条	军车	军刀	军法	军费	军服	军港	军官	军粮	军龄
军品	军人	军士	军事	军属	军团	军校	军医	军乐	军装	军权
炕梢	炕头	炕席	考场	考纪	考期	考区	科场	刻本	客舱	客车
客店	客房	客机	客轮	客票	客厅	客位	课时	课室	课堂	课外
课余	坑木	空警	空军	空难	空勤	空域	空战	口杯	口技	口粮
口马	口器	口琴	口信	口谕	库房	裤兜	裤腰	块根	块茎	矿层
矿灯	矿工	矿井	矿警	矿坑	矿难	矿区	矿泉	矿砂	矿山	矿渣
葵扇	昆腔	腊月	蜡版	蜡笔	蜡花	蜡台	蜡像	辣酱	狼毫	狼烟
廊檐	牢房	雷暴	雷场	雷公	雷区	雷雨	泪痕	泪花	泪腺	泪眼
泪液	泪珠	梨膏	犁铧	犁镜	篱栅	礼包	礼兵	礼单	礼服	礼花
礼金	礼堂	礼物	礼遇	力畜	历书	利差	例句	例题	例言	例证
栗色	砾漠	连队	莲蓬	莲蓉	莲子	脸颊	脸庞	恋歌	粮农	粮食
粮栈	粮站	量词	料酒	料器	林带	林地	林海	林农	林涛	林网
林下	林业	林苑	林政	磷肥	鳞波	凌汛	凌灾	岭南	领带	领钩
领结	领巾	领章	令箭	榴火	柳眉	柳丝	柳体	柳条	柳絮	柳腰
龙船	龙灯	龙宫	陇剧	垄沟	楼板	楼层	楼道	楼房	楼梯	芦席
炉龄	炉台	炉瓦	颅骨	鲁菜	陆稻	陆军	陆战	路霸	路灯	路段
路费	路警	路局	路况	路面	路牌	路椅	路障	路政	露珠	旅伴
旅次	旅店	旅费	旅馆	旅社	旅舍	铝粉	峦嶂	卵石	轮埠	轮机
轮椅	螺号	麻布	麻袋	麻刀	麻纺	麻酱	麻脸	麻绳	麻糖	麻线
麻衣	麻油	麻渣	马鞭	马道	马灯	马镫	马店	马夫	马倌	马号
马脚	马厩	马裤	马力	马鬃	麦季	麦酒	麦浪	麦芒	麦片	麦秋
麦豉	蟒袍	猫步	猫鱼	毛笔	毛布	毛豆	毛纺	毛孩	毛料	毛皮
毛毯	毛线	毛衣	茅棚	茅舍	茅屋	锚地	锚位	卯时	帽耳	帽徽
帽舌	帽檐	眉笔	眉梢	媒介	媒婆	煤层	煤球	煤田	煤渣	煤砖
美学	镁光	妹夫	妹婿	门匾	门钹	门钉	门对	门墩	门额	门警
门镜	门框	门帘	门联	门铃	门牌	门神	门闩	门厅	门卫	盟邦
盟国	盟军	盟誓	盟约	米醋	米饭	米酒	米色	蜜色	蜜腺	绵绸
棉饼	棉布	棉铃	棉农	棉纱	棉桃	棉线	棉籽	面点	面坊	面肥
面馆	面颊	面膜	面食	面塑	面汤	面条	面罩	苗床	苗剧	苗木
苗圃	苗绣	秒表	庙会	篾黄	篾匠	篾青	篾条	民船	民房	民航
民品	民企	民事	民宅	闽菜	闽剧	闽语	名册	名次	名单	名教

名签　名帖　名章　命案　命根　模本　模式　魔掌　魔杖　魔障　魔爪
墨镜　墨玉　墨汁　磨扇　模板　母乳　木版　木本　木材　木船　木雕
木耳　木筏　木屐　木匠　木偶　木排　木器　木琴　木炭　墓碑　墓道
幕后　暮霭　暮气　暮色　钠灯　奶粉　奶酒　奶酪　奶羊　氖灯　男科
南货　难民　难侨　难友　脑干　内宾　内部　内地　内弟　内耳　内封
内踝　内径　内镜　内陆　内乱　内贸　内难　内企　内亲　内室　内水
内兄　内需　内宅　内战　内争　内政　内侄　能效　能源　泥人　泥塑
泥胎　泥雨　年表　年成　年初　年底　年关　年会　年级　年历　年末
年谱　年尾　年薪　年夜　年中　年终　尿布　尿道　孽根　孽债　牛黄
牛毛　牛蛙　牛鞅　农场　农村　农夫　农妇　农户　农活　农机　农家
农具　农民　农奴　农人　农舍　农时　农事　农田　农学　农谚　农药
农业　农艺　弩箭　女权　女色　女神　女声　女史　女士　傩神　瓯绣
欧元　藕粉　藕荷　藕灰　藕色　排笔　排筏　排骨　排律　排枪　排头
排尾　牌坊　牌价　旁白　旁边　旁门　炮兵　炮弹　炮灰　炮火　炮舰
炮楼　炮手　炮塔　炮台　炮膛　炮衣　盆地　盆花　盆景　盆腔　棚户
皮包　皮层　皮尺　皮带　皮革　皮货　皮具　皮库　皮囊　皮球　皮试
皮艇　皮疹　皮脂　皮重　片头　片尾　片源　票额　票根　票箱　票友
票证　频带　频段　频谱　品名　品目　品牌　品行　凭单　凭据　凭照
凭证　瓶胆　瓶啤　萍踪　婆媳　仆从　蒲棒　蒲草　蒲墩　蒲剧　蒲绒
蒲扇　蒲团　谱表　谱牒　谱号　铺板　铺面　铺位　瀑布　妻弟　妻舅
期间　期刊　期考　期末　期限　期中　期终　漆布　漆匠　漆皮　漆器
脐带　畦田　骑枪　棋路　棋迷　棋盘　棋谱　棋赛　棋坛　棋子　旗杆
旗号　旗袍　旗人　旗手　旗语　气泵　气层　气窗　气锤　气缸　气功
气锅　气井　气楼　气泡　气枪　气球　气态　气体　气田　气筒　气温
气压　气焰　汽车　汽锤　汽灯　汽笛　汽酒　汽水　契约　器具　器皿
器物　器乐　铅版　铅笔　铅灰　铅丝　铅字　前臂　前边　前尘　前敌
前额　前房　前夫　前汉　前襟　前景　前科　前例　前年　前妻　前怨
前人　前任　前日　前晌　前哨　前生　前世　前天　前贤　前嫌　前线
前夜　前站　前兆　前震　前肢　前缀　钱包　钱眼　钱庄　黔剧　纤夫
纤绳　芡粉　芡实　羌笛　羌族　枪刺　枪弹　枪杆　枪机　枪口　枪手
枪栓　枪膛　枪战　墙报　墙根　墙角　墙裙　墙纸　侨胞　侨眷　侨商
侨属　侨务　侨资　桥墩　桥孔　桥头　桥堍　壳斗　琴键　琴师　琴书
青工　氢弹　氢气　情场　情敌　情调　情分　情歌　情怀　情郎　情侣
情诗　情书　情丝　情网　情债　琼浆　琼剧　秋毫　秋季　秋假　秋粮

秋色	秋试	秋天	秋闱	秋汛	囚衣	酋长	球场	球胆	球刀	球果
球技	球茎	球菌	球迷	球面	球拍	球赛	球台	球体	球心	球星
球衣	球艺	球员	区旗	区位	区域	曲率	圈椅	权标	权臣	权奸
权限	泉流	泉眼	拳师	拳手	拳术	券种	鹊桥	裙带	裙房	裙裤
群情	热力	热量	热能	热学	热源	人潮	人祸	人际	人迹	人间
人力	人流	人伦	人脉	人命	人权	人身	人生	人声	人士	人体
人像	人性	人意	人证	日班	日斑	日报	日场	日程	日戳	日珥
日光	日暑	日后	日华	日间	日历	日冕	日内	日前	日色	日薪
日圆	日晕	日志	日中	日妆	戎装	绒布	绒花	容光	肉畜	肉感
肉冠	肉鸡	肉牛	肉排	肉皮	肉票	肉鳍	肉禽	肉色	肉质	儒将
儒商	儒术	儒医	乳畜	乳剂	乳牛	乳腺	乳汁	乳脂	箬帽	塞北
塞外	伞兵	衣服	丧钟	色光	色觉	色素	沙暴	沙袋	沙雕	沙害
沙荒	沙金	沙坑	沙漠	沙鸥	沙碛	沙丘	沙瓢	沙滩	沙土	沙灾
沙洲	沙嘴	纱布	纱橱	纱窗	纱灯	砂布	砂锅	砂浆	砂姜	砂轮
砂糖	砂型	砂眼	砂样	砂纸	霎时	筛管	山坳	山城	山村	山巅
山顶	山峰	山歌	山谷	山国	山洪	山脊	山涧	山脚	山结	山口
山岚	山梁	山路	山麓	山炮	山坡	山墙	山区	山泉	山势	山洼
山坞	山系	山峡	山乡	山崖	山腰	山嘴	扇贝	扇骨	扇形	扇坠
膳费	商标	商船	商德	商店	商法	商贩	商港	商贾	商海	商行
商号	商户	商会	商家	商界	商旅	商人	商社	商亭	商务	商业
商誉	晌午	上边	上代	上古	上颌	上焦	上界	上空	上年	上体
上午	上旬	上衣	上肢	上装	梢头	艄公	绍剧	舌苔	蛇胆	蛇毒
蛇足	社情	社群	社员	申时	绅士	神龛	神位	神学	婶母	婶娘
婶婆	生计	生源	声波	声场	声浪	声谱	声速	声学	声源	声乐
声障	绳梯	省城	圣旨	师德	师事	诗集	诗句	诗律	诗人	诗坛
诗兴	诗意	诗作	尸位	石版	石笔	石材	石舫	石级	石匠	石窟
石蜡	石料	石煤	石漠	石锁	石油	时点	时机	时势	时速	时下
时限	时序	时钟	食管	史官	史馆	史话	史籍	史料	史略	史前
史乘	史诗	史书	史学	士气	士人	士卒	士族	世弊	世纪	世间
世局	世情	世人	世上	世事	世兄	市标	市电	市花	市话	市徽
市价	市郊	市井	市况	市貌	市民	市区	市容	市声	市树	市镇
市政	市值	市制	势能	事后	事假	事理	事前	事实	事态	事先
事项	事宜	柿饼	柿霜	手把	手包	手背	手表	手柄	手感	手稿
手鼓	手机	手迹	手卷	手铐	手雷	手链	手令	手炉	手锣	手模

手枪　手势　手套　手癣　手语　手谕　手札　手掌　手杖　手纸
手镯　首饰　寿斑　寿辰　寿诞　寿礼　寿联　寿面　寿桃　寿穴　寿筵
寿幛　兽环　兽医　兽疫　书案　书包　书背　书场　书橱　书坊　书房
书稿　书柜　书号　书后　书脊　书架　书局　书口　书库　书录　书眉
书面　书生　书市　书套　书亭　书童　书屋　书系　书业　书院　书斋
书桌　叔伯　叔父　叔母　叔祖　塾师　蜀锦　蜀绣　鼠标　曙色　术科
树墩　树干　树冠　树胶　树篱　树龄　树梢　树身　树阴　数表　数词
数据　数位　数学　数珠　栓皮　霜晨　霜期　霜天　霜灾　水泵　水表
水彩　水产　水葱　水刀　水稻　水碓　水感　水工　水果　水害　水华
水患　水荒　水碱　水具　水军　水库　水雷　水力　水路　水磨　水能
水鸟　水汽　水橇　水禽　水渠　水蛇　水师　水手　水塔　水田　水网
水箱　水榭　水烟　水域　水灾　水黾　水藻　水闸　水珠　水族　税额
税法　税基　税金　税款　税卡　税务　税源　税制　朔方　朔风　朔月
丝绸　丝绵　丝绒　丝线　巳时　松花　松墙　松球　松仁　松涛　松香
松针　松脂　苏菜　苏剧　苏绣　素席　塑钢　塑料　酸雾　酸雨　蒜薹
蒜头　岁初　岁杪　岁末　岁首　隧道　隧洞　孙女　孙子　蓑衣　索道
塔林　塔台　塔钟　胎毒　胎发　胎记　胎毛　胎膜　台胞　台笔　台币
台布　台步　台词　台灯　台风　台海　台历　台扇　苔原　摊位　摊主
滩地　滩头　痰桶　痰盂　檀板　炭画　炭墼　炭盆　汤匙　汤罐　汤锅
汤壶　汤剂　汤面　汤色　汤药　汤圆　唐装　堂房　堂鼓　堂倌　堂会
塘坝　塘堰　膛线　糖弹　糖房　糖瓜　糖人　糖色　糖衣　糖纸　桃符
陶管　陶器　陶塑　陶土　陶文　陶艺　套菜　套餐　套服　套路　套票
套曲　套裙　套衫　套装　藤牌　梯形　题花　题记　题库　蹄筋　体操
体力　体坛　体温　体校　体癣　体液　体重　天帝　天电　天宫　天河
天际　天籁　天蓝　天色　天神　天数　天体　天条　天文　天仙　天涯
天意　田赋　田埂　田家　田间　田坎　田螺　田契　田赛　田鼠　田庄
条案　条幅　条几　条码　条目　条文　条纹　髫龄　髫年　铁窗　铁道
铁轨　铁画　铁匠　铁路　铁皮　铁锹　铁纱　铁水　铁丝　铁索　铁锨
铁芯　铁锈　铁艺　汀线　听啤　庭院　桐油　铜版　铜杯　铜币　铜鼓
铜匠　铜绿　铜钱　铜锈　铜圆　童工　童话　童年　童声　童心　童星
童谣　童装　瞳孔　筒裤　筒裙　筒瓦　头发　头骨　头角　头盔　头马
头钱　头球　头人　头饰　头套　头油　图鉴　图片　图样　图纸　徒孙
土埂　土偶　土坯　土色　兔唇　兔毫　团丁　团粉　腿带　臀尖　臀鳍
臀围　臀疣　驼铃　驼色　蛙泳　瓦当　瓦匠　袜套　袜筒　外表　外层

外场　外带　外耳　外国　外踝　外界　外景　外径　外舅　外科　外贸
外面　外戚　外企　外孙　外胎　外形　外衣　丸剂　丸药　纨绔　纨扇
晚班　晚报　晚餐　晚场　晚车　晚饭　晚会　晚间　晚境　晚宴　腕骨
腕饰　王道　王府　王宫　王冠　王后　王权　王孙　王位　王爷　王子
王族　网虫　网点　网兜　网纲　网关　网海　网巾　网警　网卡　网篮
网恋　网迷　网民　网目　网胃　网箱　网校　网眼　网页　网友　网站
网址　望门　望月　望族　苇箔　苇荡　苇塘　尾灯　尾骨　尾号　尾花
尾盘　尾鳍　未时　位能　味精　味蕾　味素　胃酸　胃腺　胃液　尉官
温标　温差　瘟神　文丑　文法　文稿　文集　文句　文具　文科　文库
文侩　文气　文饰　文坛　文体　文学　文言　文员　文职　纹理　纹银
蚊香　蚊帐　窝铺　蜗居　圬工　巫婆　巫神　巫师　巫术　钨丝　屋脊
屋架　屋面　屋檐　吴语　午报　午餐　午饭　午后　午间　午觉　午前
午时　午宴　午夜　舞剧　舞迷　舞曲　舞星　物价　物镜　物力　物色
物体　物外　物像　物业　物证　物主　婺剧　雾凇　夕烟　西边　西经
西面　犀角　锡箔　锡匠　锡剧　锡杖　锡纸　溪涧　溪流　豯塈　席地
席篾　席位　檄文　枲麻　戏单　戏迷　戏衣　戏照　戏装　系列　系谱
潟湖　虾酱　虾皮　霞光　下边　下层　下午　下限　下旬　下肢　下装
夏布　夏季　夏粮　夏天　夏衣　夏装　氙灯　籼米　舷窗　舷梯　县城
县志　县治　现今　线材　线段　线呢　线圈　线绳　线毯　线膛　线香
线衣　宪兵　乡愁　乡间　乡邻　乡企　乡绅　乡试　芗剧　香案　香会
香客　香炉　厢房　湘菜　湘剧　湘帘　湘绣　湘语　项链　项圈　巷战
相册　相机　相书　象牙　像章　橡实　硝烟　晓市　孝衣　校风　校服
校官　校规　校花　校徽　校刊　校庆　校舍　校医　校友　校园　鞋帮
鞋底　鞋匠　鞋脸　鞋油　血晕　心包　心肌　心结　心律　心率　心声
心室　心态　心弦　心语　锌版　信封　信鸽　信笺　信石　信使　信筒
信纸　星光　星号　星火　星际　星空　星术　星探　星图　星团　星系
星象　星云　刑场　刑法　刑警　刑律　刑期　刑事　刑庭　行草　行楷
杏仁　杏眼　凶犯　胸骨　胸花　胸卡　胸口　胸膜　胸鳍　胸腔　胸围
胸像　胸椎　袖口　袖筒　袖章　戍时　须根　醋剂　序号　序列　序数
绪论　绪言　絮棉　宣笔　宣腿　宣纸　靴勒　学报　学籍　学监　学年
学派　学期　学区　学时　学校　雪花　雪片　雪橇　雪人　雪山　雪线
雪野　雪原　雪灾　血仇　血管　血花　血迹　血浆　血库　血泊　血色
血栓　血糖　血污　血象　血样　血衣　血印　血证　血脂　血渍　旬刊
汛期　鸭绒　牙床　牙雕　牙膏　牙根　牙垢　牙关　牙具　牙牌　牙签

牙色　牙刷　牙线　牙医　牙龈　牙质　崖画　衙内　衙役　烟波　烟囱
烟袋　烟蒂　烟斗　烟海　烟花　烟灰　烟具　烟民　烟农　烟色　烟丝
烟筒　烟头　烟叶　烟瘾　烟雨　烟柱　言辞　岩层　岩洞　岩画　岩浆
岩盐　盐场　盐池　盐湖　盐井　盐卤　盐霜　盐滩　盐田　盐土　盐枭
筵席　颜料　颜体　檐沟　檐口　眼袋　眼界　眼镜　眼皮　眼球　眼圈
眼屎　眼窝　眼线　眼影　眼珠　砚池　砚台　雁行　雁阵　燕窝　秧龄
秧田　扬剧　羊倌　羊毫　羊毛　羊绒　羊水　阳间　阳面　阳畦　阳伞
阳世　阳寿　阳台　洋流　洋盆　氧吧　氧气　样报　样稿　样机　样刊
样片　样品　样书　腰包　腰带　腰椎　窑坑　药草　药典　药店　药膏
药衡　药剂　药酒　药力　药农　药片　药铺　药膳　药水　药筒　药丸
药皂　药枕　椰雕　椰蓉　业户　业内　业外　业主　叶柄　叶轮　叶脉
叶鞘　叶腋　叶轴　页码　页心　夜班　夜餐　夜场　夜工　夜间　夜景
夜空　夜里　夜幕　夜色　夜市　夜晚　夜宵　夜校　液晶　液泡　液态
液体　腋毛　腋窝　腋芽　衣摆　衣胞　衣袋　衣兜　衣襟　衣料　衣鱼
医德　医风　姨夫　姨父　姨妈　姨母　姨丈　胰液　彝剧　蚁蚕　蚁后
酏剂　义项　艺龄　艺苑　役畜　疫区　音标　音波　音叉　音程　音带
音符　音阶　音区　音色　音序　音域　音障　姻亲　姻缘　殷墟　银币
银弹　银婚　银匠　银楼　银团　银洋　银圆　寅时　英镑　英名　鹰洋
营地　营房　营火　营区　营寨　营帐　楹联　蝇头　影帝　影后　影集
影迷　影星　影院　邕剧　邮集　邮迷　邮展　油泵　油饼　油布　油彩
油层　油茶　油船　油灯　油坊　油工　油垢　油花　油画　油井　油篓
油轮　油墨　油泥　油品　油石　油田　油污　油箱　油性　油烟　油纸
油渍　油嘴　友情　友谊　酉时　右边　右面　右首　鱼唇　鱼刺　鱼肚
鱼饵　鱼粉　鱼鳞　鱼肉　鱼松　鱼汛　鱼子　榆荚　羽缎　羽纱　羽扇
羽坛　雨布　雨点　雨季　雨脚　雨具　雨量　雨幕　雨伞　雨刷　雨丝
雨雾　雨鞋　雨靴　雨衣　语病　语词　玉带　玉雕　玉佩　玉器　狱霸
狱警　狱卒　豫剧　冤仇　元曲　园艺　圆规　圆心　源头　辕骡　辕马
院本　院画　月初　月底　月工　月宫　月光　月历　月令　月杪　月末
月嫂　月色　月夜　月晕　月中　月终　乐池　乐队　乐府　乐谱　乐器
乐师　乐坛　乐团　乐舞　乐章　岳父　岳家　岳母　岳丈　越剧　粤菜
粤剧　粤绣　粤语　云板　云锦　云图　云崖　韵尾　灾荒　灾祸　灾民
灾情　灾区　赃车　赃官　赃款　藏历　藏羚　藏戏　藏香　藏药　早班
早餐　早操　早茶　早场　早车　早点　早饭　枣泥　灶膛　贼赃　曾孙
闸口　闸门　斋月　宅基　毡房　战犯　战俘　战祸　战局　战例　战乱

战时　战事　站牌　站台　章草　掌骨　掌声　掌心　账本　账簿　账册
账单　账号　账面　账目　朝晖　朝露　朝日　朝霞　沼气　赵体　浙菜
蔗农　针管　针筒　桢干　枕巾　枕木　枕套　枕芯　阵地　正旦　政风
政工　政界　政客　政令　政坛　政务　佤妇　佤女　佤孙　职场　职称
职级　职能　职权　跖骨　纸币　纸浆　纸巾　纸捻　纸牌　纸钱　纸型
纸烟　纸样　指骨　指画　指环　指甲　指纹　指印　趾骨　趾甲　志士
中式　中文　中学　中药　中装　中资　种畜　种禽　种仁　种条　踵武
周报　周刊　周末　周薪　周缘　轴线　轴心　肘窝　皱纹　朱墨　株距
猪倌　猪排　猪鬃　蛛网　竹器　烛花　烛泪　烛台　主场　砖茶　砖窑
传记　椎骨　桌布　桌灯　资源　自外　字典　字调　字谜　字模　字书
字帖　字纸　宗庙　棕绷　足迹　族谱　钻床　钻机　钻戒　钻塔　钻头
罪案　罪犯　罪人　昨日　昨天　左边　左面　左首　座舱　座机

并列结构

安危　鞍鞯　鞍辔　案牍　白夜　班级　报刊　被褥　本币　本利　本息
秕糠　笔札　弊害　边际　边疆　宾客　宾朋　宾主　冰炭　兵革　兵士
病残　病家　波澜　波浪　波涛　才略　才能　才识　才学　才艺　才智
财帛　财经　财会　财贸　财势　财税　财物　菜点　苍穹　草芥　差失
差误　差异　茶点　茶饭　茶水　柴米　豺狼　肠胃　朝野　臣民　尘埃
尘垢　尘芥　晨昏　谶纬　城池　城府　城壕　城镇　仇敌　仇冤　仇怨
绸缎　厨卫　舛讹　舛误　床铺　床榻　唇齿　唇舌　词句　词曲　词语
村镇　错讹　错谬　刀枪　刀俎　道义　德望　德行　靛蓝　斗箕　斗筲
讹舛　讹夺　讹谬　讹脱　讹误　俄顷　恩怨　儿孙　耳麦　法纪　藩篱
饭食　方法　方剂　方略　方面　方药　芳馨　妃嫔　匪盗　风波　风寒
风华　风雷　风沙　风霜　风水　锋镝　佛老　夫妇　夫妻　斧钺　父母
父女　父子　妇孺　妇幼　赋役　干城　干戈　干支　肝肠　干警　干群
冈陵　纲纪　纲目　膏粱　膏血　糕点　歌舞　葛藤　工矿　功过　功绩
功罪　股利　瓜葛　关山　光宠　鬼怪　鬼神　柜橱　过错　蛤蟆　毫发
毫分　毫厘　好恶　河渠　河山　湖泽　虎狼　户牖　花草　花木　花鸟
患难　会展　婚恋　祸乱　饥寒　机具　机缘　肌肤　吉凶　计策　计谋
技法　际涯　枷锁　甲胄　江湖　江山　将士　将校　阶梯　桀纣　介壳
巾帼　今昔　津梁　筋骨　锦缎　精力　景物　景遇　境遇　酒色　酒食
酒席　局部　句读　涓埃　军地　军民　刻下　坑井　口齿　苦难　盔甲
粮莠　浪涛　劳绩　劳逸　老少　雷电　蕾铃　篱笆　藜藿　礼仪　理化

利害　利禄　利税　利益　涟漪　粮草　镣铐　鳞介　鳞爪　楼阁　蝼蚁
炉灶　禄位　路桥　侣伴　罗网　锣鼓　箩筐　毛发　卯榫　眉睫　眉目
眉眼　名号　名节　名利　名位　命脉　谬错　谬误　魔怪　魔窟　谋略
奶茶　泥垢　年辈　年貌　年资　牛马　农林　奴婢　弩弓　皮肉　脾胃
貔虎　篇章　品德　品节　品性　妻子　岐黄　气度　气力　气色　气势
气血　器材　阡陌　愆尤　钱财　乾坤　褴褛　桥涵　亲故　亲朋　亲友
亲族　秦晋　琴瑟　禽兽　情报　情面　情势　情意　情由　情韵　顷刻
穹苍　丘墓　权柄　权衡　权利　权能　权势　权位　权益　犬马　裙钗
仁义　日夕　日夜　戎行　荣辱　容貌　容颜　容止　丧乱　丧葬　桑梓
色泽　僧尼　僧俗　沙尘　沙砾　山川　山河　山林　膳宿　商贸　筲箕
蛇蝎　社稷　身心　身姿　参商　神采　神怪　神祇　神态　神韵　神志
神智　声名　声色　声色　声势　声誉　圣灵　圣上　圣贤　诗词　时空
时期　始末　士绅　势利　势态　势焰　事故　事物　书报　书牍　书画
书简　书刊　书札　枢要　梳篦　蜀汉　数额　数量　数码　水泥　税费
税利　朔望　丝竹　寺观　夙夜　岁月　态势　滩涂　桃李　藤蔓　题跋
体貌　体魄　天候　天穹　天壤　天日　天渊　田野　田园　条规　条款
条例　条约　庭园　头颅　头绪　图表　图画　图书　土木　土壤　团队
腿脚　王公　王侯　危难　威权　威望　威信　桅樯　帷幔　帷幕　帷幄
维纶　纬纱　瘟疫　文理　文秘　文体　文艺　污垢　屋宇　物产　物品
物资　蹊径　习俗　戏歌　隙缝　峡谷　瑕疵　瑕玷　闲暇　线路　线索
宪警　箱包　饷银　项背　相貌　宵旰　霄汉　霄壤　效绩　效益　效用
心胆　心机　心计　心迹　心境　心力　心绪　心血　薪酬　薪俸　薪饷
薪资　信函　信望　信义　信誉　信札　衅端　星相　形制　形状　性命
性能　性气　性情　性质　性状　姓名　姓氏　兄弟　胸脯　休戚　须发
序跋　序目　轩轾　血汗　牙齿　涯际　烟霭　烟云　言行　言语　岩石
炎黄　颜容　样式　妖怪　妖魔　尧舜　肴馔　谣诼　药具　药石　业绩
衣钵　衣服　衣衫　衣食　衣饰　衣物　漪澜　义理　意趣　意象　意兴
意愿　意韵　意志　翼翅　音容　音像　音信　音讯　音乐　英豪　英杰
英模　鹰犬　鹰隼　影视　油灰　油气　油脂　鱼水　鱼雁　雨露　玉帛
冤孽　渊海　渊薮　渊源　园圃　园田　员工　原委　缘故　缘由　猿猴
猿人　源流　云雾　云霄　云烟　灾变　灾害　灾患　灾难　灾殃　灾异
糟糠　糟粕　皂白　造诣　贼寇　栅栏　宅第　章则　帐幕　帐篷　爪牙
沼泽　贞操　针灸　针线　畛域　朕兆　征候　征象　征兆　政法　支派
芝兰　枝叶　肢体　脂粉　职责　旨意　志趣　桎梏　秩序　智略　智谋

智能　中保　中外　中西　钟表　衷心　舟车　周边　周围　洲际　昼夜
皱襞　朱墨　珠宝　珠翠　竹帛　杼轴　柱石　状况　状态　姿容　姿色
姿势　资材　资财　资费　资历　资望　资信　姊妹　字画　字句　宗祠
宗匠　宗师　宗旨　踪迹　踪影　罪错　罪恶　罪戾　罪名　罪孽　罪愆
罪尤　横竖　水火　荼毒　云雨

偏义结构

庵堂　跋文　跋语　瘢痕　豹猫　鲍鱼　碑碣　背脊　笔墨　匾额　冰凌
病症　步弓　彩虹　餐点　苍天　草丛　差数　豺狗　肠管　厂家　车驾
臣子　窗户　锉刀　傣族　岛屿　额头　鳄鱼　阀门　饭局　辐条　福祉
妇道　肝脏　冈峦　葛麻　光波　光线　鬼物　汗水　汗液　花苞　皇天
火炮　肌腱　脊背　甲壳　胶水　街市　街头　金钱　粳稻　鲸鱼　景致
泪水　林丛　瘘管　露水　螨虫　幔帐　芒草　煤炭　门扉　门扇　米糠
面孔　庙宇　木简　幕布　偶像　磐石　辔头　脾脏　钱币　墙壁　墙垣
丘陵　蛆虫　畎亩　人犯　人夫　人杰　人手　人望　人烟　乳酪　腮颊
山冈　山岭　山峦　山岳　膳食　上苍　上天　肾脏　声响　绳墨　绳索
诗歌　事迹　绥带　枢纽　树林　庶民　庶人　瞬间　瞬时　瞬息　朔日
驷马　天上　田畴　条理　厅堂　瞳仁　图案　图钉　徒刑　途程　途次
途径　土族　沱茶　瓦圈　佤族　王朝　王储　望日　圩田　圩垸　纬书
瘟病　文契　文玩　纹路　纹缕　蚊虫　误差　雾霭　雾气　犀牛　膝盖
习尚　檄书　侠客　侠义　霞帔　下摆　罅隙　籼稻　线麻　宪法　鲎鱼
相态　相位　硝石　心扉　心愿　心志　薪金　薪水　信管　星夜　胸膛
旭日　穴道　勋章　旬日　寻常　蚜虫　衙门　咽头　眼泪　阳春　腰身
轺车　窑洞　谣言　徭役　瑶族　仪表　仪器　仪容　仪式　仪态　饴糖
胰腺　胰脏　彝族　乙部　呓语　驿道　驿站　疫病　意向　银钱　羽翼
玉石　玉玺　园区　园囿　原野　缘分　辕门　羱羊　怨毒　院落　月份
月球　云天　云霞　赃物　灶具　灶君　灶神　仄声　贼子　铡刀　瘴气
诏书　辙口　针剂　砧板　砧木　正月　症结　政柄　旨趣　志气　志向
种族　舟楫　绉布　绉纱　竹简　竹笋　资讯　嘴唇　柞栎

附录2　现代汉语名动复合词词表

偏正结构

版刻	邦交	背榜	碑刻	北上	背书	辈出	鼻饲	笔触	笔答	笔伐
笔耕	笔供	笔记	笔立	笔录	笔试	笔受	笔算	笔谈	笔削	笔译
笔战	壁挂	壁立	璧还	边防	鞭策	鞭笞	鞭打	鞭挞	宾服	宾服
冰雕	冰冻	冰释	冰镇	兵谏	病变	病故	病逝	病退	病休	波动
波及	擘画	步测	步行	蚕眠	蚕食	仓储	漕渡	草写	册封	册立
侧击	侧记	侧目	层报	叉烧	蝉联	唱名	朝奉	朝贡	潮解	潮涌
车裂	车削	尘封	晨炊	晨练	程控	池浴	敕封	敕建	敕造	仇杀
酬报	酬谢	锤炼	春耕	春试	春训	春游	春运	磁控	磁疗	寸断
蹉跌	胆敢	堤堰	敌视	蝶泳	电报	电陈	电传	电动	电镀	电告
电灌	电焊	电贺	电话	电汇	电解	电离	电疗	电热	电烫	电讯
电唁	鼎沸	鼎立	鼎峙	冬藏	冬储	冬眠	冬训	冬泳	冬运	冬蛰
冬贮	恩赐	恩准	耳垂	耳鸣	耳闻	法办	法定	法治	粉饰	粉刷
粉碎	风干	风耗	风靡	风蚀	风瘫	风闻	风行	蜂聚	蜂起	蜂拥
跌坐	辐辏	斧削	斧正	腹诽	腹泻	腹议	诰封	歌颂	根除	根绝
根雕	根究	根植	根治	工亡	公出	蛊惑	鼓噪	瓜代	瓜分	管见
管窥	管涌	馆藏	光控	光疗	光驱	龟缩	鬼混	国产	国防	国殇
果报	海禁	海撒	海蚀	海损	海运	海葬	海战	函告	函购	函授
函售	函索	航拍	航运	河运	后顾	后悔	后记	后继	后进	后怕
后起	后任	后退	后行	狐媚	狐疑	鹄立	鹄望	虎踞	虎视	化合
化疗	环生	宦游	婚检	火化	火烧	火葬	机变	机动	机耕	机降
机洗	机制	箕踞	技击	家传	家访	家居	家累	家养	家种	肩负
键入	饯别	饯行	奖售	郊游	胶合	胶结	胶印	胶着	铰接	窖藏
今译	经痛	鲸吞	井喷	警用	局骗	局限	圈养	军用	刊播	刊登
刊发	刊载	坑害	空翻	空降	空投	空袭	空运	空战	口传	口服
口供	口惠	口角	口试	口授	口述	口算	口译	库藏	库存	框定
蜡疗	雷动	雷鸣	类比	类别	类推	蠡测	礼聘	礼让	礼赞	理当
理该	理合	理疗	理应	理喻	利诱	链接	林立	邻接	邻近	邻居
流放	流逝	柳编	垄断	垄作	笼罩	卤制	陆运	路过	路祭	路检
路劫	路考	路演	律动	脔割	卵生	乱离	轮渡	轮滑	轮生	罗织
脉动	蔓延	锚泊	眉批	魅惑	面陈	面呈	面对	面临	面签	面试

门禁　门限　门诊　梦寐　梦想　梦魇　梦遗　梦呓　梦游　密布　棉纺
面授　面谈　面谢　面叙　面议　拇战　木雕　木刻　目测　目睹　目击
目见　目论　目送　目验　目语　墓祭　墓葬　南面　南下　囊括　内定
内服　内耗　内讧　内急　内疚　内控　内敛　内退　内详　内销　内省
内助　泥塑　年检　年均　年审　牛饮　奴役　耦合　旁出　旁顾　旁观
旁及　旁落　旁听　旁骛　旁证　炮击　盆浴　盆栽　皮傅　瓢泼　票汇
票选　瓶装　铺保　期考　棋布　气割　气焊　汽化　前进　前驱　前往
钳击　钳制　枪击　枪决　枪杀　枪战　情结　情杀　情死　秋试　秋收
秋游　圈定　泉涌　拳击　雀跃　鹊起　日记　日来　日托　日用　肉搏
乳熟　山积　蛇行　商战　上报　上传　上吊　上浮　上告　上供　上交
上缴　上进　上列　上述　上行　舌耕　舌战　社交　身教　神侃　神聊
声辩　声称　声控　声明　声讨　声言　声扬　声援　声张　笙歌　石雕
石刻　石印　时兴　时行　食补　食疗　世变　世传　手记　手书　手谈
手洗　手写　手植　首肯　梳理　鼠窜　树挂　树葬　数控　栓塞　霜冻
霜害　水合　水解　水疗　水磨　水碾　水洗　水蚀　水印　水运　水葬
水肿　税收　俗讲　酸败　岁出　岁入　岁修　逡巡　獭祭　胎生　体罚
体悟　田猎　条陈　铁打　听装　庭辩　庭审　铜焊　图解　图说　土葬
兔脱　蛙泳　瓦解　团拜　团购　团结　团聚　团练　外出　外存　外调
外访　外敷　外加　外嫁　外交　外教　外借　外来　外流　外露　外卖
外派　外聘　外逃　外侮　外销　外延　外扬　外溢　外引　外遇　外援
晚恋　晚育　尾随　尾追　猬集　温控　窝藏　蜗旋　午睡　午休　夕照
西晒　席卷　下达　下跌　下放　下浮　下滑　下列　下落　下调　下同
下陷　下行　下坠　夏眠　夏收　夏蛰　先导　先决　先觉　先遣　先驱
先容　先行　仙逝　线装　乡谈　巷战　宵禁　械斗　心爱　心裁　心传
心得　心服　心怀　心领　心思　心算　心仪　心照　信贷　信访　星散
刑罚　刑拘　刑侦　形似　胸怀　穴居　雪藏　雪雕　雪盲　血洗　血晕
血肿　崖刻　言传　言教　谣传　眼晕　砚滴　氧化　腰斩　窑变　药补
药浴　野餐　野炊　野生　野营　野战　夜话　夜盲　夜战　夜作　液化
义愤　意会　意料　意念　意图　意想　音译　影射　影印　油饰　油印
右倾　宇航　预计　预检　预警　预考　预亏　预谋　预期　月供　月均
云集　云散　云游　早产　早婚　早恋　早退　早育　藻饰　掌握　阵亡
指画　栉比　中饱　中辍　中断　中耕　中考　中立　中落　中兴　中休
中止　中转　周延　周游　咒骂　珠算　株连　竹编　竹雕　竹刻　烛照
砖雕　篆刻　祖传　左迁

主谓结构

癌变	案发	鼻塞	鼻酸	兵变	病愈	肠断	唇裂	词余	辞费	奔拉
嫡出	冬至	腭裂	发指	房颤	骨折	国营	国有	海进	海侵	海退
花生	婚变	火并	火拼	货损	驾到	驾临	经闭	军垦	君临	康复
口噤	雷击	礼成	理亏	理屈	吏治	沥涝	例如	粮荒	量变	陆沉
民办	民变	民选	民营	民用	末了	陌生	目眩	农用	盘跌	盘落
气喘	气馁	气旋	情变	穹隆	权属	人道	人居	日照	肉痛	色散
山崩	蛇蜕	社论	社评	身故	身量	身受	身孕	神驰	神伤	神通
神往	神游	食积	式微	室颤	庶出	霜降	岁除	胎动	体现	涕零
天亮	天明	头疼	头痛	位居	位移	物故	物化	物流	夏至	罅漏
心甘	心寒	心跳	心醉	形变	形成	雪崩	血崩	血沉	血亏	岩溶
眼岔	眼跳	阳痿	夜阑	医嘱	意表	殷鉴	潆洄	潆绕	语塞	玉碎
针对	政变	政治	植被	质变	众说	主顾				

动宾结构

安保	安检	笔洗	部属	彩扩	草食	场租	车检	城建	党锢	敌忾
典藏	鼎革	都督	毒贩	额定	房改	房管	风挡	稿约	个展	沟通
国庆	花展	惠及	婚介	婚庆	婚约	货运	机修	级任	纪检	技改
家装	节庆	节选	界定	金融	军购	军管	军售	军演	科普	科研
客运	空调	口罩	矿藏	林垦	麦收	煤耗	美展	能耗	庖代	期满
情知	人称	人选	色盲	商检	社保	省治	尸检	诗抄	时评	史评
书评	税负	税检	胎教	体测	体改	体检	土改	土建	文选	文治
物耗	物议	乡思	血防	影评	油耗	雨披	乐评	战备	政审	职介
职守	植保	质管	质检	智育	轴承					

附录3 现代汉语动名复合词词表

偏正结构

动作＋与事：

旅伴　论敌　契友　舞伴　学友　游伴　怨敌　战友

动作＋原因：

败因　成因　动因　来由　起因　死因　诱因　肇因　争端

动作＋类事：

败果	辩才	残疾	炊事	盗案	防务	航务	和局	绘事	绞刑	劫案
抗性	流刑	媚骨	窃案	胜果	胜局	胜势	食性	食欲	视力	死刑
诉权	听力	延性								

动作＋时间：

产假	诞辰	归期	婚期	忌辰	忌日	考期	聘期	任期	赛点	赛季
赛期	生辰	生日	死期	学年	学期	学时	享年	映期	孕期	展期

动作＋依据：

包票	保结	报单	参量	产程	传票	存单	存折	调函	调令	订单
动向	发票	罚单	罚则	分则	过程	航路	航线	航向	护照	汇票
回单	回条	回执	驾照	讲稿	校样	借据	借条	进程	禁例	禁令
禁律	来向	量程	疗程	流向	买单	卖单	拍价	判例	聘约	期票
起价	欠条	胜券	誓约	使命	收据	收条	收执	提单	投向	选单
选票	训令	运单	造价	站票	支票	知单				

动作＋处所：

便所	泊地	泊位	捕房	步道	餐位	操场	插口	产道	产地	产房
产科	产院	出口	出路	穿廊	当铺	赌场	赌窝	渡口	渡头	堆房
堆栈	防地	防区	防线	封口	歌坛	歌厅	耕地	贡院	归途	过道
过厅	航道	画室	画院	呼台	祭坛	驾校	讲台	讲坛	讲堂	讲席
校场	教室	接口	进口	居处	居室	居所	据点	聚落	看点	看台
考场	考点	考区	垦区	扣眼	晾台	猎场	流域	旅店	旅馆	旅途
论坛	卖场	迷宫	迷津	磨坊	碾坊	碾盘	跑道	起点	寝车	寝宫
寝室	入口	染坊	赛场	赛区	晒台	生境	食堂	仕途	试场	试点
视点	守车	死牢	宿舍	摊点	探井	搪瓷	跳台	通道	通衢	通途
望楼	窝点	舞场	舞池	舞台	舞厅	销路	选区	学堂	言路	医院
印台	泳池	泳道	泳坛	用场	用处	用途	游廊	渔场	渔港	浴场
浴池	浴室	寓邸	寓所	运河	澡堂	展点	展馆	展区	展室	展台
展厅	展位	战场	战地	战区	战线	诊室	诊所	支点	住处	住地
住房	住所	住宅	住址	驻地	转角	走道	走廊	坐席		

动作＋结果：

刨冰	刨花	爆肚	编码	编目	表情	表象	表征	别情	别绪	补丁
补花	补角	布景	布局	步态	擦音	磋口	产儿	产品	产物	抄本
抄件	炒风	炒肝	炒货	炒米	炒面	抻面	乘积	斥力	冲力	储量
处方	触觉	创见	创举	创意	创作	吹腔	炊烟	丛集	丛刊	丛书
攒盒	存息	存量	答数	得数	澄沙	淀粉	雕花	雕像	跌风	跌幅
跌势	动感	动能	动态	冻疮	冻害	冻伤	冻灾	冻瘃	读音	赌风
炉火	断面	锻件	锻铁	堆肥	发糕	分册	浮力	俯角	供词	供状
挂面	观感	灌肠	含量	合剂	合金	合体	吼声	呼哨	化名	化身
化石	画图	画像	画作	回声	集刊	集体	集团	寄籍	夹缝	驾龄
煎饼	减幅	降幅	交点	交情	交谊	教益	节本	结节	结膜	结石
截面	戒心	进度	敬意	惧色	卷烟	开本	刊本	烤麸	烤鸭	刻本
拉面	来势	烙饼	离愁	离情	联军	炼乳	疗效	燎泡	裂缝	裂痕
裂口	裂纹	裂隙	馏分	卤菜	卤味	卤虾	滤液	滤渣	论调	霉气
媚态	摹本	拟人	拟物	怒火	怒气	怒容	怒色	扒糕	盘香	泡菜
泡饭	劈柴	剖面	起色	气话	切点	切口	切面	切面	切片	倾角
缺口	溶洞	赛绩	塞音	晒图	伤痕	烧饼	烧酒	烧伤	射程	射流
射线	升幅	升力	升势	生相	胜绩	视感	视觉	视图	视线	视差
视角	嗜欲	收成	睡意	死鬼	死尸	塑像	算式	缩影	烫面	烫伤
提纲	听觉	限界	想法	削面	孝心	笑脸	笑貌	笑容	笑纹	笑窝
笑颜	写本	谢忱	谢意	绣像	绣球	续集	选刊	嗅觉	选本	选集
仰角	译本	译名	译文	译作	引力	印本	印象	印痕	印迹	育龄
造像	造型	增刊	榨菜	张力	照片	蒸饼	蒸饺	蒸气	蒸汽	蒸食
织品	织物	制剂	制件	制品	制钱	制式	肿块	肿瘤	铸币	转义
转速	总集	走势	阻力	作风	作件	作料	作品	作文	作物	坐力
做派										

动作＋施事：

败笔	败兵	伴郎	伴娘	伴星	绑匪	帮手	保人	爆竹	绷簧	绷瓷
标兵	播客	捕快	步兵	步哨	残本	残币	残货	残卷	残品	产妇
炒家	炒手	乘警	乘客	乘员	吃货	储户	传人	闯将	刺客	丛莽
丛山	丛冢	垂柳	垂髫	存户	达人	打手	盗匪	导师	倒爷	倒影
得主	佃东	佃户	佃农	殿军	叠嶂	订户	动画	动轮	动物	斗士
斗眼	赌棍	贩夫	犯人	访员	飞鸿	飞蝗	飞盘	飞蓬	飞禽	飞鼠

飞鱼　沸泉　沸水　潢泉　疯狗　浮标　浮萍　浮桥　浮筒　浮箱　伏兵
贾人　顾客　顾主　雇主　观众　惯犯　惯匪　惯家　惯偷　惯贼　冠军
归侨　过客　滚轮　滚木　滚水　滚梯　滚珠　滑轮　护兵　护工　护士
画家　画匠　黄账　回肠　回廊　继父　继母　继配　继室　间谍　讲师
教官　教师　劫犯　劫匪　解差　介音　进士　禁军　惊魂　惊雷　救兵
救星　居民　聚星　开衫　开水　看客　考官　考生　克星　来宾　来客
来人　来使　浪人　浪子　劳模　离岛　离宫　联邦　恋人　裂果　猎户
猎人　领主　流弹　流寇　流民　流体　流星　流萤　留鸟　漏窗　旅客
旅鸟　露台　露头　乱兵　乱臣　乱民　掠影　裸麦　裸体　裸线　落雷
落日　落体　买主　卖主　鸣镝　鸣禽　墨吏　谋士　牧工　牧民　牧人
牧师　牧童　奶妈　奶娘　逆子　凝脂　爬虫　扒手　攀禽　盘道　盘梯
叛徒　陪都　配殿　配房　配楼　喷泉　飘尘　飘带　拼客　评委　漆匠
骑兵　骑警　骑楼　骑士　骑手　抢匪　樵夫　窃贼　妊妇　晒客　闪电
闪光　闪念　伤兵　伤号　伤员　涉禽　生齿　生父　生母　胜仗　失主
施主　识家　使团　侍女　守敌　受众　书家　输家　属地　属国　属员
睡莲　睡眼　顺民　死棋　死囚　死胎　讼棍　讼师　贪官　躺柜　逃兵
逃犯　挑夫　跳蚤　听众　统帅　屠夫　屠户　脱兔　玩家　围棋　卫兵
卫队　卫士　窝主　舞迷　舞女　响箭　响器　孝女　孝子　协会　信众
信徒　行人　行星　修女　修士　旋律　旋翼　选民　学童　学徒　学员
学子　巡警　演员　医家　医师　逸民　移民　隐士　赢家　用户　游客
游禽　游人　游侠　游子　渔夫　渔家　渔民　渔翁　寓公　驭手　援兵
援军　怨偶　陨石　陨铁　陨星　孕畜　孕妇　炸弹　炸雷　展商　展团
折皱　净友　织女　住户　驻军　蛀虫　助手　转炉　转门　转梯　走狗
走禽　走兽　走卒　租户　醉鬼　醉汉　赘婿　作家　坐商　坐像

动作＋受事：

爱将　按键　按扣　按钮　把柄　罢论　摆件　扳机　包车　包饭　包房
包伙　包机　包间　包厢　报料　抱枕　背包　背筐　备件　备料　备品
编磬　编钟　贬官　辩题　标金　禀性　秉性　拨款　驳议　藏品　藏书
插画　插话　插件　插屏　插曲　插穗　插条　插头　插图　插销　插页
拆息　倡议　唱词　吃食　吃水　冲剂　重文　重言　重影　宠儿　宠物
抽斗　抽屉　出项　传本　传统　传闻　传言　传真　创议　淬针　存底
存根　存货　存款　存粮　存项　存照　存执　垫草　答卷　贷款　导弹
倒序　垫圈　吊窗　吊床　吊灯　吊环　吊兰　吊楼　吊铺　吊桥　吊扇

吊桶　谍报　叠韵　订货　动产　冻土　冻雨　冻原　读本　读数　读物
发文　发言　罚金　罚款　翻车　翻斗　翻领　燔针　返利　仿宋　封地
伏笔　伏线　附笔　附件　附言　附则　附注　歌曲　贡缎　贡赋　贡品
贡生　贡税　雇工　雇农　雇员　挂表　挂车　挂斗　挂件　挂历　挂屏
挂饰　挂锁　挂毯　挂图　挂钟　挂轴　管段　管界　管片　管区　惯技
灌区　绳边　滚边　含义　含意　涵义　憾事　荷重　恨事　花项　划艇
话题　换文　汇款　集部　集锦　忌语　继子　寄语　寄主　加餐　夹道
夹批　夹注　兼差　兼职　煎剂　减河　间色　建议　讲话　校本　接穗
结局　借词　借款　进款　进项　禁地　禁果　禁区　禁书　禁药　捐款
卷尺　决策　开端　开局　勘误　烤烟　靠山　靠枕　挎包　挎斗　跨栏
拉管　拉花　拉链　拉锁　来电　来稿　来函　来鸿　来件　来书　来文
来项　来信　累卵　连环　连珠　猎物　拎包　留都　留言　流弊　流风
流毒　流俗　流言　砻糠　录像　录音　录影　略语　论题　落款　骂名
免票　命妇　命官　命题　磨难　磨牙　牧畜　拍品　泡面　配额　配餐
配军　喷漆　批件　批条　批文　期房　期货　期权　漆布　弃儿　弃妇
弃婴　签名　签字　欠款　欠薪　欠债　欠账　切糕　切花　囚犯　囚徒
取向　缺额　任务　溶质　熔岩　融资　烧针　烧纸　剩磁　失地　失物
拾物　使女　示例　视界　视屏　视野　视域　收文　收益　守则　踏板
踏凳　抬秤　抬盒　提案　提包　提盒　提篮　提梁　提琴　提箱　提议
题词　题款　题名　题字　填料　填鸭　贴边　贴兜　贴画　投枪　投资
涂料　拖驳　拖车　拖斗　拖鞋　驮轿　玩具　玩偶　玩物　围场　围城
围屏　畏友　问题　无风　无题　辖区　限度　限额　限令　限期　现象
象形　幸臣　绣鞋　续约　悬案　悬臂　悬梯　旋塞　押款　阉人　验方
扬尘　扬旗　摇手　摇篮　摇椅　议案　议题　逸事　逸闻　引例　引文
引语　饮料　饮品　佣工　用具　用品　用人　用心　用意　用语　邮件
寓意　约期　约言　蕴意　赠礼　赠票　赠品　赠言　展品　折尺　折扇
征文　指向　专利　专政　装具　追肥　着装　综艺　租界

动作＋工具方式：

方式：

办法　唱功　乘法　除法　皴法　割礼　活法　加法　减法　交道　看法
疗法　骗术　骑术　生计　书法　算术　相术　写法　演技　医道　医术
用法　葬礼　葬式　战术　做法　做功

材料：

按金　伴声　伴音　谤书　包费　包金　包皮　包银　保状　报表　焙粉
标签　标题　禀帖　补剂　补品　补色　补药　补液　报酬　餐纸　传单
辞呈　代金　导报　导论　奠仪　钓饵　订金　定金　定礼　定钱　定息
赌本　赌注　赌资　断案　发粉　发物　封条　敷料　赙仪　焊剂　焊料
焊条　焊锡　焊药　贺电　贺函　贺卡　贺礼　贺信　贺仪　画布　画粉
画符　回电　回礼　回帖　回信　回佣　汇费　贿金　贿款　祭品　祭文
寄费　祭礼　嫁妆　建材　嚼用　劳金　滤纸　论据　论文　铆钉　磨料
牧草　念物　盘费　配件　聘金　聘礼　聘书　请柬　请帖　燃料　燃煤
燃气　燃油　染料　溶剂　溶胶　溶液　熔剂　润资　赏钱　烧碱　试剂
试卷　试纸　赎金　饲料　诉状　谈资　调料　通牒　挽联　挽幛　问卷
握力　降表　笑柄　笑料　泻药　谢帖　恤金　眩光　唁电　唁函　宴席
养分　养料　引柴　诱饵　浴液　援款　运费　运力　炸药　证据　证物
铸铁　奏疏　奏章　奏折　租金　战表　战书　佐证

工具：

哀辞　爱称　按语　包袱　褒称　褒词　背带　绷带　蹦床　鄙称　比分
贬称　贬词　便桶　辩词　辩辞　别针　殡车　驳船　卜辞　补语　餐巾
餐具　插册　插床　插架　插瓶　插座　觇标　谗言　产床　产钳　唱碟
唱盘　朝服　朝珠　炒勺　车床　盛器　冲床　触角　触手　触须　传媒
吹管　炊具　炊帚　刺刀　搓板　撮箕　答词　答辞　打药　代称　代词
代号　代码　担架　导板　导标　导管　导轮　导体　导线　导言　导语
悼词　悼辞　道白　垫话　吊车　吊带　吊杆　钓竿　钓钩　钓具　动词
逗点　逗号　赌具　渡槽　渡船　度牒　渡轮　断言　断语　锻锤　对策
墩布　顿号　遁词　纺车　纺锤　纺锭　飞船　飞机　飞艇　飞舟　分号
讣闻　盖帘　感言　割炬　割枪　割线　耕畜　耕牛　供案　供桌　刮刀
挂钩　焊炬　焊枪　航标　航船　薅锄　贺词　贺辞　衡器　烘篮　烘笼
烘箱　呼机　护封　护具　护栏　戽斗　滑板　滑车　滑竿　滑梯　画板
画笔　画夹　画架　画具　话筒　回话　婚纱　婚照　诨号　诨名　夹板
夹棍　夹剪　夹具　剪刀　谏言　间壁　讲桌　绞车　绞架　绞盘　绞索
铰刀　教具　结语　截门　介词　戒尺　警笛　警号　警报　警句　警犬
警语　警钟　敬辞　静鞭　卷须　锯床　砍刀　看板　考题　考语　烤箱
靠垫　诳话　诳语　馈线　括号　括弧　拉杆　拉床　拦柜　谰言　烙铁
连词　恋歌　量杯　量规　量具　量瓶　量筒　猎狗　猎枪　猎犬　漏斗
漏壶　漏勺　滤器　抹布　迷彩　磨床　抹刀　牧歌　牧犬　挠钩　念白

念珠　诺言　扒犁　爬犁　爬梯　判词　跑表　跑车　跑刀　跑鞋　喷壶
喷头　喷嘴　批语　披巾　劈刀　评分　评价　评语　卡具　潜艇　撬杠
切口　切线　切牙　寝具　囚车　囚笼　燃具　染缸　容器　熔炉　赛车
赛马　赛艇　扫把　苫布　烧杯　烧瓶　射灯　试管　试题　饰词　饰品
饰物　释文　誓词　誓言　誓愿　螯针　睡袋　睡衣　说辞　颂词　颂歌
算尺　算盘　叹词　叹号　镗床　躺椅　淘箩　套版　剃刀　跳板　跳绳
跳箱　跳鞋　听筒　通条　屠刀　象辞　托词　托辞　托盘　拖把　拖布
拖船　拖轮　驮马　挽词　挽辞　挽歌　挽具　围巾　围墙　围裙　问号
习题　铣床　铣刀　衔铁　献词　笑剧　笑语　谢词　谢辞　醒木　训词
掩体　引号　引桥　引言　泳镜　泳衣　泳装　游船　游舫　游轮　游艇
谀词　谀辞　渔船　渔歌　渔具　渔轮　渔网　渔舟　浴缸　浴巾　浴盆
浴衣　浴罩　援手　怨言　耘锄　熨斗　赞歌　赞语　錾刀　澡盆　憎称
轧辊　轧机　展板　展柜　搌布　战车　战船　战刀　战歌　战鼓　战机
战舰　战具　战马　战旗　战鹰　招牌　箴言　镇尺　征帆　蒸笼　证词
证书　证言　净言　支架　支柱　指针　咒语　助词　注疏　注文　祝词
祝辞　状语　撞针　尊称　坐垫　坐骨　坐具

动宾结构

动—材料：

哺乳　错金　错银　雕漆　镀金　勾芡　烤电　描金　焗油　喷漆　烫蜡
贴金　喂食

动—原因：

奔命　斗气　赌气　号丧　死难　逃荒　卧病　殉难　养病　养伤　晕池
晕船　晕血　晕针

动—工具：

吵嘴　打夯　打钎　打拳　打针　当当　吊线　斗牌　赌钱　付现　过磅
过秤　拉锯　拉纤　亲嘴　试表　行脚　押韵　援手　咂舌　咂嘴　扎针
沾手　招手　祝酒　转磨　算卦　走马

动—方式：

保价　编年　拨号　测字　冲喜　抽成　传代　斗智　斗法　翻番　分成
联姻　留成　配方　提成　托病　托故　托梦　译音　诊脉

动—目的：

报国　承欢　催奶　催情　对证　分肥　赴敌　赴难　赶工　沽名　逛灯
竞标　竞岗　勘界　考博　考级　考学　跑官　请功　求婚　劝酒　摄食
死节　逃命　逃难　逃生　讨饭　卧底　殉国　殉情　殉职　征婚　咨政
喝彩

动—施事：

拔节　爆胎　崩盘　闭市　变声　变盘　变味　变形　变样　变质　驰名
驰誉　出苗　过电　进军　开春　开冻　开河　开胶　满额　满孝　满员
升格　生人　始业　誓师　收市　死机　脱发　脱货　脱毛　脱皮　脱羽
瞎眼　陷身　销魂　谢顶　行军　仰面　漾奶　溢价　淤血　涨潮　走人
走形

动—时间：

熬夜　查夜　炒更　出伏　出梅　出月　打更　点卯　到点　到期　过季
嚷春　及冠　及笄　及龄　交班　苦夏　临月　起夜　迄今　掐诀　入夜
芟秋　收秋　守夜　踏春　逃夜　为期　为时　歇伏　歇晌　歇夏　谢幕
行时　巡夜　应卯　值班　值日　值星　值夜　抓周　坐夜

动—结果：

编程　编剧　编目　编队　编码　变现　布局　布阵　成套　成型　成亲
成人　穿孔　搭伴　搭伙　搭桥　打眼　打字　缔盟　雕版　发电　分栏
分期　构图　构怨　鼓包　合伙　化脓　激磁　结伴　结彩　结仇　结婚
结伙　结盟　结晶　结亲　结社　结缘　就伴　决口　刻板　拉钩　烙花
立项　联盟　炼焦　炼油　列队　裂缝　裂口　眯缝　拍戏　排戏　排阵
排版　排队　排名　排字　判罪　配对　配套　拼版　拼图　拼音　铺路
惹祸　上瘾　通婚　握拳　绣花　育才　育种　造册　造句　造林　扎堆
站队　招灾　折价　折中　转正　铸字　组队　组团　坐果

动—处所：

安营　安枕　拔营　败阵　拜堂　帮厨　标图　朝顶　朝山　撤市　冲顶
冲天　出阁　出国　出海　出家　出镜　出圈　出山　出外　出洋　出院
传家　传世　串岗　存世　到场　到底　到顶　到手　到位　登场　登场

登顶	登高	登基	登极	登陆	登门	登山	登台	掉队	盯梢	督阵
蹲点	堕马	发源	翻场	返场	返岗	放青	伏案	浮水	汆水	附骥
赶场	赶集	赶街	刮宫	刮脸	灌肠	归档	归根	归天	归田	归位
归西	过关	过户	过境	过路	灌顶	航海	航空	航天	航宇	滑冰
滑坡	画供	回锅	见报	叫阵	接柜	接机	接站	劫道	就位	就职
就座	劫狱	居家	哭灵	拦路	拦网	拦腰	离队	离世	离题	离职
茌会	列席	凌空	溜冰	留洋	拢岸	落草	落荒	落马	落水	落网
落账	落座	骂街	描图	铭心	闹房	溺水	碾场	尿床	尿炕	跑外
泡吧	披肩	捧场	凭栏	铺床	迁都	签单	潜水	入狱	入院	入座
扫墓	扫榻	上报	上场	上坟	上钩	上马	上身	上账	上膛	上阵
射门	试岗	送站	宿营	摊场	逃席	跳伞	投壶	脱肛	退岗	退伙
退伙	退市	退庭	退位	退伍	退席	退职	文身	卧床	卧轨	下凡
下界	下马	下乡	下野	下狱	下账	现世	陷阵	销账	笑场	卸车
卸肩	谢顶	悬空	悬梁	巡天	巡夜	压港	压库	押尾	验关	扬场
饮场	萦怀	游方	游街	游水	游园	晕场	在案	在编	在册	在场
在岗	在内	在世	在线	在心	在业	在意	在职	在座	炸窝	炸市
站岗	种地	种田	住院	坐科	坐牢	输理	走绳	走索	走穴	

动—受事：

爱岗	爱国	安身	安神	安心	按脉	昂首	傲世	傲物	扒车	扒皮
拔脚	拔锚	拔俗	把舵	把风	把酒	把斋	把盏	罢工	罢官	罢课
罢手	罢战	罢职	摆功	摆好	摆桌	败火	败家	败胃	拜佛	拜堂
拜节	拜金	拜客	拜盟	拜年	拜师	拜寿	扳本	扳道	班师	颁奖
搬兵	办案	办差	办公	办事	办学	办罪	拌蒜	拌嘴	绑票	包场
包工	包金	保本	保镖	保皇	保价	保驾	保媒	保密	保苗	保命
保胎	保温	保值	报案	报仇	报德	报恩	报关	报捷	报警	报矿
报名	报幕	报丧	报时	报数	报税	报喜	报晓	报信	报站	报账
抱病	抱拳	抱窝	抱冤	抱怨	暴库	暴尸	爆料	爆棚	背债	备案
备荒	备货	备课	备料	备汛	备灾	备战	背风	背光	背气	背书
背约	倍道	崩盘	绷劲	绷脸	逼宫	逼债	比况	比武	比翼	毕命
毕业	闭会	闭架	闭经	闭卷	闭口	毙命	辟谷	辟邪	避讳	避忌
避难	避世	避税	避嫌	避邪	砭骨	编程	贬职	变产	变法	变工
变卦	变节	变口	变频	变声	变心	变形	便血	遍野	辩证	表态
秉国	秉政	秉烛	屏气	屏息	禀命	并案	并骨	并轨	并力	并网

并线	拨号	拨冗	播音	播种	驳价	驳论	泊车	卜课	补仓	补过
补苗	补票	补时	补台	补血	补妆	布菜	布道	布点	布警	布雷
布网	布阵	猜拳	裁兵	裁军	裁员	采风	采光	采景	采矿	采暖
采血	采样	采油	踩道	踩水	参半	参禅	参股	参军	参赛	参天
参展	参战	参政	藏身	藏踪	操刀	操盘	操琴	操神	操心	厕身
厕足	侧耳	侧身	侧重	测候	测字	叉腰	插班	插镇	插空	插口
插穗	插秧	插嘴	查房	查铺	查哨	查私	查账	岔气	拆伙	拆台
拆账	拆字	缠身	缠足	尝鲜	尝新	偿命	唱标	唱票	唱戏	抄家
抄身	抄手	超编	超标	超产	超车	超度	超额	超龄	超期	超群
超时	超俗	超速	超限	超员	超值	剿说	朝阳	炒房	炒股	炒汇
扯谎	扯腿	掣肘	撤案	撤编	撤标	撤兵	撤差	撤军	撤职	撤资
陈兵	陈情	称愿	趁钱	称兵	称臣	称雄	撑腰	瞠目	成才	成材
成风	成婚	成家	成交	成名	成器	成趣	成仁	成事	成像	成性
成荫	承命	承情	承重	乘凉	逞性	骋怀	骋目	吃醋	吃刀	吃饭
吃苦	吃青	吃水	吃心	吃罪	弛禁	驰电	驰目	驰书	持仓	持法
持股	持家	持论	持身	持斋	斥地	斥资	赤背	赤身	冲浪	冲账
充公	充饥	充军	充数	充血	充值	重茬	重名	重样	崇洋	抽成
抽丁	抽风	抽奖	抽筋	抽空	抽签	抽青	抽身	抽水	抽水	抽税
抽穗	抽薹	抽闲	抽芽	抽样	仇外	酬宾	筹资	出版	出殡	出兵
出槽	出厂	出车	出道	出价	出警	出口	出力	出列	出面	出偏
出气	出勤	出赛	出丧	出神	出师	出师	出事	出摊	出徒	出血
出新	出言	出语	出资	除弊	除尘	除服	除根	除名	除权	除丧
除外	除息	锄奸	处警	处身	处事	处刑	储值	触机	怵场	穿帮
穿线	穿孝	传灯	传粉	传话	传教	传经	传令	传情	传檄	传讯
传艺	传语	串门	串皮	串气	串味	串戏	串线	串烟	串种	闯关
创汇	创刊	创利	创收	创税	创业	吹牛	吹台	垂范	垂老	垂泪
垂帘	垂死	垂涎	辍笔	辞工	辞活	辞灵	辞任	辞世	辞岁	辞灶
辞职	刺字	从教	从警	从军	从命	从戎	从师	从业	从艺	从影
从政	从众	凑钱	促膝	蹙额	篡国	篡权	篡位	催化	催眠	催命
催奶	催情	存案	存档	存栏	存盘	存身	存食	存疑	搓麻	措辞
措手	措意	错车	错峰	错季	错金	错时	错银	搭伴	搭帮	搭伙
搭客	搭手	搭线	答言	达标	达旦	达意	答话	答礼	答题	答疑
打靶	打苞	打表	打叉	打场	打车	打道	打的	打非	打工	打钩
打鼓	打卦	打鬼	打鼾	打价	打尖	打尖	打醮	打卡	打雷	打枪

打枪　打拳　打扇　打食　打食　打胎　打铁　打头　打头　打仗　打桩
代笔　代课　代庖　代职　带班　带电　带话　带菌　带路　带头　待岗
待命　戴孝　担名　担心　当班　当权　当政　挡车　挡驾　导电　导热
捣蛋　捣鬼　倒班　倒仓　倒茬　倒车　倒戈　倒汇　倒票　倒嗓　倒台
倒头　倒牙　到案　到职　倒车　倒风　倒烟　盗汗　盗墓　道歉　道喜
得便　得病　得计　得空　得胜　得时　得势　得手　得闲　得益　得志
抵命　抵数　抵债　抵账　抵罪　缔约　点将　点睛　点题　点头　点心
点种　踮脚　垫资　奠都　奠基　奠酒　吊丧　吊孝　调茬　调档　调卷
调职　调包　掉膘　掉秤　掉色　掉线　跌份　跌价　跌足　叠翠　丁艰
丁忧　盯梢　顶缸　顶岗　顶杠　顶格　顶礼　顶命　顶天　顶头　顶账
顶职　订婚　定编　定鼎　定都　定岗　定更　定规　定睛　定名　定亲
定情　定损　定型　定影　定罪　丢丑　丢份　丢脸　丢人　丢手　动笔
动兵　动火　动气　动容　动身　动土　动窝　动武　动心　动刑　动嘴
兜底　斗牛　读经　读秒　渎职　黩武　堵车　堵嘴　度假　度命　度日
度汛　短秤　断案　断肠　断代　断后　断后　断魂　断交　断句　断粮
断流　断垄　断码　断奶　断气　断市　断弦　断狱　断种　堆笑　对半
对本　对簿　对词　对歌　对局　对阵　对症　兑奖　蹲苗　遁迹　遁世
夺杯　夺冠　夺魁　夺权　躲债　垛口　堕胎　跺脚　扼腕　发案　发榜
发报　发标　发兵　发病　发车　发端　发凡　发福　发稿　发汗　发家
发力　发亮　发令　发霉　发墨　发球　发轫　发身　发水　发威　发芽
发炎　发愿　乏术　伐木　罚球　法古　翻工　翻浆　翻脸　翻胃　反戈
反恐　反口　反目　反扒　反身　反水　反贪　反胃　反向　返工　返贫
返俗　犯案　犯病　犯法　犯规　犯忌　犯戒　犯禁　犯上　犯事　犯颜
犯罪　贩毒　防暴　防尘　防弹　防毒　防寒　防洪　防凌　防身　防特
防汛　防疫　仿古　访古　访旧　放步　放贷　放胆　放歌　放工　放话
放假　放量　放盘　放情　放权　放水　放心　放眼　放样　放债　放账
飞身　飞眼　费工　费话　费劲　费力　费神　费时　费心　分兵　分餐
分工　分洪　分栏　分类　分润　分身　分手　分忧　分账　奋袂　封笔
封港　封河　封火　封镜　逢集　唪经　奉公　奉令　奉命　伏法　扶病
扶残　扶乩　扶鸾　佛庵　拂袖　拂意　服毒　服气　服丧　服刑　服药
服罪　抚琴　拊膺　拊掌　负案　付丙　付账　付梓　负荆　负气　负伤
负心　负隅　负约　负罪　附耳　赴宴　赴约　复辟　复仇　复岗　复工
复古　复婚　复课　复命　复牌　复赛　复市　复胃　复职　傅粉　富民
改点　改观　改过　改行　改刊　改期　改线　改型　改样　改元　改制

改嘴　盖世　干杯　干政　赶车　赶海　赶汗　赶脚　感恩　感光　感世
搞鬼　告假　告警　告劳　告密　告语　告罪　搁笔　割地　割肉　割席
革职　隔行　隔日　隔世　隔心　隔夜　隔音　觥筹　给脸　跟班　跟风
跟踪　更名　更始　攻错　攻关　攻擂　供稿　拱火　拱手　供事　供职
勾脸　勾芡　构思　诟病　够格　估产　鼓劲　固氮　固沙　顾家　顾脸
雇凶　锢露　刮宫　刮脸　刮目　刮痧　挂齿　挂锄　挂单　挂挡　挂冠
挂果　挂火　挂机　挂甲　挂镰　挂零　挂名　挂帅　挂孝　挂心　挂靴
挂账　怪罪　关心　观风　观光　观礼　掼跤　灌音　归案　归公　归功
归咎　归阴　归罪　滚蛋　裹脚　过礼　过量　过目　过期　过人　过数
含苞　含情　含冤　喊话　喊价　喊冤　领首　号脉　耗能　耗神　耗资
合璧　合股　合卺　合口　合龙　核资　贺年　贺岁　贺喜　横眉　横心
糊口　护短　护驾　护林　划拳　滑精　化冻　化脓　化形　化斋　化妆
划价　画押　画知　画字　话旧　怀春　怀古　怀旧　怀胎　还本　还魂
还价　还口　还情　还手　还席　还阳　还债　还账　还嘴　缓步　缓颊
缓期　缓气　缓限　缓刑　缓役　换班　换茬　换挡　换工　换汇　换季
换肩　换届　换马　换亲　换帖　换血　换牙　灰心　挥戈　挥毫　挥师
挥手　回肠　回口　回眸　回棋　回身　回神　回师　回嘴　悔过　悔婚
悔棋　悔约　悔罪　毁容　毁约　汇流　会钞　会车　会话　会客　会面
会师　会水　会心　会意　会账　绘图　混迹　混事　活血　获罪　积德
积肥　积年　积食　缉毒　缉私　缉凶　跻身　及格　极目　集权　集邮
集资　辑要　给水　计酬　计价　计时　计数　计数　记仇　记分　记工
记功　记过　记名　忌口　忌嘴　济贫　济世　继位　继武　祭灶　寄名
寄情　加班　加点　加封　加劲　加盟　加密　加冕　加压　假手　假座
驾辕　监场　监票　缄口　检波　检票　检疫　减仓　减产　减负　减价
减色　减速　减刑　减压　减灾　剪彩　剪径　剪票　见背　见长　见机
见面　见效　见罪　间苗　建仓　建档　建都　建模　建言　建元　健身
践诺　践约　践祚　讲古　讲价　讲课　讲情　讲学　降班　降格　降级
降价　降旗　降噪　降职　交兵　交差　交底　交工　交火　交界　交困
交手　交尾　交心　交友　教书　绞脸　矫命　矫情　矫形　搅局　叫魂
叫价　叫屈　结果　接风　接羔　接骨　接驾　接界　接境　接力　接龙
接气　接腔　接亲　接壤　接摘　接事　接手　接戏　接线　接踵　揭底
揭短　揭秘　揭牌　节哀　节能　节食　节欲　节支　劫道　劫机　结案
结仇　结关　结汇　结社　结业　结义　结账　截稿　截流　截肢　解饿
解构　解恨　解困　解码　解难　解难　解囊　解气　解手　解套　解颐

解约 解职 介怀 介意 戒毒 借火 借景 借镜 借位 借债 借账
尽力 尽心 尽兴 尽责 尽职 进兵 进餐 进货 进食 进位 晋级
浸种 禁毒 禁赌 禁欲 经商 经手 经心 经意 警世 竞技 敬业
静场 静心 静园 纠错 纠偏 救国 救火 救急 救驾 救命 救生
救市 救亡 就业 拘礼 拘役 居心 举兵 举步 举例 举目 举事
举要 举债 举证 具名 惧内 聚首 聚众 捐躯 捐资 撇嘴 决口
决胜 决意 决战 角力 绝版 绝代 绝迹 绝交 绝经 绝食 绝世
绝嗣 绝望 绝种 竣工 咯血 开班 开秤 开恩 开方 开光 开锅
开国 开河 开户 开怀 开荒 开会 开价 开奖 开胶 开镜 开口
开口 开矿 开例 开镰 开锣 开腔 开缺 开赛 开哨 开台 开膛
开题 开庭 开胃 开线 开学 开颜 开眼 开业 揩油 看摊 戡乱
砍价 看茶 看相 看座 扛活 抗暴 抗法 抗旱 抗洪 抗婚 抗涝
抗命 抗税 抗灾 考勤 烤火 磕头 咳血 克食 垦荒 坑农 吭气
吭声 控股 控盘 叩首 叩头 扣题 夸口 夸嘴 垮台 宽限 宽心
宽衣 匡谬 匡时 旷工 旷课 旷职 亏本 亏产 溃口 困觉 扩版
扩编 扩产 扩股 扩军 扩权 拉夫 拉架 拉稀 拉线 拉秧 拉账
来事 赖婚 赖账 拦路 拦网 揽胜 揽储 揽活 滥情 滥权 捞本
劳驾 劳军 落汗 落价 落架 落色 落枕 累年 累世 离队 离婚
离任 离题 罹难 理财 理发 理气 历险 立法 立功 立国 立脚
立论 立嗣 立宪 立项 立言 立约 立账 立志 立字 励志 连类
连年 连日 联电 联机 联句 联袂 联名 联手 联网 联谊 联宗
敛步 敛财 敛钱 敛容 敛足 练队 练功 练手 炼丹 炼句 炼字
恋家 恋旧 恋群 恋栈 恋战 量度 亮分 量力 量刑 燎原 了事
了账 撂手 咧嘴 列席 猎奇 蹓等 临风 临街 临帖 临刑 领道
领军 领路 领略 领情 领头 领衔 领罪 溜桌 留步 留门 留神
留心 留意 留职 流觞 流血 遛马 遛鸟 隆乳 隆胸 拢音 漏电
漏光 漏税 漏网 漏嘴 露丑 露底 露风 露面 露苗 露相 履新
履约 履职 律己 滤波 滤尘 乱套 乱营 掠美 轮班 轮岗 论罪
裸体 落榜 落笔 落标 落膘 落潮 落第 落发 落脚 落墨 落幕
落难 落套 抹脸 骂娘 埋单 埋名 埋头 买单 买账 迈步 卖底
卖功 卖国 卖艺 卖友 卖嘴 满仓 满点 满服 满腹 满面 满目
满腔 满勤 满意 满月 忙活 冒顶 冒功 冒火 冒名 冒险 没底
没脸 没戏 没缘 没辙 美发 美容 美体 昧死 昧心 媚世 媚俗
扪心 蒙事 蒙尘 蒙垢 蒙难 蒙冤 盟誓 弥天 迷航 弭兵 弭患

弭乱	免费	免礼	免税	免俗	免刑	免役	免疫	免职	免罪	勉力
面世	面市	灭顶	灭火	灭迹	灭口	灭门	灭族	名状	明志	鸣笛
鸣金	鸣冤	瞑目	命笔	命名	命题	摸彩	摸底	摸奖	摸哨	摸头
摸营	摩天	磨牙	磨嘴	抹黑	抹零	牟利	谋和	谋面	谋生	谋私
谋职	沐恩	募股	慕名	拿权	拿事	闹灾	闹贼	拟稿	拟态	拟音
纳彩	纳福	纳贡	纳粮	纳妾	纳税	挠秧	闹荒	闹事		
逆市	逆水	逆向	匿迹	匿名	溺婴	拈香	念佛	念经	念旧	念书
尿血	捏积	捏脊	蹑踪	宁亲	凝眸	凝目	凝神	扭亏	弄鬼	弄权
弄瓦	弄璋	努嘴	暖寿	搦管	呕心	呕血	怄气	爬灰	爬坡	怕事
拍案	拍马	拍手	拍戏	拍照	排涝	排雷	排卵	排外	排污	排戏
排险	排阵	派位	攀岩	盘店	盘货	盘库	盘山	盘腿	盘膝	盘账
判分	判刑	判罪	拚命	叛国	抛光	跑车	跑电	跑肚	跑光	跑题
泡汤	陪床	赔本	赔话	赔礼	赔情	赔罪	配方	配股	配料	配器
配色	配伍	配戏	配药	配音	配乐	配种	喷饭	喷粪	喷口	烹茶
捧杯	捧腹	捧角	碰杯	碰壁	碰面	碰头	披卷	劈山	毗邻	劈账
辟谣	骗汇	骗马	骗税	撇嘴	贫水	贫血	贫油	品题	平仓	平槽
平叛	平权	平身	平西	平账	评标	评功	评级	评理	破案	破财
破钞	破的	破费	破格	破句	破浪	破例	破涕	破网	破相	破晓
破颜	剖腹	扑鼻	扑面	铺轨	普法	栖身	骑墙	乞灵	乞食	启程
启碇	启齿	启碇	启幕	启衅	起兵	起稿	起更	起事	起意	起赃
弃奖	弃权	弃世	迁怒	牵头	签名	签约	签字	愆期	潜心	潜踪
遣词	欠火	欠情	欠身	欠资	戗风	强身	抢点	抢工	抢亲	抢墒
抢先	抢险	强颜	翘首	切汇	切齿	切脉	切题	切音	怯场	怯阵
窃国	窃密	侵权	轻敌	轻生	倾侧	倾巢	倾力	倾盆	倾情	清场
清火	清栏	清热	清污	清淤	清障	请假	请客	请缨	请愿	请罪
庆功	求爱	求偶	求亲	求情	求人	求是	求医	求援	求知	求职
驱车	驱邪	屈才	屈膝	屈指	祛疑	焌油	趋时	取材	取道	取法
取经	取景	取乐	取样	取证	娶亲	去火	去任	去世	去暑	去职
缺编	缺勤	缺席	缺员	缺阵	缺嘴	阙疑	却病	却步	染病	染指
攘臂	让步	让利	让零	让路	让贤	饶命	饶舌	扰民	绕道	惹祸
惹气	惹事	热身	忍心	认错	认股	认命	认头	认账	认罪	任课
任职	容情	容人	容身	溶血	如初	如次	如上	如下	如愿	辱命
入股	入骨	入画	入伙	入境	入口	入列	入梅	入梦	入魔	入世
入手	入土	入网	入围	入闱	入伍	入席	入戏	入药	入账	润色

撒村 撒谎 撒尿 撒手 撒腿 洒泪 塞车 散架 散步 散场 散工
散会 散伙 散戏 散心 丧胆 丧命 丧偶 丧气 丧生 扫毒 扫雷
扫尾 塞责 杀价 杀菌 杀气 铩羽 煞车 歃血 筛糠 晒垡 晒图
煽情 讪脸 苫背 善后 擅场 擅权 伤生 赏光 赏脸 上班 上膘
上操 上浆 上课 上色 上税 上头 上刑 上装 尚武 绱鞋 捎脚
烧包 烧荒 烧纸 捎色 赊账 折本 折秤 舍脸 舍命 舍身 设法
设色 涉案 涉笔 涉世 涉足 摄生 摄像 摄政 伸腰 审题 升班
升官 升旗 升位 升学 升帐 升职 生病 生财 生根 生火 生气
生色 生事 生息 生效 省心 失策 失婚 失火 失计 失脚 失据
失利 失密 失身 失时 失势 失事 失态 失效 失序 失血 失言
失业 失音 失着 失职 失重 失踪 施肥 施工 施礼 施威 施斋
施政 识荆 识字 拾荒 食言 蚀本 使劲 示爱 示范 示人 示意
示众 仕宦 试笔 试车 试工 试机 试镜 视事 逝世 舐痔 释怀
释疑 收报 收车 收工 收镰 收篷 收尸 收手 收心 收银 守成
守法 守服 守节 守灵 守时 守岁 守土 守孝 守信 守业 守职
守制 受案 受病 受敌 受粉 受过 受精 受礼 受命 受难 受气
受权 受胎 受刑 受益 受灾 受罪 授粉 授奖 授课 授命 授权
授首 授衔 授勋 授意 抒怀 抒情 梳头 输电 输血 输氧 输液
赎身 赎罪 署名 数伏 戍边 束手 束装 述职 树敌 恕罪 刷卡
耍钱 耍人 甩货 甩客 甩腔 甩站 爽约 睡觉 顺水 说法 说谎
说媒 说亲 说情 说书 说戏 司法 司职 思春 思凡 思古 思旧
思乡 撕票 死心 伺机 肆力 嗣位 松劲 松气 松手 松心 松嘴
耸肩 送殡 送礼 送命 送气 送亲 送丧 搜身 诉冤 诉愿 溯源
算命 随军 随俗 遂愿 缩量 缩手 索酬 索贿 索价 锁国 塌台
踏空 踏足 抬价 贪财 贪墨 贪青 贪色 贪生 贪嘴 谈天 谈心
弹泪 弹指 叹息 探案 探病 探风 探家 探矿 探路 探秘 探亲
探险 蹚道 蹚路 烫发 烫蜡 烫头 叨光 掏底 掏心 逃汇 逃婚
逃课 逃票 逃税 逃学 逃债 淘神 讨价 讨亲 讨情 讨债 套利
套色 提词 提花 提货 提级 提价 提名 提亲 提神 提速 提职
题额 剃头 添彩 添丁 添乱 填仓 填词 填房 填权 挑礼 挑食
挑眼 挑嘴 调幅 调级 调价 调经 调速 调味 调制 调资 挑头
挑衅 跳班 跳级 跳脚 跳梁 跳闸 贴金 贴权 贴现 铁心 听命
停工 停火 停灵 停牌 停食 停手 停职 挺身 挺尸 通敌 通电
通分 通经 通经 通名 通窍 通商 同上 同心 偷空 偷情 偷税

偷营　偷嘴　投案　投弹　投档　投敌　投毒　投稿　投工　投缳　投军
投篮　投料　投票　投亲　投身　投师　投医　透底　吐翠　吐口　吐气
吐穗　吐絮　吐字　吐血　推头　退场　退潮　退磁　退婚　退伙　退票
退坡　退亲　退勤　退热　褪色　退烧　退市　退庭　退位　退伍　退席
退赃　退职　蜕皮　褪色　吞金　吞声　屯兵　屯田　托病　托福　托故
托疾　托梦　托名　托腔　托情　托身　拖腔　拖堂　脱靶　脱班　脱档
脱稿　脱轨　脱货　脱节　脱臼　脱口　脱困　脱盲　脱帽　脱坯　脱坡
脱期　脱身　脱位　脱险　脱相　脱瘾　脱脂　拓荒　挖潜　完稿　完工
完婚　完粮　完事　完税　玩味　枉法　忘本　忘形　望风　为患　为力
为生　为首　为伍　违法　违规　违纪　违宪　违心　违约　违章　维权
委身　诿过　卫道　卫冕　畏光　畏难　畏罪　喂食　温居　问案　问卜
问津　问责　问罪　窝工　窝火　窝气　窝赃　握手　无边　无敌　无度
无法　无方　无际　无疆　无理　无量　无声　无物　无误　无瑕　无暇
无效　无行　无恙　无益　无垠　务工　务农　误场　误点　误岗　误工
误国　误期　误事　晤面　吸毒　吸食　析产　析疑　惜福　惜力　熄灯
习艺　洗车　洗尘　洗盘　洗钱　下班　下笔　下单　下蛋　下第　下碇
下脚　下劲　下令　下神　下世　下手　下书　下水　下网　下学　下箸
衔恨　衔枚　衔命　衔冤　显灵　显能　显圣　显形　显影　现形　现眼
限时　献策　献花　献计　献技　献礼　献旗　献芹　献身　献艺　相亲
镶牙　享福　享誉　想法　向火　向阳　向隅　相机　相面　枭首　消磁
消气　消食　消炎　销案　销号　销户　销假　效法　效力　效命　效尤
歇班　歇顶　歇肩　歇脚　歇气　歇手　歇腿　歇业　歇枝　协力　写景
泄底　泄洪　泄劲　泄密　泄题　卸货　卸责　卸职　卸妆　谢步　谢恩
谢世　谢罪　懈气　信步　兴兵　兴工　兴国　兴师　兴学　行车　行船
行道　行房　行经　行乐　行令　行腔　行刑　行凶　省墓　省亲　醒酒
休会　休假　休市　修道　修函　修脚　修面　修身　修史　修宪　修业
羞口　许婚　叙功　叙事　续貂　续假　续弦　蓄洪　蓄念　蓄意　蓄志
悬壶　悬腕　悬心　旋踵　选矿　选煤　选样　选种　削发　削价　雪耻
雪恨　雪冤　寻机　寻事　巡风　循例　循序　训话　徇情　压案　压车
压船　压顶　压锭　压港　压价　压境　压客　压气　压条　押题　押账
轧场　延期　沿例　掩鼻　演戏　厌世　厌战　咽气　验车　验光　验尸
验资　扬帆　扬名　扬沙　扬水　扬威　扬言　仰天　养兵　养地　养家
养路　养人　养神　养生　养性　邀功　摇手　摇头　要饭　要谎　冶金
移师　遗患　遗祸　遗精　遗尿　遗矢　议事　议政　易手　易帜　易主

益智　溢价　引港　引火　引颈　引咎　引领　引路　引水　引种　引资
饮弹　饮誉　隐身　印花　应声　迎亲　营利　营业　应标　应敌　应举
应门　应市　应运　拥军　咏怀　用兵　用餐　用典　用饭　用工　用劲
用力　用命　用膳　用刑　用印　有底　有方　有恒　有年　有喜　有戏
有效　有缘　有致　有种　逾期　与会　育才　育雏　育林　育苗　育秧
育种　遇险　喻世　寓目　圆场　圆房　圆谎　援例　援外　阅兵　阅卷
阅世　越冬　越轨　越级　越界　越境　越礼　越权　越野　越狱　匀脸
殉命　殉身　孕穗　运笔　运气　运思　晕车　匝地　砸锅　栽面　栽赃
宰客　宰人　载波　载客　载誉　载重　拶指　葬身　遭劫　遭难　遭殃
遭罪　造册　造福　造句　造林　造孽　造市　造势　造血　造谣　造影
则声　择吉　择偶　择期　择校　择业　咋舌　增仓　增光　增辉　增色
增速　增值　扎营　轧钢　炸市　摘由　择席　占卦　占课　占梦　占星
沾亲　斩仓　斩首　展翅　展期　展限　展业　占先　占线　蘸火　张榜
张口　长膘　长脸　涨潮　掌厨　掌权　掌灶　掌嘴　仗胆　仗势　胀库
招标　招兵　招风　招工　招股　招魂　招商　招生　招事　招贤　着火
着魔　找零　找钱　照相　肇端　肇祸　肇事　遮丑　折福　折桂　折寿
折腰　折账　折纸　诊脉　振臂　赈灾　争冠　争光　争脸　争气　争先
征兵　征地　征稿　整地　整队　整风　整流　整容　整形　整枝　正点
正法　正骨　正名　正误　证婚　支边　支棱　支前　知道　知底　知情
执棒　执笔　执鞭　执法　执绋　执纪　执勤　执业　执政　值勤　植苗
植皮　植树　殖民　止步　抵掌　指名　至极　志哀　制版　制图　治本
治标　治丧　治水　治污　治学　治印　治装　治罪　致辞　致电　致函
致力　致命　致意　滞洪　滞后　置喙　置身　置业　终场　钟爱　钟情
中标　中的　中毒　中计　中奖　中意　种痘　逐鹿　主刀　主婚　主事
属意　瞩目　助老　助威　助兴　助阵　住口　住手　注目　注塑　注意
注音　注资　驻跸　驻足　祝寿　蛀齿　铸错　铸字　抓膘　抓哏　转文
专力　专美　专权　转车　转道　转岗　转会　转机　转口　转手　转瞬
转文　转眼　转业　转院　转运　转账　转制　转筋　转向　装机　壮胆
壮阳　撞墙　撞锁　追根　追尾　追星　追赃　缀文　捉刀　酌情　着笔
着力　着陆　着墨　着色　着手　着眼　滋事　滋芽　纵火　纵酒　纵目
纵身　走笔　走镖　走电　走风　走色　走扇　走题　走形　走眼　走样
走账　走嘴　奏凯　奏效　奏乐　卒岁　卒业　组稿　钻心　醉心　遵命
佐餐　作案　作弊　作恶　作法　作古　作怪　作价　作客　作脸　作乱
作难　作孽　作色　作势　作数　作祟　作态　作俑　坐班　坐床　坐胎

做伴	做东	做工	做鬼	做客	做媒	做声	做寿	做主	押车	翻本
掐诀	号丧	报国	提前	绑腿	傍明	傍晌	傍晚	傍午	苞米	抱厦
驳岸	薄海	承题	吃水	斥卤	重午	愁城	愁云	出典	处暑	垂暮
存底	错层	搭背	搭腰	打春	代序	当局	点心	垫脚	顶针	董事
兜肚	督学	对襟	防风	仿影	分头	分野	分阴	扶手	拂尘	辅币
盖火	盖头	干事	隔壁	跟班	勾栏	贯口	裹脚	裹腿	过晌	过午
合叶	和棋	护壁	护耳	护腿	护膝	滑音	会阴	监事	兼毫	讲史
进尺	纠风	纠葛	举重	具文	开山	靠背	扣肉	拉锁	离子	连襟
联邦	凌晨	领事	流芳	盘川	陪房	陪客	陪音	披风	评书	评戏
屏风	破墨	启事	起火	侵晨	忍冬	如今	润笔	散水	施事	守宫
受事	顺价	司机	司库	司炉	司南	司药	司仪	抬肩	抬裉	弹词
淘河	替身	填房	调羹	跳棋	听骨	通事	往后	诿罪	文胸	洗煤
响鼻	响指	写意	削壁	仰壳	引信	涌潮	跃层	在下	战国	折箩
折线	枕头	镇星	镇纸	之前	知事	知县	知音	知州	执事	指南
指事	综艺	走水	碍口	熬心	拗口	傲人	霸道	抱歉	背理	背兴
背眼	变相	便民	蹩脚	别嘴	差劲	差事	缠人	超等	超级	吵人
彻底	称身	称心	称职	出饭	出号	出色	出众	传神	刺耳	刺目
凑手	打眼	倒霉	倒运	得体	得意	抵事	顶事	懂行	懂事	动人
堵心	对眼	夺目	扼要	乏味	翻皮	烦人	反季	非人	分体	感人
感性	隔房	隔山	寡欢	寡情	寡味	寡言	过度	过分	过火	过头
过瘾	好客	好色	好事	合度	合法	合格	合脚	合口	合理	合拍
合群	合身	合时	合体	合意	恨人	晃眼	棘手	济事	夹心	骄人
叫座	近情	惊人	惊天	揪心	可口	可身	可体	可心	可意	亏心
礼宾	连锁	临界	露骨	卖劲	卖力	冒牌	没趣	迷人	挠头	恼人
起劲	起码	抢眼	切实	切要	怯生	清口	屈心	缺德	燃情	绕嘴
惹眼	认脚	任性	入耳	入时	入眼	散光	丧气	扫兴	伤心	上劲
上相	上心	涉外	生身	失意	识货	识趣	识相	适口	适时	适意
舒心	顺耳	顺心	顺眼	顺意	随群	随身	随心	随意	遂心	遂意
塌心	烫手	贴谱	贴题	贴心	投缘	无机	无能	无上	无限	无知
喜人	吓人	像话	像样	羞人	炫目	言情	养眼	耀眼	宜人	应税
应季	用心	有理	有力	有利	有名	有趣	有形	有幸	有益	逾分
悦耳	悦目	在行	在理	在谱	扎手	扎眼	招眼	知名	知趣	知心
值钱	中肯	著名	走运	加上	余外					

(注:有些双音节复合词为同形词,分列两个词条,如"打头、断后"等)

附录4 现代汉语名形复合词词表

斑白	斑驳	板实	板正	板硬	梆硬	板滞	宝贵	宝蓝	边远	笔挺
笔直	碧蓝	碧绿	鼻酸	彪炳	彪悍	冰冷	冰凉	病笃	病弱	病危
病险	病愈	才俊	草灰	草绿	草昧	齿冷	瓷实	刺痒	葱翠	丛脞
丛杂	冲要	冲要	侧扁	侧近	茶青	潮红	橙红	橙黄	齿冷	葱白
葱绿	翠微	胆寒	胆怯	胆小	胆虚	胆壮	地黄	滇红	冬青	豆绿
豆青	鹅黄	耳背	耳沉	耳尖	耳热	耳生	耳顺	耳顺	耳熟	粉碎
枫香	风凉	风骚	风雅	锋利	肤泛	肤廓	肤浅	感伤	关紧	光滑
光亮	光亮	光明	光明	光荣	光润	光鲜	光艳	果绿	规整	规正
瑰丽	瑰奇	瑰玮	猴急	猴精	狐精	狐媚	湖蓝	湖绿	虎实	海蓝
花红	火红	火热	火烫	火炽	火急	辉煌	技巧	技痒	家常	家私
姜黄	姜黄	酱紫	桀骜	节烈	金贵	金黄	径直	韭黄	橘红	橘红
橘黄	口臭	口淡	口紧	口轻	口小	口重	蜡白	蜡黄	浪荡	浪荡
雷同	利淡	利多	利好	利空	脸红	脸热	脸软	路痴	篱藩	脑残
麻花	麻利	麻利	毛糙	毛蓝	毛躁	门清	米黄	绵密	面老	面嫩
面软	面善	面生	面熟	篾黄	篾青	溟蒙	命大	墨黑	墨绿	陌生
内秀	年迈	年青	年轻	年少	年少	尿频	年尊	农忙	农闲	藕灰
喷香	蓬乱	蓬松	蓬茸	蓬勃	皮实	漆黑	祁红	气粗	气短	气急
气馁	气恼	气虚	气盛	铅灰	情急	秋凉	权贵	人和	日常	肉红
肉麻	儒雅	乳白	乳黄	色弱	山响	神秘	神妙	神明	神奇	神圣
神伤	神武	神勇	生平	时常	手大	手黑	手快	手辣	手慢	手巧
手勤	手轻	手软	手生	手松	手紧	手重	手痒	书香	树懒	水灵
水绿	水平	水平	时新	蒜黄	檀香	天空	天蓝	天亮	天平	天青
天真	条畅	铁灰	铁青	堂皇	童蒙	头大	头疼	头痛	土黄	童真
瓦灰	瓦蓝	瓦亮	瓦全	晚安	窝憋	犀利	乡僻	蟹粉	蟹黄	蟹青
心烦	心浮	心寒	心黑	心慌	心慌	心急	心焦	心静	心宽	心灵
心切	心软	心盛	心酸	心细	心秀	心虚	心硬	心窄	心重	猩红
形胜	杏红	杏黄	性急	雪白	雪亮	雪青	血红	血腥	鸭黄	胭红
眼馋	眼毒	眼红	眼花	眼尖	眼浅	眼热	眼生	眼熟	眼拙	妖媚
妖艳	妖冶	腋臭	夜阑	义勇	银白	银红	银灰	阳刚	洋红	洋红
油光	油滑	油亮	油绿	油腻	油腻	油酥	油香	友好	友善	月白

月亮　藏蓝　藏青　枣红　贞洁　贞烈　中空　种差　资深　质朴　嘴刁
嘴乖　嘴尖　嘴紧　嘴快　嘴软　嘴松　嘴碎　嘴损　嘴甜　嘴稳　嘴严
嘴硬　嘴直

　　（注：有些双音节复合词为同形词，分列两个词条，如"水平、心慌"等）

参考文献

[1] AUDRING J, MASINI F. (eds.). The Oxford Handbook of Morphological Theory[C]. Oxford: Oxford University Press, 2018.

[2] BAKER M. Incorporation[M]. Chicago: The University of Chicago Press, 1988.

[3] BAUER L. English Word-Formation [M]. Cambridge: Cambridge University Press, 1983.

[4] BAUER L, LIEBER R & PLAG I. The Oxford Reference Guide to English Morphology [M]. Oxford: Oxford University Press, 2013.

[5] BENCZES R. Creative Compounding in English [M]. Amsterdam: John Benjamins, 2006.

[6] BERGEN B, CHANG N. Embodied Construction Grammar in Simulation-Based Language Understanding[A]//ÖSTMAN J & FRIED M (eds.), Construction Grammars: Cognitive Grounding and Theoretical Extensions[C]. Amsterdam & Philadelphia: John Benjamins, 2005.

[7] BLOOMFIELD L. Language [M]. London: George Allen & Unwin Ltd, 1973.

[8] BOAS H, SAG I (eds.). Sign-Based Construction Grammar [C]. Stanford: CSLI Publications, 2012.

[9] BOOIJ G. Polysemy and Construction Morphology [A]//FORS M. (eds.), Leven Met Woorden [C]. Leiden: Institute Voor Nederlands Lexicologie, 2007: 355—364.

[10] BOOIJ G. Construction Morphology [M]. Oxford: Oxford University Press, 2010.

[11] BOOIJ G E. Inheritance and Construction Morphology [A]// Paper presented at the workshop on "Default Inheritance" [C]. Lexington:

University of Kentucky，2012.

[12] BOOIJ G，MASINI F. The Role of Second Order Schemas in the Construction of Complex Words [J]. Studies in Morphology，2015(3)：47—59.

[13] BOOIJ G，AUDRING J. Construction Morphology and the Parallel Architecture of Grammar [J]. Cognitive Science，2017(2)：277—302.

[14] BROUSSEAU A. Triptique sur les Compose[M]. Montreal：Groupe de Recherche sur le Coele，Haitien，UQAM，1988.

[15] BUSA F. Compositionality and the Semantics of Nominals[D]. Boston：Brandeis University，1997.

[16] CECCAGNO A，SCALISE S. Classification，Structure and Headedness of Chinese Compounds [J]. Lingue e Linguaggio，2006，2：233—260.

[17] CECCAGNO A，BASCIANO B. Compound Headedness in Chinese：An Analysis of Neologisms [J]. Morphology，2007(17)：207—231.

[18] CECCAGNO A，BASCIANO B. Sino-Tibetan：Madarin Chinese [A]// LIEBER R & ŠTEKAUER P（Ed.），The Oxford Handbook of Compounding [C]. Cambridge：Cambridge University Press，2011.

[19] CHAO Y R. Mandarin Primer [M]. Mass：Harvard University Press，1948.

[20] CHAO Y R. A Grammar of Spoken Chinese [M]. Berkeley and Los Angeles：University of California Press，1968.

[21] CHOMSKY N. Lectures on Government and Binding[M]. Berlin & NY：Mouton de Gruyter，1981.

[22] CHOMSKY N. Syntactic Structures [M]. Berlin & NY：Mouton de Gruyter，2002.

[23] CRYSTAL D. The Cambridge Encyclopedia of the English Language [M]. Cambridge：CUP，1995.

[24] CROFT W. Radical Construction Grammar：Syntactic Theory in Typological Perspective [M]. Oxford：Oxford University Press，2001.

[25] CROFT W. Radical Construction Grammar[M]. Cambridge：CUP，2005.

[26] CULICOVER P W，JACKENDOFF R. Simpler Syntax [M]. Oxford：Oxford University Press，2005.

[27] DIESEL H. The Grammar Network：How Linguistic Structure is

Shaped by Language Use [M]. Cambridge: Cambridge University Press, 2019.

[28] DONALIES E. Grammatik des Deutschen im Europäischen Vergleich: Kombinatorische Begriffsbildung. Teil 1: Substantivkomposition[M]. Mannheim: Institut für Deutsche Sprache, 2004.

[29] DOWNING P. On the Creation and Use of English Compound Nouns [J]. Language, 1977(4): 810—842.

[30] DUANMU S. A Formal Study of Syllable, Tone, Stress and Domain in Chinese Languages[D]. Massachusetts: MIT, 1990.

[31] DUANMU S. The Tone-Syntax Interface in Chinese: Some Recent Controversies[A]//KAJI S (eds.), Proceedings of the Symposium "Cross-Linguistic Studies of Tonal Phenomena, Historical Development, Tone-Syntax Interface, and Descriptive Studies"[C]. December 16—17, 2004, Research Institute for Languages and Cultures of Asia and Africa, (ILCAA), Tokyo University of Foreign Studies, 2005.

[32] FAUCONNIER G, TURNER M. The Way We Think: Conceptual Blending and the Mind's Hidden Complexities[M]. New York: Basic Books, 2002.

[33] FILLMORE C. Syntactic Intrusions and the Notion of Grammatical Construction[A]//NIEPOKUJ M, VANCLAY M, NIKIFORIDOU V, FEDER D (eds.), Proceedings of the Eleventh Annual Meeting of the Berkeley Linguistics Society[C]. Berkeley: Berkeley Linguistics Society, 1985.

[34] FILLMORE C, et al. Regularity and Idiomaticity in Grammatical Constructions: The Case of Let Alone [J]. Language, 1988(9): 501—538.

[35] FILLMORE C, et al. Construction Grammar[M]. Chicago: The University of Chicago Press, 2003.

[36] GEERAERTS D. The Interaction of Metaphor and Metonymy in Composite Expressions [A]//DIRVEN R, POINGS R (eds.), Metaphor and Metonymy in Comparison and Contrast. Berlin: Mouton de Gruyter, 2002.

[37] GOLDBERG A E. Constructions: A Construction Grammar Approach

to Argument Structure [M]. Chicago & London: The University of Chicago Press, 1995.

[38] GOLDBERG A E. Constructions: A New Theoretical Approach to Language [J]. Journal of Foreign Languages, 2003(3): 1—11.

[39] GOLDBERG A E. Constructions at Work: the Nature of Generalization in Language [M]. Oxford : Oxford University Press, 2006.

[40] GOLDBERG A E. Constructionist Approaches[A]//HOFFMANN T, TROUSDALE G (eds.), The Oxford Handbook of Construction Grammar[C]. Oxford: Oxford University Press, 2013.

[41] GOLDBERG A E. Explain Me This: Creativity, Competition, and the Partial Productivity of Constructions [M]. Princeton: Princeton University Press, 2019.

[42] GUEVARA M, SCALISE S. Searching for Universals in Compounding [A]//SCALISE S, et al.(eds.), Universals of Language Today [C]. Springer, 2009.

[43] HALE K, KEYSER S. A Response to Fodor and Lepore, "Impossible Words?" [J]. Linguistic Inquiry, 1999(30): 453—466.

[44] HEYVAERT L. A Cognitive-functional Approach to Nominalization in English[M]. Berlin: Mouton de Gruyter, 2003.

[45] HOFFMANN T, TROUSDALE G. The Oxford Handbook of Construction Grammar [C]. New York: Oxford University Press, 2013.

[46] HUANG S. Chinese as a Headless Language in Compounding Morphology[A]//PACKARD J (eds.), New Approaches to Chinese Word Formation: Morphology, Phonology and the Lexicon in Modern and Ancient Chinese [C]. Berlin and New York: Mouton de Gruyter, 1997.

[47] JACKENDOFF R. Foundations of Language: Brain, Meaning, Grammar, Evolution[M]. Oxford: Oxford University Press, 2002.

[48] JACKENDOFF R. A Parallel Architecture Perspective on Language Processing [J]. Brain Research, 2007: 2—22.

[49] JACKENDOFF R. English Noun-Noun Compounds in Conceptual Semantics [A]//TEN HACKEN P (eds.), The Semantics of Compounding [C]. Cambridge: Cambridge University Press, 2016:

15—37.

[50] JACKENDOFF R, AUDRING J. The Texture of the Lexicon: Relational Morphology and the Parallel Architecture [M]. Oxford: Oxford University Press, 2020.

[51] KAYNE R. The Antisymmetry of Syntax [M]. Cambridge: MIT Press, 1994.

[52] KIPARSKY P. Lexical Phonology and Morphology [M]. Mass: MIT Press, 1982.

[53] LAKOFF G. Linguistic Gestalts [J]. Chicago Linguistics Society, 1977 (13): 236—287.

[54] LAKOFF G. Women, Fire and Dangerous Things: What Categories Reveal about the Mind [M]. Chicago: University of Chicago Press, 1987.

[55] LAKOFF G, JOHNSON M. Metaphors We Live By [M]. Chicago: The University of Chicago Press, 1980.

[56] LANGACKER R W. Foundations of Cognitive Grammar, Vol. 1. [M]. Stanford: Stanford University Press, 1987.

[57] LANGACKER R W. Foundations of Cognitive Grammar, Vol. 2. [M]. Stanford: Stanford University Press, 1991.

[58] LEES R B. The Grammar of English Nominalizations [M]. Bloomington: Indian University Press, 1960.

[59] LI C, THOMPSON S A. Mandarin Chinese. A Functional Reference Grammar [M]. Berkeley: University of California Press, 1981.

[60] LIEBER R. Argument Linking and Compounds in English [J]. Linguistic Inquiry, 1983(2): 265.

[61] LIEBER R, ŠTEKAUER P. The Oxford Handbook of Compounding [C]. Oxford: Oxford University Press, 2009.

[62] LU B F, DUANMU S. A Case Study of the Relation between Rhythm and Syntax in Chinese [A]. Paper presented at the Third America Conference on Chinese Linguistics, May 3—5, Ithaca, 1991.

[63] MARCHAND H. The Categories and Types of Present-Day English Word-Formation [M]. Wiesbaden: Otto Harrassowitz Press, 1969.

[64] MARKUS B. Stroop Interference in Bilinguals: The Role of Similarity between the Two Languages [A]//HEALY A, BOURNEL F/HEALY

A F. (eds.), Foreign Language Learning: Psycholinguistic Studies on Training and Retention [C]. New Jersey: Lawrence Erlbaum Associates, 1998: 317—337.

[65] OSTER U. From Relational Schemas to Subject-Specific Semantic Relations: A Two-step Classification of Compound Terms[J]. Annual Review of Cognitive Linguistics, 2004 (2): 235—259.

[66] PACKARD J L. The Morphology of Chinese: A Linguistic and Cognitive Approach [M]. Cambridge: Cambridge University Press, 2000.

[67] PENG D, LIU Y , WANG C. How is Access Representation Organized? The Relation of Polymorphemic Words and Their Morphemes in Chinese[A]//WANG J, INHOFF A W & CHEN H C. Reading Chinese Script: A Cognitive Analysis [C]. Mahwah NJ: Lawrence Erlbaum, 1999.

[68] PLAG I. Word-Formation in English [M]. Cambridge: Cambridge University Press, 2003.

[69] PUSTEJOVSKY J. The Generative Lexicon[M]. Cambridge, MA: MIT Press, 1995.

[70] RENNER V. A Study of Element Ordering in English Coordinate Lexical Items [J]. English Studies, 2014, 95(4): 441—458.

[71] ROEPER T, SIEGEL M. A Lexical Transformation for Verbal Compounds [J]. Linguistic Inquiry, 1978(9): 197—260.

[72] RYDER M E. Ordered Chaos: The Interpretation of English Noun-Noun Compounds[M]. Berkeley: University of California Press, 1994.

[73] SELKIRK E. The Syntax of Words [M]. Cambridge: MIT Press, 1982.

[74] STAROSTA S, KUIPER K, NG S, WU Z. On Defining the Chinese Compound Word: Headedness in Chinese Compounding and Chinese VR Compounds [A]//PACKARD J. (eds.), New Approaches to Chinese Word Formation [C]. Berlin and New York: Mouton de Gruyter, 1998: 346—369.

[75] STEELS L (eds.). Design Patterns in Fluid Construction Grammar[C]. Amsterdam & Philadelphia: John Benjamins, 2011.

[76] TRAUGOTT E C, TROUSDALE G. Constructionalization and

Constructional Changes［M］. Oxford：Oxford University Press，2013.

［77］WARREN B. Semantic Patterns of Noun-Noun Compounds ［M］. Gothenburg：Gothenburg University Press，1978.

［78］WILLIAMS E. On the Notions "Lexically Related" and "Head of a Word"［J］. Linguistic Inquiry，1981(12)：245—274.

［79］XING J Z. Teaching and Learning Chinese As a Foreign Language：A Pedagogical Grammar ［M］. Hong Kong：Hong Kong University Press，2006.

［80］ZHANG B Y，PENG D L. Decomposed Storage in the Chinese Lexicon ［A］//CHEN H C，TZENG O J L（eds.），Language Processing in Chinese［C］. Amsterdam：North Holland . 1992：131—149.

［81］北京语言学院语言教学研究所.现代汉语频率词典［M］.北京:北京语言学院出版社，1986.

［82］卜成林.汉语工程词论 ［M］.济南:山东大学出版社,2000.

［83］蔡文琦.汉语复合词内部语素意义整合的神经生理机制［D］.西安:陕西师范大学,2021.

［84］陈爱文,于平.并列式双音词的字序[J].中国语文,1979(2):101—105.

［85］陈昌勇,端木三.双音节复合词内部语素的词类标注和统计分析[J].汉语学习,2016(1)：30—41.

［86］陈宏.现代汉语同义并列复合词词性、词序分析[J].南开语言学刊,2008(1):108—115.

［87］陈杰."A＋V"双音复合词语义组合研究[D].上海:上海师范大学,2011.

［88］陈满华,张庆彬.我国学者的构式思想与西方构式理论之比较[J].汉语学习,2014(2):3—10.

［89］陈满华.构式语法理论对二语教学的启示[J].语言教学与研究,2009(4):64—70.

［90］陈士法.英汉双语心理词典中英语单词的存储单位:一项实验研究[J].外语教学与研究,2007(1):51—55.

［91］程工.汉语"者"字合成复合词及其对普遍语法的启示[J].现代外语,2005(3)：232—238.

［92］程家枢,张云徽.并列式双音复合名词的字序规律新探[J].云南教育学院学报,1989(1)：72—76.

［93］戴昭铭.现代汉语合成词的内部结构与外部功能的关系[J].语文研究,1988(4):23.

[94] 邓思颖.轻动词在汉语句法和词法上的地位[J].现代中国语研究,2008(10):11—17.

[95] 丁声树.现代汉语语法讲话[M].北京:商务印书馆,1961.

[96] 丁国盛,彭聃龄.汉语逆序词识别中整词与词素的关系[J].当代语言学,2006(1):36—45.

[97] 董秀芳.词汇化:汉语双音复合词的衍生和发展[M].成都:四川民族出版社,2002a.

[98] 董秀芳.主谓式复合词成词的条件限制[J].西南民族学院学报·哲学社会科学版,2002b(12):303—307.

[99] 端木三.重音理论和汉语的词长选择[J].中国语文,1999(4):246—254.

[100] 房艳红."名-谓"型复合词的结构方式及其与语素义选择限制的关系[J].北京联合大学学报,2001(9):25—28.

[101] 冯胜利.动宾倒置与韵律构词法[J].语言科学,2004(3):12—20.

[102] 冯文贺,姬东鸿."把/被"及其相关句式的依存分析[J].外国语,2011(5):21—31.

[103] 符淮青.现代汉语词汇[M].北京:北京大学出版社,2019:32—35.

[104] 盖敏.名词性"形1+形2"式复合词的语义研究[D].南京:南京师范大学,2019.

[105] 甘莅豪."不是A,就是B"选择构式义的形成[J].汉语学习,2011(6):60—68.

[106] 葛本仪.现代汉语词汇学[M].济南:山东人民出版社,2001:37—59.

[107] 顾介鑫,杨亦鸣.复合构词法能产性及其神经电生理学研究[J].语言文字应用,2010(3):98—107.

[108] 顾介鑫.认知科学视角下的复合词研究[J].外语研究,2010(6):1—7.

[109] 顾阳,沈阳.汉语合成复合词的构造过程[J].中国语文,2001(02):122—133,191.

[110] 郭绍虞.中国词语之弹性作用[J].燕京学报,1938(24):1—34.

[111] 何元建.回环理论与汉语构词法[J].当代语言学,2004(3):223—235

[112] 何元建,王玲玲.汉语真假复合词[J].语言教学与研究,2005(5):11—21.

[113] 何元建.汉语合成词的构词原则、类型学特征及其对语言习得的启示[J].外语教学与研究(外国语文双月刊),2013(7):483—494.

[114] 贺阳,崔艳蕾.汉语复合词结构与句法结构的异同及其根源[J].语文研究,2012(1):1—6.

[115] 洪爽,石定栩.汉语合成复合词的组合结构[J].华文教学与研究,2012

(4):76—80.

[116] 胡爱萍.英汉语中 N＋N 复合名词的图式解读[J].语言教学与研究,2006(2):66—72.

[117] 胡蓉."形＋名"指人名词的语义透明度研究[D].岳阳:湖南理工学院,2020.

[118] 黄伯荣,廖序东.现代汉语(增订六版)(上册)[M].北京:高等教育出版社,2017:201—203.

[119] 黄洁.汉英隐转喻名名复合词语义的认知研究[J].外语教学,2008a(4):25—29.

[120] 黄洁.名名复合词内部语义关系多样性的认知理据[J].语言教学与研究,2008b(6):1—7.

[121] 黄洁.对汉语 NV 结构中名词作比拟状语的认知解读[J].天津外国语大学学报,2014(1):1—4.

[122] 黎锦熙.汉语复合词构成方式简谱[J].北京师范大学学报(社会科学版),1962(3):49—56.

[123] 李强.汉语形名组合的语义分析与识解:基于物性结构的探讨[J].汉语学习,2014(5):42—50.

[124] 李思明.中古汉语并列合成词中决定词素次序诸因素考察[J].安庆师院社会科学学报,1997(1):64—69.

[125] 李小华,王立非.第二语言习得的构式语法视角:构式理论与启示[J].外语学刊,2010(2):107—111.

[126] 李行健.汉语构词法研究中的一个问题:关于"养病""救火""打抱不平"等词语的结构[J].语文研究,1982(2):61—68.

[127] 李亚洪.主谓式复合词语义结构与句法功能研究[D].南京:南京师范大学,2018.

[128] 林汉达.双音节的难词和通俗的短语[J].文字改革,1965(1):1—7.

[129] 刘君.论承赐型"被"字句[J].汉语学报,2021(3):22—30.

[130] 刘丹青.作为典型构式句的非典型"连"字句[J].语言教学与研究,2005(4):1—12.

[131] 刘璐,亢世勇.基于物性结构的无向型名词语义构词研究:以汉语同义类语素双音节合成词为例[J].中文信息学报,2017(4):1—19.

[132] 刘伟.汉语定中式双音节复合词的词典语义透明度研究[J].鲁东大学学报(哲学社会科学版),2016(3):43—48.

[133] 刘正光,刘润清.N＋N 概念合成名词的认知发生机制[J].外国语,2004

(1):26—32.

[134] 刘宗保.形、名语素构成复合词的语义类组合分析[D].南京:南京师范大学,2008.

[135] 陆俭明.再谈"吃了他三个苹果"一类结构的性质[J].中国语文,2002(04):317—325,382.

[136] 陆俭明.构式与意象图式[J].北京大学学报(哲学社会科学版),2009(3):103—107.

[137] 陆俭明.构式语法理论的价值与局限[J].南京师范大学文学院学报,2008(1):142—151.

[138] 陆俭明.构式语法理论与汉语研究[A]//汉语语法语义研究新探索(2000—2010演讲集)[C].北京:商务印书馆,2010.

[139] 陆燕萍.英语母语者汉语动结式习得偏误分析[J].语言教学与研究,2012(6):14—20.

[140] 陆志韦.汉语的构词法[M].北京:科学出版社,1957.

[141] 陆志韦,等.汉语的构词法[M].北京:科学出版社,1964.

[142] 吕叔湘.现代汉语单双音节问题初探[J].中国语文,1963(1):1—25.

[143] 吕叔湘.语文杂记[M].上海:上海教育出版社,1984.

[144] 吕文雯.现代汉语 V+N 双音复合名词语义分析[D].济南:山东大学,2008.

[145] 马清华.论汉语并列复合词调序的成因[J].语言研究,2009(1):70—75.

[146] 马英新."动+名"偏正式双音复合词的结构义[J].河北师范大学学报(哲学社会科学版),2012,35(06):126—130.

[147] 马英新,何林英."动+动"动补式复合词的结构义[J].沧州师范学院学报,2018a(3):60—62.

[148] 马英新,何林英.VN 偏正式与动宾式双音复合词的结构义对比研究[J].哈尔滨师范大学社会科学学报,2018b(6):87—90.

[149] 马英新,张雅洁.NV 状中复合词的结构义及其释义研究[J].沧州师范学院学报,2018(4):10—13.

[150] 马英新.汉语非常规复合词的结构义[J].哈尔滨师范大学社会科学学报,2019(6):116—118.

[151] 马真.程度副词在表示程度比较的句式中的分布情况考察[J].世界汉语教学,1988(2):81—86.

[152] 孟德腾.强调高程度义的"别提多 X(了)"类构式[J].汉语学习,2013(5):52—56.

[153] 牛保义,等.构式语法研究[M].北京:外语教学与研究出版社,2020.

[154] 彭聃龄,李燕子,刘志忠.重复启动条件下中文双字词的识别[J].心理学报,1994(4):393—400.

[155] 钱书新."虎视"之类"N＋V"结构的语境变异[J].修辞学习,2005(3):48—50.

[156] 任敏.非受事动宾式复合词的形成机制研究[C].燕赵学术,2011:40—47.

[157] 任学良.汉语造词法[M].北京:中国社会科学出版社,1981.

[158] 沈怀兴.汉语偏正式构词探微[J].中国语文,1998(3).

[159] 沈家煊."在"字句和"给"字句[J].中国语文,1999(2):94—102.

[160] 沈家煊.说"偷"和"抢"[J].语言教学与研究,2000(1):19—24.

[161] 盛明波.主谓式双音词的语素语义特征分析[J].北京广播电视大学学报,2009(1):51—53.

[162] 施春宏.构式语法的理论路径和应用空间[J].汉语学报,2017(1):2—13.

[163] 施春宏.构式三观:构式语法的基本理念[J].东北师大学报(哲学社会科学版),2021(4):1—15.

[164] 石定栩.《汉语形态学:语言认知研究法》导读[A]// 汉语形态学:语言认知研究法[M].北京:外语教学与研究出版社,2001.

[165] 石定栩.汉语的定中关系动-名复合词[J].中国语文,2003(6):484—494.

[166] 石毓智.构造语法理论关于 construction 定义问题研究[J].重庆大学学报(社会科学版),2007(1):108—111.

[167] 史维国,王婷婷.现代汉语偏正式"动·动"复合词研究[J].江汉学术,2018(5):101—108.

[168] 束定芳,黄洁.汉语反义复合词构词理据和语义变化的认知分析[J].外语教学与研究,2008(6):418—422.

[169] 宋贝贝,苏新春.现代汉语动名型复合词词义透明度研究[J].语言文字运用,2015(3):42.

[170] 宋春阳.从字到字组的语义解释模型[A]// 全国第八届计算语言学联合学术会议(JSCL-2005)论文集[C].南京:南京师范大学出版社,2005.

[171] 宋培杰.意义因素对并列式名-名复合词字序的制约[J].河南科技学院学报,2017(5):78—81.

[172] 宋宣.汉语偏正复合名词语义透明度的判定条件[J].云南师范大学学报(对外汉语教学与研究版),2011(3):42—48.

[173] 宋作艳.定中复合名词中的构式强迫[J].世界汉语教学,2014(4):

508—518.

[174] 宋作艳,赵青青,亢世勇.汉语复合名词语义信息标注词库：基于生成词库理论[J].中文学报,2015(3)：27—43.

[175] 宋作艳.功用义对名词词义与构词的影响:兼论功用义的语言价值与语言学价值[J].中国语文,2016(1)：44—57.

[176] 宋作艳,孙傲.从物性结构看"处所＋N"复合词的词义与释义[J].中文信息学报,2020(1)：10—16.

[177] 宋作艳.基于构式理论与物性结构的动名定中复合词研究:从动词视角到名词视角[J].世界汉语教学,2022(1)：33—48.

[178] 苏宝荣."异构同功""同构异义"与"同形异构":汉语复合动词名词化转指的语义、语法分析[J].语文研究,2007(2):24—28.

[179] 苏宝荣.词(语素)义与结构义[J].语文研究,2011(1)：1—5.

[180] 苏宝荣.汉语复合词结构义对构词语素意义的影响[J].语文研究,2013(1):1—4.

[181] 苏宝荣,马英新.复合词的结构义与语文辞书释义:以"动＋名"偏正式双音复合词为例[J].辞书研究,2014(5):1—8.

[182] 苏宝荣.汉语复合词结构与句法结构关系的再认识[J].语文研究,2017(1):1—5.

[183] 苏丹洁,陆俭明."构式—语块"句法分析法和教学法[J].世界汉语教学,2010(4)：557—567.

[184] 孙德金.现代汉语名词做状语的考察[J].语言教学与研究,1995(4)：88—98.

[185] 孙鹏飞.主观倾向构式"X还来不及呢"[J].汉语学习,2017(6):60—68.

[186] 孙威.现代汉语并列式双音节复合词的语义透明度研究[D].济南:山东大学,2018.

[187] 谭景春.名形词类转变的语义基础及相关问题[J].中国语文,1998(5)：368—377.

[188] 谭景春.名名偏正结构的语义关系及其在词典释义中的作用[J].中国语文,2010(4)：342—355.

[189] 汤玲.双否定让步构式及其习得探析[J].汉语学习,2013(4):92—98.

[190] 汤廷池.汉语词法句法论集[M].台北:台湾学生书局,1988.

[191] 唐伶.双音节并列式复合词语素序研究[D].长春:东北师范大学,2002.

[192] 童小情.现代汉语动宾式动动复合词研究[D].上海:上海外国语大学,2018.

[193] 万惠洲.汉英构词法比较[M].北京:中国对外贸易出版社,1989.

[194] 王春茂,彭聃龄.合成词加工中的词频、词素频率及语义透明度[J].心理学报,1999(3):266—273.

[195] 王恩旭,袁毓林.词义中物性角色的分布及其对词语释义的影响:以"颜色语素+名物语素"复合词为例[J].外国语,2018(2):31—41.

[196] 王洪君.汉语的韵律词和韵律短语[J].中国语文,2000(6):302—313.

[197] 王军.论汉语 N+N 结构里中心词的位置[J].语言教学与研究,2005(6):28—37.

[198] 王琳.汉语比喻类 NV 偏正复合词的概念整合[J].宁夏大学学报(人文社会科学版),2015(6):32—36.

[199] 王萌,等.基于动词的汉语复合名词短语释义研究[J].中文信息学报,2010(6):3—9.

[200] 王孟卓.现代汉语 N+V 偏正复合词语义特征及词性研究[D].昆明:云南大学,2022.

[201] 王铭宇.汉语主谓式复合词与非宾格动词假设[J].语文研究,2011(3):37—42.

[202] 王树斋.汉语复合词语素义和词义的关系[J].汉语学习,1993(2):17—22.

[203] 王笑.物性结构与论元结构视域下汉语语义构词研究:以 a+b=c 类双音合成词为例[D].烟台:鲁东大学,2017.

[204] 王文斌.汉语并列式合成词的词汇通达[J].心理学报,2001(2):117—122.

[205] 王政红.名形语素构词格分析:复合词构成格式研究之一[J].南京师大学报(社会科学版),1992(4):72—77.

[206] 尉方语.现代汉语偏正式比喻复合词研究[D].济南:山东大学,2020.

[207] 魏雪.基于规则的汉语名名组合的自动释义研究[J].中文信息学报,2014(3):1—10.

[208] 吴为善,夏芳芳."A 不到哪里去"的构式解析、话语功能及其成因[J].中国语文,2011(4).

[209] 吴为善."V 起来"构式的多义性及其话语功能:兼论英语中动句的构式特征[J].汉语学习,2012(4):3—13.

[210] 吴长安."爱咋咋地"的构式特点[J].汉语学习,2007(6):31—34.

[211] 吴长安.汉语名词、动词交融模式的历史形成[J].中国语文,2012(1):17—28.

[212] 吴长安.汉语中存在"'名'修饰'形'"结构[J].汉语学习,2002(2):41—43.

[213] 萧世民."N＋V"偏正结构构词考察[J].井冈山师范学院学报(哲学社会科学),2001(4):37—41.

[214] 熊仲儒.复杂给字句的句法分析[J].语言科学,2019(6):619—631.

[215] 徐枢,谭景春.关于《现代汉语词典(第5版)》词类标注的说明[J].中国语文,2006(1):74—86.

[216] 徐维华,张辉.构式语法与二语习得:现状、问题及启示[J].当代外语研究,2010(11):23—27.

[217] 徐正考,柴淼.清末民初"N＋V"比喻类复合词研究[J].东北师大学报(哲学社会科学版),2019(6):43—47.

[218] 徐正考,史维国,曹凤霞.现代汉语偏正式"名·动"复合词研究[J].吉林大学社会科学学报,2010(2):141—149.

[219] 颜红菊.离心结构复合词的语义认知动因[J].首都师范大学学报,2008(4):91—97.

[220] 杨泉,冯志伟.机用现代汉语"n＋n"结构歧义研究[J].语言研究,2005(4):105—111.

[221] 杨永忠.动宾倒置的生成[J].语言科学,2006(3):39—48.

[222] 叶向阳.把"字句的致使性解释[J].世界汉语教学,2004(2):25—39.

[223] 尹世超.动词直接作定语与名词中心语的类[J].语文研究,2002(2):1—7.

[224] 袁昱菡.汉语复合词结构的历时变异现象:以定中式复合词为例[J].北斗语言学刊,2019(4):94—107.

[225] 苑春法,黄昌宁.基于语素数据库的汉语语素及构词研究[J].语言文字应用,1998(3):83—88.

[226] 张博.汉语并合造词法的特质及形成机制[J].语文研究,2017(2):1—6.

[227] 张伯江.被字句和把字句的对称与不对称[J].中国语文,2001(6):519—524.

[228] 张伯江.论"把"字句的句式语义[J].语言研究,2000(1):28—40.

[229] 张伯江.现代汉语的双及物结构式[J].中国语文,1999(3):175—184.

[230] 张登岐.汉语合成动词的结构特点[J].中国语文,1997(5):336—338.

[231] 张国宪.并列式合成词的语义构词原则与中国传统文化[J].汉语学习,1992(5):28—31.

[232] 张辉.论主观极量义构式"X得不行"[J].汉语学习,2017(3):41—50.

[233] 张金桥.汉语双字复合词识别中语义、词类和构词法信息的激活[J].心理科学,2011(1)：63—66.

[234] 张娟.国内汉语构式语法研究十年[J].汉语学习,2013(2)：65—77.

[235] 张念歆,宋作艳.汉语形名复合词的语义建构：基于物性结构与概念整合[J].中文信息学报,2015(6)：38—45.

[236] 张赛春.现代汉语"名+形"复合词的语义认知研究[D].上海：上海外国语大学,2017.

[237] 张珊珊.中文大脑词库语言单位的存储和提取研究[D].南京：南京师范大学,2006.

[238] 张婷婷,陈昌来."搭把手"类轻量表达构式[J].汉语学习,2019(3)：29—37.

[239] 张旺熹."把字结构"的语义及其语用分析[J].语言教学与研究,1991(3)：88—103.

[240] 章振邦.新编英语语法教程[M].上海：上海外语教育出版社,2017.

[241] 赵倩.汉语 V+N 偏正式复合词的语义结构与构词理据[J].世界汉语教学,2020(2)：201—214.

[242] 赵青青,宋作艳.现代汉语隐喻式双音节名名复合词研究：基于生成词库理论[J].中文信息学报,2017(2)：11—17.

[243] 赵小刚."前有浮生,后须切响"别解[J].中国语文,1996(1)：65—67.

[244] 赵元任.汉语口语语法[M].吕叔湘,译.北京：商务印书馆,1979：181—222.

[245] 赵元任.汉语口语语法[M].吕叔湘,译.北京：商务印书馆,2005：189—191,197—203.

[246] 甄珍,丁崇明.新兴主观超量构式"要不要这么 A"研究[J].汉语学习,2020(1)：66—75.

[247] 甄珍.现代汉语主观极量构式"要多有多"研究[J].汉语学习,2015(1)：57—66.

[248] 郑娟曼."还 NP 呢"构式分析[J].语言教学与研究,2009(2)：9—15.

[249] 中国社会科学院语言研究所词典编辑室.现代汉语词典(第 5 版)[Z].北京：商务印书馆,2005.

[250] 中国社会科学院语言研究所词典编辑室.现代汉语词典(第 6 版)[Z].北京：商务印书馆,2012.

[251] 中国社会科学院语言研究所词典编辑室.现代汉语词典(第 7 版)[Z].北京：商务印书馆,2016.

［252］周荐.词语的意义和结构［M］.天津：天津古籍出版社,1994:37—46.

［253］周荐.复合词构成的语素选择［J］.中国语言学报,1995(7):125—134.

［254］周荐.汉语词汇结构论［M］.上海:上海辞书出版社,2005.

［255］周荐.汉语词汇结构论［M］.北京:人民教育出版社,2014.

［256］周韧.共性与个性下的汉语动宾饰名复合词研究［J］.中国语文,2016(4):301—312.

［257］周洋.现代汉语主谓式复合词研究［D］.济南:山东大学,2015.

［258］周祖谟.汉语词汇讲话［M］.北京:人民教育出版社,1959.

［259］朱德熙.现代汉语形容词研究［J］.语言研究,1956(1):1—17.

［260］朱德熙.语法讲义［M］.北京:商务印书馆,1982:32—33.

［261］朱德熙.语法答问［M］.北京:商务印书馆,1985.

［262］朱彦.汉语复合词语义构词法研究［D］.上海:华东师范大学,2003.

［263］庄会彬,刘振前.汉语合成复合词的构词机制与韵律制约［J］.世界汉语教学,2011(4):497—506.

学术关键词索引